RECHERCHES

SUR LES

ÉTOILES FILANTES

DE L'IMPRIMERIE DE CRAPELET
RUE DE VAUGIRARD, 9

RECHERCHES

SUR LES

ÉTOILES FILANTES

PAR MM.

COULVIER-GRAVIER ET SAIGEY

INTRODUCTION HISTORIQUE

L. HACHETTE ET CIE

LIBRAIRES DE L'UNIVERSITÉ ROYALE DE FRANCE

A PARIS | **A ALGER**

RUE PIERRE-SARRAZIN, N° 12 | RUE DE LA MARINE, N° 117
(Quartier de l'École de Médecine) | (Librairie centrale de la Méditerranée)

1847

RECHERCHES

SUR

LES ÉTOILES FILANTES.

INTRODUCTION HISTORIQUE.

Parmi les météores dont l'origine est encore problématique on distingue : 1° les pierres qui tombent du ciel, et que l'on a désignées par les noms de *pierres de foudre, pierres météoriques, aérolithes;* 2° les globes de feu, qui paraissent et disparaissent tout à coup, après s'être mus avec rapidité, et que l'on nomme *bolides, globes enflammés;* 3° enfin les *étoiles tombantes* ou *étoiles filantes,* dont le diamètre apparent est moindre que celui des bolides, et qui ont à cela près les mêmes caractères.

De ces trois espèces de météores, les premiers sont les plus rares, et les derniers les plus fréquents. Les pierres météoriques ont surtout attiré l'attention, parce qu'en effet c'est le phénomène le plus remarquable. Aussi la chute de ces pierres a-t-elle toujours été considérée comme un événement prodigieux, et les annales de l'histoire les ont enregistrées toutes les fois que leur apparition a pu être constatée. C'est sur l'origine de ces pierres, et sur leur existence même, que la discussion s'est engagée principalement, le vulgaire admettant le fait comme certain, et les savants le reléguant parmi les préjugés populaires. Cette discordance n'a cessé que vers la fin du siècle dernier, par un concours de circonstances que nous aurons à faire connaître.

Quant aux bolides, leur apparition beaucoup moins rare a permis d'en constater non-seulement l'existence, ce qui n'a jamais fait l'ombre d'un doute, mais encore les caractères principaux qu'ils offrent, et les circonstances au milieu desquelles on les voit naître. Cependant, à l'exception des Chinois, les historiens anciens n'en font pas mention d'une manière expresse, et l'on ne commence à

1

trouver quelques citations que dans les chroniqueurs du moyen âge. Cela explique, en partie, pourquoi on a peu discuté sur ce genre de météores, même parmi les savants.

Reste enfin les étoiles filantes proprement dites. Ce genre de météores est tellement commun, qu'il attire à peine l'attention du vulgaire, et qu'il ne frappe l'imagination que dans des cas exceptionnels, alors que ces étoiles tombent comme une pluie ou comme une averse. L'insouciance était telle à ce sujet, que jusqu'à la fin du xviiie siècle, personne n'avait encore songé à s'en occuper, à en faire un objet d'étude scientifique; et il a fallu arriver jusqu'à l'année 1794, époque de progrès rapides dans toutes les sciences d'observation, pour qu'un physicien (Chladni), qui écrivait une dissertation sur les météores ignés, recommandât l'étude des étoiles filantes, et manifestât le désir de connaître leur hauteur dans l'atmosphère.

L'un de nous s'est particulièrement occupé de l'observation des étoiles filantes. Il a déjà vu et noté ces météores par milliers; et, de leur discussion, il est résulté des lois très-importantes, qui feront l'objet principal de cet ouvrage. Durant le cours de ses nombreuses observations, faites régulièrement, il a eu l'occasion de voir plus de 40 bolides, c'est-à-dire un nombre à peu près égal à celui que les observateurs improvisés aperçoivent dans le même temps sur toute la surface du globe. Une comparaison devenant alors possible, les caractères véritables de ces météores peuvent être assignés; et dès lors nous pourrons juger plus ou moins sévèrement les descriptions qu'on en a faites ailleurs. Quant aux pierres météoriques, le même observateur n'en a pas encore vu tombant du ciel; et nous ne pourrons que nous en rapporter provisoirement aux témoignages des autres. Mais, d'après la manière dont on avait fait l'histoire des bolides, il est à croire que l'observation des pierres météoriques laisse beaucoup à désirer, et qu'aucune de ces observations n'est encore véritablement scientifique.

Comme ces trois espèces de météores, aérolithes, bolides, étoiles filantes, paraissent avoir des rapports plus ou moins nombreux, il est impossible de s'occuper des unes sans s'occuper des autres, c'est-à-dire que leur histoire doit marcher de front. Avant d'offrir à nos lecteurs les détails de nos observations, et les discussions auxquelles nous les avons soumises, il est donc indispensable de jeter un coup d'œil sur les travaux qui ont précédé les nôtres, tant pour profiter de ce qu'il pourrait y avoir de bon dans ces précédentes recherches, que pour assurer à chacun la propriété de la découverte qu'il aura faite.

Cette histoire peut se partager en périodes, caractérisées de la manière suivante.

Première période. Observations anciennes jusqu'à Chladni, comprenant les croyances populaires et les opinions des philosophes à ce sujet.

Seconde période. Chladni en 1794 et ses élèves jusqu'en 1833. C'est la période des physiciens et des chimistes qui ont fait les premières observations positives sur les météores ignés, surtout en ce qui regarde leur élévation dans l'atmosphère et leur composition toute particulière.

Troisième période. De 1833, époque de la célèbre apparition d'étoiles filantes aux États-Unis d'Amérique, jusqu'en 1845. C'est la période des astronomes qui ont pour ainsi dire envahi ce champ d'observations à l'exclusion des naturalistes. Dans cette période, on s'occupe principalement des retours annuels des étoiles filantes et de leurs points de divergence et de convergence sur la sphère céleste.

Quatrième période. Nous croyons la commencer, nos observations et discussions ayant un caractère tout à fait particulier, comme on le verra suffisamment par la suite.

PREMIÈRE PÉRIODE.

Elle est remplie des récits faits à toutes les époques historiques, de l'apparition des pierres qui tombent du ciel, et des hypothèses à l'aide desquelles on cherchait à se rendre compte de leur origine. On peut voir le catalogue dressé par Chladni de toutes les chutes de pierres ou autres matières météoriques, notre intention n'étant pas de les discuter ici, et nous réservant d'y revenir dans le cours de nos recherches.

Cependant nous transcrirons les récits qu'en ont donnés des témoins oculaires, en empruntant autant que possible le langage même dont ils se sont servis. Cela vaudra mieux qu'une description générale du phénomène, qui, pour s'appliquer à tous les cas, ne convient souvent à aucun en particulier. Nous ne remonterons pas aux temps anciens, mais nous arriverons tout de suite aux faits les plus récents et les mieux constatés, en suivant l'ordre chronologique.

Dans beaucoup d'anciens traités de physique, on explique comment la foudre peut tomber en *pierres*, en *eau*, en *air* et en *feu*, conformément à la théorie d'Aristote sur les quatre éléments. Mais, à côté de ces idées classiques, les savants ont émis des opinions variées, tant sur la nature des météores enflammés que sur leur origine et leur mode de formation. Notre but n'est pas de donner ici une histoire complète de ces opinions, encore moins de les réfuter, mais seulement d'indiquer en quoi consistaient réellement les principales de ces opinions. Pour cela, il ne faut pas les juger d'après les principes actuels des sciences, mais relativement aux connaissances qu'on avait alors en physique générale, c'est-à-dire qu'il faut faire abstraction du langage ancien que l'on parlait dans les sciences, pour ne voir que les idées que l'on voulait exprimer.

C'est ainsi que plusieurs opinions, qui en apparence sont différentes, étaient au fond les mêmes, modifiées seulement par le langage scientifique employé à différentes époques. Ainsi, au lieu de faire de toutes les opinions autant de systèmes différents, il serait plus vrai de n'y voir qu'un très-petit nombre de systèmes, modifiés par le progrès des sciences, par quelques vues particulières aux auteurs, ou enfin par certaines difficultés qu'il s'agissait de vaincre.

En général, les systèmes explicatifs des météores ignés se réduisent à deux principaux : le système cosmique et le système terrestre.

Dans le système cosmique, on regarde les météores ignés comme indépendants de notre globe, et par conséquent comme appartenant aux régions célestes.

Dans le système terrestre, on considère ces météores comme des produits de notre globe.

Mais, dans les deux cas, on admet généralement que le phénomène se passe dans l'atmosphère.

Le système cosmique a été de préférence adopté par les astronomes, et le système terrestre par les physiciens, y compris les chimistes et les naturalistes. Ces deux systèmes ont été proposés dès les temps les plus anciens, pour expliquer les chutes de matières des hautes régions. Ainsi les Grecs y voyaient des produits de l'inflammation d'exhalaisons terrestres, ou bien des corps soulevés par les ouragans; d'autres fois, ils les faisaient venir directement du Soleil, considéré comme un corps embrasé, ou bien des espaces célestes où elles avaient circulé comme de petits astres. Mais il ne faudrait pas attacher de l'importance à ces hypothèses purement gratuites. Il faut donc laisser là toutes ces explications des anciens, qui n'en pouvaient donner aucunes de bonnes ou de raisonnées, dans un temps où les principes de physique et de mécanique étaient encore entièrement ignorés.

Nous arrivons donc, sans plus de transition, aux théories imaginées par les modernes. Képler, au commencement du xviie siècle, pensait que les étoiles tombantes étaient formées de matières visqueuses enflammées; que les unes se dissipaient en tombant, tandis que d'autres plus lourdes arrivaient jusqu'à terre. Pour lui, quelques-uns de ces météores, sous l'apparence de globes à l'état fluide, venaient des régions éthérées, semblables à de petites comètes, et pénétraient dans notre atmosphère, où elles devenaient visibles en s'enflammant.

Halley pense qu'une matière disséminée dans tout l'espace, venant à s'accumuler en certains points, est rencontrée par la Terre avant que cette matière ait pu se précipiter vers le Soleil. Cette matière cosmique, répandue dans l'éther ou dans l'espace, est évidemment la matière nébuleuse d'Herschel, qui, comme on sait, la suppose se condensant pour former des soleils, des planètes et tous les corps célestes en général.

Maskelyne, Hevelius, Wallis, Blagden et autres astronomes ou géomètres, ont pris les choses de moins haut; c'est-à-dire qu'ils ont supposé l'existence de petites masses planétaires, toutes condensées, tournant autour du Soleil d'après les lois de la pesanteur universelle.

Mais jusque-là toutes ces explications étaient données comme de simples conjectures, sans aucun développement ou observations à l'appui. La plus ancienne masse météorique que l'on eût conservée, était celle d'Ensisheim, en Alsace. Nous allons transcrire la notice historique qu'en a donnée le professeur Butenschön, dans le *Moniteur* du 2 nivôse an xi.

« Le 7 novembre 1492, dit une chronique de ces temps, entre « les onze heures et midi, on entendit, dans les environs de la « ville d'Ensisheim, un terrible coup de tonnerre, et un enfant vit « tomber, dans un champ ensemencé de froment, une énorme pierre « qui entra dans la terre jusqu'à la profondeur de trois pieds envi- « ron. On l'en retira pour l'exposer aux regards du public devant la « porte principale de l'église du lieu. Elle pesait alors 276 livres, « et Son Excellence Maximilien, après en avoir pris deux mor-

« ceaux, l'un pour lui-même, l'autre pour l'archiduc Sigismond
« d'Autriche, ordonna qu'on la suspendît dans la paroisse d'Ensis-
« heim. » Cette pierre fut transportée à Colmar, durant la période
révolutionnaire; mais depuis elle a été replacée dans l'église d'Ensisheim, où elle se trouve encore aujourd'hui.

Assez souvent on avait eu l'occasion de voir apparaître des bolides, dont les descriptions plus ou moins erronées se trouvent dans
divers recueils académiques; on avait même pu estimer approximativement leur hauteur. Ces récits, on doit les passer sous silence,
parce que le phénomène est assez fréquent pour qu'il soit inutile de
recourir à ces anciennes observations. D'ailleurs, nous aurons l'occasion de présenter leurs caractères généraux d'après Chladni,
lorsque nous arriverons aux recherches de ce physicien.

La croyance populaire sur l'existence de pierres tombées du ciel
se fondait sur des faits réellement observés, et transmis d'âge en
âge. Mais cette croyance avait été fort au delà de la vérité. De ce que
les chutes de pierres étaient toujours accompagnées d'un bruit comparable à celui du tonnerre, et souvent d'une lumière très-vive, on
avait fini par confondre ce phénomène avec celui de la foudre;
chaque fois que celle-ci touchait la terre, elle devait donc être accompagnée d'une chute de pierre; ou mieux, la chute de ces masses
devait produire tous les effets de la foudre. Mais il restait à trouver
toutes ces pierres de foudre; et, en leur absence, on les supposait
enfoncées fort avant dans le sol; on les retrouvait sous forme de concrétions pyriteuses (comme les boules de pyrites), ou sous forme de
pétrifications (comme les bélemnites), ou enfin sous la forme de
pierres taillées (haches ou coins de jade, qui ont servi aux premiers
hommes).

En 1700, le chimiste Lemery, donnant à l'Académie des sciences
de Paris une explication des prétendues pierres de foudre, niait
leur existence dans le plus grand nombre de cas; et, admettant
les chutes bien constatées, il supposait que des matières ténues
pouvaient être enlevées par les ouragans jusque dans la région
des nuages, où la chaleur les amollissait et favorisait leur réunion
instantanée en une masse solide. C'est cette opinion de Lemery
qui a toujours été considérée comme satisfaisante au sein de l'Académie, plus ou moins modifiée dans la suite par la découverte de
Franklin sur l'électricité atmosphérique.

Ainsi Geoffroy le cadet, apprenait à l'Académie que le 4 janvier 1707, il était tombé des nuages un globe de feu, qui avait

frappé, avec le bruit du canon, la tour de l'église du Quesnoy, pour rejaillir ensuite comme une pluie de feu sur la place environnante.

D'après un mémoire lu en 1717 par l'illustre Fréret à l'Académie des inscriptions et belles-lettres, les prodiges cités par les historiens anciens, en ce qui regarde les substances tombées de l'atmosphère, devaient avoir été lancés par les volcans ou soulevés par les ouragans.

De Jussieu, en 1723, lisait à l'Académie des sciences, un mémoire sur les pierres de foudre, dans lequel il expliquait l'antique usage des coins et des haches de pierre, que le peuple regardait comme un produit de la foudre. Le même sujet, à peu près dans les mêmes termes, fut repris en 1734 par Mahudel, dans un mémoire lu à l'Académie des inscriptions et belles-lettres.

Muschenbrock fait époque dans l'histoire des sciences physiques. Son grand traité, traduit dans notre langue en 1739, devait nécessairement faire mention des pierres de foudre. Ce physicien nie en général les pluies de pierres ; les chutes bien constatées, il les attribue à des éruptions volcaniques ou à des tremblements de terre. Mais il cherche à montrer comment les bolides et les étoiles filantes peuvent s'engendrer dans l'atmosphère. Il part de ce fait que, la plupart des corps se réduisant en vapeur, l'atmosphère doit se remplir de toutes sortes d'exhalaisons, d'où il peut résulter des météores ignés d'espèces connues ou inconnues, par exemple les étoiles filantes, qui après avoir brûlé tombent sous forme de matière visqueuse comme de la colle. Il propose même de les imiter en mêlant du camphre et du nitre avec un peu de limon arrosé d'eau-de-vie ; on formerait des boulettes avec ce mélange, puis on les lancerait dans l'air en y mettant le feu.

Les idées de Muschenbrock complétaient ainsi celles de Lemery ; et, en conséquence de l'opinion généralement admise par les physiciens que les pierres météoriques n'existaient pas, on négligeait de faire constater celles dont la chute avait effectivement lieu. Il faut arriver jusqu'à l'année 1751 pour avoir une description de ce merveilleux phénomène, rédigée par procès-verbal authentique. Voici, d'après Chladni, au milieu de quelles circonstances tomba cette masse dans les environs de Hradschina, près d'Agram, en Esclavonie.

« Le 26 mai 1751, à 6 heures du soir, on aperçut dans le ciel « un globe de feu qui se divisa en deux fragments semblables à

« des chaînes de feu entrelacées, où l'on aperçut une fumée d'a-
« bord noire et ensuite diversement colorée, et qui tombèrent avec
« un bruit épouvantable et avec une telle force, que l'ébranlement
« fut pareil à celui d'un tremblement de terre. L'un de ces frag-
« ments, qui pesait 71 livres, tomba dans un champ labouré peu
« de temps auparavant, où il s'enfonça de trois toises dans la terre,
« et occasionna une fente de deux pieds de large, autour de la-
« quelle la terre était verdâtre, et semblait avoir subi l'action du
« feu. L'autre de ces morceaux, du poids de 16 livres, tomba dans
« une prairie à une distance de 2 000 pas du premier, et donna lieu
« à une autre fente large de quatre pieds. Un grand nombre de per-
« sonnes ont entendu, dans divers cantons de la même province, l'ex-
« plosion de ce globe; elles ont aussi remarqué qu'il tombait du ciel
« quelque chose d'enflammé, sans pouvoir déterminer dans quel en-
« droit, à cause de l'éloignement. » Le consistoire épiscopal d'Agram
envoya sur les lieux des commissaires, qui firent dresser un procès-
verbal de l'événement. Ce procès-verbal, avec la plus grosse de ces
pierres, furent envoyés au Cabinet d'histoire naturelle de Vienne,
où ils se trouvent encore déposés.

L'Académie des sciences n'avait pas varié dans son opinion, qui
était toujours celle de Lemery. Lalande, dans ses *Étrennes histo-*
riques pour la Province de Bresse en 1756, parle dans le même sens
de deux pierres tombées en septembre 1753 à Laponas en Bresse,
et qui avaient tous les caractères des masses météoriques. Il les
attribue, sans plus de façon, à une éruption volcanique qui aurait
eu lieu probablement dans quelque montagne des environs de
Mâcon.

Cependant l'opinion des savants commençait à se modifier sur
l'existence et l'origine des pierres de foudre. On avait retranché de
cette classe les haches gauloises et les autres instruments faits en
pierre; on considérait définitivement les bélemnites et autres pétrifications comme provenant d'animaux anciens; et l'on admettait
déjà que si les matières pierreuses ne vont pas chercher la foudre,
qui est décidément la matière électrique elle-même, il est possible,
en revanche, que la foudre tombe sur une pierre, sur une pyrite par
exemple, qu'il la fonde ou en change notablement les caractères:
alors on aura une véritable pierre de foudre, c'est-à-dire une pierre
remaniée par la foudre; ce qui était déjà un pas de fait vers l'opinion vulgaire.

Le ciel lui-même semble hâter cette révolution dans les idées.

De véritables pierres tombent, et sur trois points différents du territoire français, dans la même année; savoir, à Lucé dans le Maine,
près d'Aire en Artois, et aux environs de Coutances dans le Co-
tentin. Voici comment on raconte la chute de la première de ces
pierres. « Le 13 septembre 1768, sur les quatre heures et demie
« du soir, il parut, du côté du château de la Chevalerie, près de
« Lucé, petite ville du Maine, un nuage orageux dans lequel il se
« fit entendre un coup de tonnerre fort sec et à peu près semblable
« à un coup de canon. On entendit à la suite, dans un espace d'en-
« viron deux lieues et demie, sans apercevoir aucun feu, un siffle-
« ment considérable dans l'air, et qui imitait si bien le mugissement
« d'un bœuf, que plusieurs personnes y furent trompées. Enfin,
« plusieurs particuliers qui travaillaient à la récolte, dans la paroisse
« de Périgné, à 3 lieues environ de Lucé, ayant entendu le même
« bruit, regardèrent en haut, et virent un corps opaque qui décri-
« vait une ligne courbe, et qui alla tomber sur une pelouse dans le
« grand chemin du Mans, auprès duquel ils travaillaient. Tous y
« accoururent promptement, et trouvèrent une espèce de pierre,
« dont environ la moitié était enfoncée dans la terre : mais elle était
« si chaude et si brûlante qu'il n'était pas possible d'y toucher. Alors
« ils furent tous saisis de frayeur et prirent la fuite ; mais étant re-
« venus, quelque temps après, ils virent qu'elle n'avait pas changé
« de place, et ils la trouvèrent assez refroidie pour pouvoir la ma-
« nier et l'examiner de plus près. Cette pierre pesait sept livres et
« demie ; elle était de forme triangulaire, c'est-à-dire qu'elle pré-
« sentait trois espèces de cornes arrondies, dont une, dans le mo-
« ment de la chute, était entrée dans le gazon. Toute la partie qui
« était entrée dans la terre était de couleur grise ou cendrée, tandis
« que le reste qui était exposé à l'air était extrêmement noir. »
    Cette année 1768 est remarquable dans les annales de la météoro-
logie. L'Académie des sciences reçut des échantillons de ces trois
pierres récemment tombées du ciel, envoyées l'année suivante, celle
de Lucé par l'abbé Barcheley, celle d'Aire par Gurson de Boyaval,
lieutenant-général honoraire de ce bailliage, et celle de Coutances par
Morand. Ces pierres, comparées ensemble, ne présentaient aucune
différence ; elles étaient de même couleur et à peu près du même
grain. On y reconnaissait de petites parties métalliques et pyriteuses ;
elles étaient recouvertes d'une croûte noire et ferrugineuse. « L'Acadé-
« mie, dit le rapporteur en terminant, est certainement bien loin de
« croire de la ressemblance de ces trois pierres, qu'elles aient été

« apportées par le tonnerre : cependant, la ressemblance des faits
« arrivés à trois endroits si éloignés, la parfaite conformité entre ces
« pierres et les caractères qui les distinguent des autres pierres, lui
« ont paru des motifs suffisants pour publier cette observation et
« pour inviter les physiciens à en faire de nouvelles sur ce sujet.
« Peut-être pourraient-elles jeter de nouvelles lumières sur la ma-
« tière électrique et sur son action dans le tonnerre. »

A part la singularité de cette invitation d'aller voir tomber les
pierres du ciel, on reconnaît ici un langage moins tranchant ; et
l'on semble même croire que le tonnerre soit capable d'engendrer
les pierres depuis si longtemps controversées. Cependant il n'en est
rien, et les trois commissaires nommés par l'Académie pour lui faire
un rapport à ce sujet, Fougeroux, Cadet et Lavoisier, après une
analyse très-superficielle de l'une de ces pierres (celle de Lucé), qui
donne du soufre, du fer et de la terre vitrifiable, tirent la conclusion
que « cette pierre ne doit point son origine au tonnerre ; qu'elle
« n'est point tombée du ciel ; qu'elle n'a pas été formée par des ma-
« tières minérales mises en fusion par le feu du tonnerre, comme
« on aurait pu le présumer ; que cette pierre n'est autre chose
« qu'une espèce de grès pyriteux, qui n'a rien de particulier, si ce
« n'est l'odeur hépatique qui s'en exhale pendant la dissolution par
« l'acide marin..... Cette pierre, qui peut-être était couverte d'une
« petite couche de terre et de gazon, aura été frappée par la foudre,
« et qu'elle aura été ainsi mise en évidence, etc..... Le fragment de
« pierre des environs de Coutances, qu'on prétendait également être
« tombée du ciel, s'est trouvé, à très-peu de chose près, de la
« même nature..... Nous ne croyons pas qu'on puisse conclure
« autre chose de cette ressemblance, sinon que le tonnerre tombe
« de préférence sur les matières pyriteuses. »

Ce rapport était le dernier mot de l'Académie, publié en 1772,
et suivi de près d'un mémoire de Gronberg qui admet et développe
ces conclusions. Le monde savant officiel ne s'occupe plus de ce
phénomène, jusqu'à la dissolution de l'Académie en 1792.

Cependant il tombait toujours des pierres du ciel; il en tombait
en Aragon, en Allemagne, en Volhynie, en Italie, en Irlande, en
Angleterre, aux États-Unis d'Amérique, en Bohême, en Russie, à
Barbotan, à Sienne, dans le comté d'York, en Portugal, à Bénarès,
en Écosse, à l'Aigle ; il en tombait avant la dissolution de l'Académie, il en tombait dans l'interrègne de ce corps scientifique,
enfin il en tombait à la face de l'Institut nouvellement régénéré.

Mais le mérite de vaincre les préjugés scientifiques sur ce grand phénomène naturel n'était plus réservé à des corps scientifiquement constitués : cet honneur devait appartenir à de modestes savants, qui voyageaient et lisaient pour leur instruction. Nous voulons parler ici des rédacteurs de la *Bibliothèque britannique*, dont l'un, Pictet, visitait la Grande-Bretagne, et voyait entre les mains du célèbre chimiste Howard les pierres météoriques qui, venant de plusieurs points du globe, allaient être enfin soumises à une analyse scrupuleuse, et sans prévention. Nous voulons parler aussi de Chladni, professeur de physique à Wittenberg, et que ses recherches sur les pierres météoriques ont encore plus illustré que ses découvertes en acoustique. Mais avant d'arriver à sa dissertation en 1794, il nous reste à enregistrer deux chutes de pierres, celle de Bohême et celle des Landes.

Pierre d'*Eichstädt* en Bohême, le 19 février 1785. « Pendant « l'hiver, lorsque la terre était couverte de plus d'un pied de neige, « un ouvrier briquetier la vit tomber immédiatement après un vio- « lent coup de tonnerre. Cet homme accourut promptement pour « la retirer de la neige, mais sa chaleur l'obligea d'attendre qu'elle « fût refroidie. Cette pierre avait environ un demi-pied de diamè- « tre, et était revêtue en entier d'une croûte noire de fer d'environ « 2 lignes d'epaisseur. » (Chladni.)

Pierre de *Barbotan* dans les Landes. « L'an 1790, et le trentième « jour du mois d'août, nous sieurs Jean Duby maire, et Louis « Maullon procureur de la commune de la municipalité de La- « grange-de-Julliac, et Jean Darmite habitant de la paroisse de La- « grange-de-Julliac, certifions vraiment véritable que le samedi « 24 juillet dernier, vers les neuf à dix heures du soir, a passé un « grand feu ; et à la suite nous avons entendu, dans les airs, un « grand coup extraordinaire ; et environ deux minutes après, il « tomba du ciel des pierres ; mais heureusement il n'en tomba que « très-peu, et elles tombaient à environ dix pas l'une de l'autre à « certains endroits, et à d'autres plus proches, et finalement à d'au- « tres endroits plus éloignées, et tombant de la pesanteur d'environ « demi-quart de livre chacune la plus grande partie ; quelques au- « tres d'environ demi-livre, qui s'est trouvé sur notre paroisse de « Lagrange ; et sur un côté de la paroisse de Créon, il s'en est « trouvé du poids d'une livre ; et en tombant, elles ne paraissaient « pas enflammées, mais fort dures, et noires au dehors, et en de- « dans couleur d'acier ; et, grâce à Dieu, elles n'ont porté aucun

« préjudice sur les personnes et sur les arbres, à l'exception de quel-
« ques tuiles qui ont cassé sur les maisons, et la plus grande partie
« tombèrent doucement, et d'autres tombèrent en sifflant avec rapi-
« dité; et il s'en est trouvé quelques-unes qui sont entrées sur la
« terre, mais très-peu; en foi de quoi avons fait le présent, et si-
« gné : Duby, maire; Darmite. »

Ce procès-verbal si naïf fut rédigé sur la demande de Saint--
Amand, professeur d'histoire naturelle à l'école centrale d'Agen; il
était accompagné d'une note qui portait le témoignage de 300 personnes. Une lettre écrite de Saint-Sever annonçait que « le 24 juillet,
« vers 9 heures et un quart, il parut dans l'air un globe de feu,
« traînant une longue queue, qui répandit sur l'horizon une lu-
« mière des plus éclatantes. Ce globe disparut bientôt et sembla
« tomber à une centaine de pas. Peu après on entendit une explo-
« sion, dont ni canon ni tonnerre n'égalent le bruit. Chacun crai-
« gnit périr sous les ruines de sa maison, dont la charpente semblait
« se briser. Le même fut vu et ressenti dans les villes voisines, telles
« que Mont-de-Marsan, Tartas et Dax. Le temps était d'ailleurs très-
« calme, pas un vent, pas un nuage, un clair de lune superbe. »

Dans une lettre de Goyon-d'Arzas à Saint-Amand, on trouve que
les pierres ainsi tombées à Julliac étaient presque toutes d'une forme
ovale aplatie; qu'il en tomba une du poids de 24 à 25 livres; que
ces pierres généralement assez unies au dehors, présentaient néanmoins quelques fentes, au moyen desquelles et à l'aide d'un couteau
on pouvait en faire éclater des portions. Enfin dans une lettre de
Darcet, curé de Labastide, à son frère de la Faculté de Paris,
il est dit que « quand ces pierres sont tombées, elles n'avaient pas
« la dureté qu'elles présentent aujourd'hui. Il y en a qui sont tom-
« bées sur des pailles, et ces pailles se sont attachées à ces pier-
« res...... Celles qui sont tombées sur les maisons ne rendaient pas
« en tombant le son d'une pierre, mais celui d'une matière qui
« n'est pas encore bien compacte.... »

Pour compléter l'historique de cette première période, il resterait à indiquer encore quelques-unes des hypothèses à l'aide desquelles on a voulu expliquer les météores ignés.

Mairan expliquait plusieurs phénomènes par la lumière zodiacale,
due à une matière ténue qui circulerait autour du soleil, et qui, atteignant la terre, y apparaissait sous forme d'aurore boréale; mais il
reléguait les autres météores ignés parmi les exhalaisons terrestres.
Bergman allait plus loin; tout en admettant pour l'aurore boréale

l'origine indiquée par Mairan, il voulait que cette aurore boréale donnât naissance aux bolides.

Beccaria et son élève Vassali-Eandi ont considéré les étoiles filantes comme produites par l'électricité, qui passe d'un lieu de l'atmosphère qui en est surchargé dans un autre qui en contient moins.

Après la découverte de l'hydrogène, plusieurs physiciens, partant de la propriété que possède ce gaz de s'enflammer à l'air, voulurent lui attribuer, non-seulement les éclairs et la foudre, mais encore l'aurore boréale et les étoiles filantes. Pour cela, on supposait que l'hydrogène se dégageait à la surface de la terre par suite de diverses réactions naturelles, qu'il montait par sa légèreté spécifique à différentes hauteurs dans l'atmosphère, s'enflammant accidentellement dans les basses régions pour produire les éclairs et le tonnerre, dans les régions plus élevées pour les bolides et les étoiles filantes, et aux confins de l'atmosphère pour les aurores boréales. Toaldo, météorologiste italien, admettait ainsi que les étoiles filantes étaient de longues traînées d'hydrogène, qui prenaient feu dans les hautes régions de l'air.

Silberschlag, auteur allemand qui a publié une théorie des bolides en 1764, faisait s'élever des vapeurs visqueuses et huileuses jusque dans les hautes régions de l'atmosphère, où elles s'amassaient, se condensaient et s'enflammaient. C'est aussi l'opinion de Bergman le chimiste, au moins pour l'explication des bolides les plus rapprochés de la terre.

Quelques auteurs ont pensé que la chaleur de l'air suffisait pour engendrer les pierres météoriques, où elles se formaient par l'agglutination d'une couche sur une autre. Lesser attribue cet effet aux rayons solaires, qui, réfléchis par des nuages concaves, deviennent capables de fondre à leur foyer et dans un instant, les particules terrestres qui se trouvent dans l'air.

Sans doute nous oublions ici d'autres explications tout aussi bien raisonnées; mais nous nous hâtons de quitter ces vaines hypothèses pour arriver enfin au système de Chladni, qui, comme on sait, a fait révolution dans cette partie de la météorologie, non pas pour avoir émis le premier l'opinion que de petites masses erraient dans les espaces planétaires, mais pour avoir appuyé cette opinion sur des faits nombreux, et pour en avoir formé un corps de doctrine complet : car il est convenu qu'on ne doit pas considérer comme auteur d'un système ceux qui n'émettent que de simples conjectures, mais bien celui qui en donne la démonstration.

DEUXIÈME PÉRIODE.

On raconte que Chladni, se trouvant en 1792 à Göttingue, eut avec Lichtenberg, professeur à l'Université de cette ville, une conversation sur les étoiles filantes et les bolides. Ce dernier disait « qu'il « ne savait que penser de ces météores; qu'il en avait traité à la « suite des météores électriques, bien qu'il sût que les bolides se « trouvent à des hauteurs si grandes, que l'absence de l'air empê- « cherait les phénomènes électriques de s'y produire. » Il paraît que ce fut comme un trait de lumière pour Chladni, et que si alors il ne conçut pas tout un système sur l'origine des bolides et des étoiles filantes, du moins il pensa qu'il y avait là une lacune à remplir. En conséquence, il passa quatre semaines à Göttingue, et pendant tout ce temps il consulta, à la bibliothèque de cette ville, les ouvrages qui traitaient de ces météores.

Déjà paraissait, en avril 1794, son remarquable écrit *Sur l'origine de diverses masses de fer natif, et notamment de celle trouvée par Pallas en Sibérie*. Mais ce titre ne donne pas une idée très-exacte de la nature de l'ouvrage, dans lequel l'auteur s'efforce particulièrement d'expliquer l'origine des bolides, tandis qu'il s'occupe trèspeu de la masse trouvée par Pallas et des autres masses ferrugineuses réputées météoriques. Les remarques générales de Chladni sur les bolides forment la partie principale de ce travail : elles sont le résumé des observations faites jusque-là par d'autres personnes, la plupart peu compétentes en pareilles matières. Il est aisé de reconnaître, et d'ailleurs Chladni en fait l'aveu dans un ouvrage subséquent, qu'il n'avait jamais eu l'occasion d'apercevoir un seul bolide. On comprend dès lors qu'il n'y a rien de rigoureusement exact dans toutes ces observations faites en courant, au moment où l'on s'y attend le moins, par des personnes qui, pour la première et dernière fois, ont les yeux frappés de ce phénomène aussi vif que la pensée.

D'après Chladni, les caractères généraux des bolides sont les suivants : leur marche apparente serait parabolique; ils viendraient également de tous les points de l'horizon, en inclinant habituellement vers la terre; quelques-uns auraient semblé posséder un mouvement de rotation; leur grandeur apparente irait en augmentant, et dépasserait quelquefois celle de la lune; leur forme serait tantôt ronde, tantôt allongée; leur lumière, d'un blanc éblouissant, surpasserait de beaucoup celle de notre satellite, lumière très-inégale et changeante qui accuserait une espèce de bouillonnement dans la masse; il en sortirait habituellement de la fumée, des étincelles et des flammes, quelquefois par des ouvertures, le tout se trouvant souvent enveloppé d'un brouillard blanchâtre; leur élévation serait très-considérable; ils auraient la propriété essentielle d'éclater avec bruit et sifflement; leurs fragments tomberaient sur la terre, où continueraient à se mouvoir dans l'espace; leur diamètre absolu serait de plusieurs centaines ou même de plusieurs mille pieds; leur durée, réduite parfois à 16 secondes, serait ordinairement de 30 à 60 secondes, et dans quelques cas de plusieurs minutes; enfin leur vitesse égalerait celle de la terre et des planètes dans leur orbite.

Au lieu de cette description un peu fantastique des bolides, voici les caractères que nous avons reconnus à ces météores : ils paraissent se mouvoir suivant des arcs de grand cercle; ils ne viennent pas également de tous les points de l'horizon, mais ils affectent certaines directions principales; il est impossible d'y reconnaître aucun mouvement de rotation; leur disque apparent est inappréciable, bien que l'irradiation l'élargisse beaucoup, suivant la remarque déjà faite par Brandes; leur forme est toujours circulaire; leur lumière éclaire plus ou moins l'horizon, et c'est là un des caractères qui les distinguent des étoiles filantes; mais l'illumination qu'ils occasionnent est toujours bien inférieure à celle que produit la lune. Inutile d'ajouter qu'on ne peut y voir aucune espèce de bouillonnement ni d'ouverture, mais qu'ils produisent assez souvent une *traînée* que Chladni prend pour de la fumée, des étincelles et des flammes. Ils ne sont accompagnés d'aucun brouillard, ni nuage. Leur élévation est en effet très-considérable. Jamais bolide n'a fait entendre le moindre bruit, le moindre sifflement; très-peu éclatent en fragments, qui font encore quelques degrés de course, pour s'éteindre ensuite. Les bolides apparaissent subitement, et disparaissent de même, sans changer sensiblement de diamètre apparent. Leur grandeur absolue est bien moindre qu'on ne l'avait supposé. Jamais leur durée n'a dépassé un très-petit nombre de secondes, deux, trois ou quatre au plus.

Nous ne pousserons pas plus loin cette rectification, puisque les bolides doivent nous occuper particulièrement dans le cours de cet ouvrage. Ce que nous venons de dire a pour but de prémunir nos lecteurs contre les erreurs accréditées dans la plupart des ouvrages publiés depuis Chladni. Pour expliquer comment cet auteur a pu se tromper aussi grossièrement sur le caractère des bolides, il faut admettre qu'il a confondu l'apparition des bolides avec la chute des aérolithes, faisant de ces deux classes de météores très-distinctes une seule et même chose.

Et en effet Chladni assimile les bolides aux aérolithes et aux étoiles filantes, ces trois espèces de météores n'en faisant qu'une seule pour lui; c'est-à-dire que les aérolithes seraient des bolides qui tombent sur la surface de la terre, tandis que les étoiles filantes seraient des bolides qui passent à une très-grande hauteur dans l'atmosphère. Au reste, il avoue que l'on n'a fait aucune observation pour déterminer la hauteur des étoiles filantes. « Il serait à désirer, dit-il, que « plusieurs physiciens habitant des pays situés à une certaine distance « l'un de l'autre, observassent en même temps les étoiles tombantes « dans la même partie du ciel, et qu'ils eussent l'attention de re- « marquer leur direction apparente, afin qu'on pût déterminer leur « hauteur et leur véritable route par le calcul de la parallaxe. Le « meilleur moyen de profiter du peu de temps qu'elles restent visi- « bles, ce serait de marquer aussitôt, sur un globe céleste ou sur « un planisphère qu'on aurait soin d'avoir sous la main, la route « qu'elles auraient semblé tenir dans le ciel. Des recherches sem- « blables, faites avec soin, peuvent seules décider un jour si l'on « doit admettre l'hypothèse que j'ai proposée dans cet ouvrage. »

Or, cette hypothèse, tout le monde la connaît, consiste à regarder les bolides comme dispersés dans l'espace où se meuvent les planètes, à la surface desquelles ils tombent de temps en temps, attirés par celles-ci et pénétrant dans leurs atmosphères, où ils dégagent par le frottement de l'électricité dans certains cas, ou de la chaleur produisant la combustion des bolides et tous les phénomènes qui en dérivent.

Quant à la vérification de son hypothèse par l'étude des étoiles filantes, Chladni pensait sans doute qu'en observant la hauteur de ces météores, on connaîtrait leur vitesse absolue qui devait être à peu près la même que celle de la terre dans son orbite; et que, par suite, on pourrait considérer les bolides de tout genre comme étant régis par la loi de l'attraction universelle. Or, ces observations qu'il demandait, Brandes et Benzenberg les entreprirent quatre années plus tard, en suivant de point en point les instructions données par Chladni. Mais ces observations, et celles que Brandes fit avec ses collègues en 1823, conduisirent à ces résultats assez singuliers que les bolides sont plus éloignés de nous que les étoiles filantes, ces météores étant d'autant plus élevés qu'ils sont plus grands, au rebours de ce que pensait Chladni et probablement les physiciens de son époque. Mais la vitesse toute planétaire des bolides et des étoiles filantes se trouva confirmée.

Au reste, l'hypothèse si hardie soutenue par Chladni fit sensation dans le monde savant, et l'on peut dater de son écrit l'existence d'une véritable science des météores, qui jusque-là n'avait été qu'un assemblage de vaines hypothèses fondées sur de mauvaises observations. Ce résultat heureux est moins dû au genre d'explication donné par Chladni et à la manière dont il a soutenu sa thèse, qu'aux observations qu'il a provoquées sur les étoiles filantes, et aux raisons sur lesquelles il appuie la réalité des pierres météoriques. C'est en effet l'ouvrage de Chladni qui a opéré cette révolution dans les croyances. Avant lui, l'existence des pierres météoriques n'était qu'un préjugé populaire; mais, par ses efforts persévérants, l'existence de ces pierres tombées du ciel a été admise par les savants eux-mêmes.

C'est encore Chladni qui a fait rentrer dans la classe des pierres météoriques les masses de fer natif que l'on avait déjà trouvées en divers points du globe, loin de tout volcan, et posées à la surface de terrains d'une nature tout à fait différente. La plus remarquable de ces masses, ou du moins celle qui a engendré le plus de discussions, est celle dite *de Pallas*, voyageur qui en a le premier donné la description. Voici l'histoire de cette masse.

En 1749, le cosaque Medvedief découvrit un riche filon de fer au sommet d'une montagne, à 20 verstes du fleuve Yenissei, près d'Abakansk. L'année suivante, l'inspecteur des mines, Mettich, homme instruit, alla visiter cette mine. Il trouva, à 150 toises de là, au sud-ouest, vers le ruisseau d'Oubey, une grande masse de fer; elle était sur la bosse d'une montagne schisteuse, qui était garnie de sapins, et à la surface même du sol; et il n'existait dans toute la montagne aucune trace d'anciens travaux de fonderie. Les Tartares la croyaient tombée du ciel, et la regardaient comme sacrée. Transportée à Krasnojarsk, on reconnut qu'elle pesait 42 puds (près de 690 kilogrammes). De là, elle fut envoyée en 1772 à Pétersbourg, et déposée dans les collections de l'Académie impériale des sciences, où Pallas l'a examinée de près en 1778. Il lui a trouvé la forme d'une grosse bombe un peu aplatie, et en partie couverte d'une croûte rude et ocracée. L'intérieur est formé d'un fer doux, blanc dans sa fracture, plein de trous comme une éponge grossière. Ces trous sont remplis d'une olivine fragile, dure et d'un jaune d'ambre. Les grains de cette olivine varient depuis la grosseur du chènevis jusqu'à celle des gros pois. (*Voyage* de Pallas, tome IV, p. 695.)

On a trouvé en beaucoup d'autres lieux des masses de fer pareilles, et dont on verra l'indication dans le catalogue de Chladni. La plus considérable paraît être celle que Rubin de Celis a trouvée dans l'Amérique méridionale, province de Chaco, près d'Otumpa, pesant 300 quintaux, dans une contrée où l'on ne trouve ni mine de fer, ni montagnes, ni même aucune pierre. Cette masse était enfoncée dans un terrain crayeux. (*Transact. philos.*, tome LXXVIII, page 57.)

Pour les personnes qui n'auraient pas à leur disposition l'écrit si remarquable de Chladni, nous allons indiquer la matière des divers paragraphes dont il se compose, d'après la traduction française qui en a paru dans le *Journal des Mines*, tome XV, pages 286 et 446.

Le 1er paragraphe est une exposition du plan de l'ouvrage. Le paragraphe 2e contient les remarques générales, c'est-à-dire les caractères des bolides, dont nous avons donné l'abrégé ci-dessus. Le paragraphe 3e contient le récit de 20 observations de bolides, faites depuis 1676 jusqu'à 1783, et qui pour la plupart se trouvent consignées dans les *Transactions philosophiques*. Le 4e paragraphe est la réfutation de divers systèmes, qui consistent à prendre l'origine des bolides dans la lumière zodiacale ou l'aurore boréale, dans l'électricité atmosphérique, dans des vapeurs visqueuses et huileuses, dans le gaz hydrogène. Nous croyons devoir citer tout au long les conclusions de ce paragraphe, qui paraîtront très-judicieuses, et expliqueront l'origine de beaucoup d'hypothèses. « Qu'il me soit « permis de remarquer, dit-il, au sujet des diverses explications de « ces météores, combien il est difficile aux savants de se défendre, « dans leurs théories, d'une sorte de prédilection pour les diverses « branches des sciences qui ont principalement attiré leur attention. « Bergman, qui s'était livré à des recherches sur les aurores boréales, « crut y découvrir la cause des bolides. Beccaria et son élève Vassali, « qui s'étaient principalement occupés d'électricité, ont regardé ces « globes simplement comme des phénomènes électriques. Lavoisier, « à qui l'on doit tant de découvertes sur les fluides aériformes, et « Toaldo en sa qualité de météorologiste, ne veulent y voir que des « gaz. Quant aux astronomes Halley, Hevelius et Maskelyne, ils les

« regardent comme des corps célestes. C'est ainsi que plusieurs
« minéralogistes regardent comme produites par le feu plusieurs
« substances que d'autres, moins accoutumés aux volcans, pen-
« sent être d'origine neptunienne. » Dans ce miroir fidèle, il serait
impossible à plusieurs savants qui s'occupent encore des mêmes
phénomènes, de ne pas se reconnaître.

Au 5ᵉ paragraphe, Chladni s'expliquant sur la nature des bolides
s'exprime ainsi : « On sait que notre planète est composée de di-
« vers principes, soit terreux, soit métalliques ou autres, parmi
« lesquels le fer est un des plus répandus. On conjecture aussi que
« les autres corps célestes sont formés de matières analogues, ou
« même tout à fait semblables, quoique mêlées et probablement mo-
« difiées d'une manière très-variée. Il doit de même se trouver dans
« l'espace beaucoup de matières grossières rassemblées en petites
« masses, sans tenir à aucun des corps célestes proprement dits, et
« qui étant mis en mouvement par des forces projectives ou attrac-
« tives, continuent d'avancer, jusqu'à ce qu'arrivant aux limites de
« la sphère d'activité de la Terre, ou de tout autre corps céleste,
« ces matières soient déterminées à s'y précipiter par l'action de la
« pesanteur. Leur mouvement, d'une rapidité extrême, étant encore
« accéléré par la force d'attraction de la Terre, doit nécessairement,
« au moyen du frottement des molécules de l'air, exciter dans une
« telle masse un degré de chaleur et d'électricité capable de la
« mettre dans un état d'incandescence, et d'y développer beaucoup
« de vapeurs et de fluides aériformes qui, augmentant rapidement
« son volume, doivent finir par la faire crever, lorsqu'elles l'ont
« distendue excessivement.

« Quelques-uns ont nié que ces corps pussent être dans un véri-
« table état de combustion, prétendant qu'à une hauteur aussi
« grande l'air devait être trop rare et trop impur pour cela. Mais on
« ignore absolument à quelle hauteur l'air cesse entièrement d'être
« propre à la combustion ; et en supposant qu'en effet il y soit peu
« propre, cette circonstance est plus que compensée par la rapidité
« avec laquelle se meuvent les bolides, par l'agitation de l'air ainsi
« que par le frottement qui en résultent. La nature même de la
« substance enflammée peut d'ailleurs y contribuer, car on compte
« le soufre parmi les principes constituants de quelques-unes de ces
« diverses masses, et l'on sait que cette substance peut brûler, dans
« la machine pneumatique, au milieu d'un air si rare, que tout
« autre corps ne pourrait s'y enflammer. »

Le paragraphe 6ᵉ est consacré aux étoiles tombantes, et Chladni avoue n'avoir rien trouvé sur ce sujet. Dans le paragraphe 7ᵉ, il cite deux cas où la chute des bolides aurait produit des incendies, pris des *Mémoires* de l'académie de Dijon. Des exemples de pierres tombées du ciel sont donnés au paragraphe 8ᵉ; ces exemples y sont peu nombreux, et Chladni n'avait pas encore connaissance des pierres météoriques de Barbotan, bien que tombées quatre années auparavant. Arrivant au 9ᵉ paragraphe, à la masse de fer natif, trouvée par Pallas, et à quelques autres semblables, il prouve, au 10ᵉ paragraphe, que l'origine de ces masses de fer ne peut être neptunienne; au paragraphe 11ᵉ, que ces masses ne sont point le produit d'une fusion artificielle; au paragraphe 12ᵉ, que ces masses n'ont point été formées par l'incendie d'une forêt ou d'une couche de houille; au paragraphe 13ᵉ, qu'elles ne sont point d'origine volcanique; enfin, au paragraphe 14ᵉ, qu'elles n'ont point été fondues par le tonnerre, mais que tout porte à croire qu'elles sont dues à une même cause, conformément à son système, ce qui forme le sujet des deux paragraphes suivants. Dans le dernier paragraphe, nº 17, sont indiquées certaines recherches que Chladni voudrait qu'on fît, savoir : un examen plus attentif des pierres météoriques déjà existantes, des essais sur la fusion des fers natifs par quelque moyen énergique, leur analyse au microscope, etc. Il recommande surtout de faire attention à toutes les circonstances dans lesquelles s'effectue la chute d'un bolide. « En général, dit-il, on ne peut que
« proposer pour modèle la conduite que tint en pareil cas le con-
« sistoire épiscopal d'Agram, lorsqu'il entendit parler d'un météore
« singulier; il envoya, sans le moindre délai, des personnes char-
« gées d'examiner le fait sur les lieux mêmes; on écouta séparément
« un grand nombre de témoins, et on en dressa un procès-verbal
« rédigé d'un style simple et portant tous les cáractères de la vérité :
« c'était, sans contredit, ce qu'on pouvait faire de plus sage et de
« mieux raisonné. Plusieurs personnes, qui regardent leur pays
« comme le seul policé, ne se seraient probablement pas attendu
« à trouver en 1753 tant d'instruction dans une petite ville de la
« Hongrie. »

Cette sage recommandation de Chladni ne paraît pas avoir été suivie bien souvent, et nous n'aurons guère qu'un exemple à citer : c'est à l'occasion des pierres tombées à l'Aigle en 1803, et dont nous parlerons bientôt. M. Biot fut *seul* chargé de cette mission; mais il ne la remplit que *deux mois* après l'événement, alors que les souvenirs étaient déjà plus ou moins effacés, les pierres en grande partie dispersées, et les traces de leur chute perdues ; aucun papier authentique n'a été signé, contenant les dires et même les préjugés des témoins. Le procès-verbal des autorités de Julliac nous semble plus rapproché de l'intention de Chladni, et il avait l'avantage d'être fait quatre ans avant l'invitation du professeur de Wittenberg.

L'ouvrage de Chladni passa d'abord inaperçu au milieu de tous les systèmes qu'on avait bâtis sur ce sujet, et à cause des guerres qui interrompirent à cette époque toutes les relations scientifiques entre les peuples. Ce n'est que quatre années plus tard, vers la fin de 1798, que Brandes et Benzenberg en Allemagne répondirent les premiers à l'appel de Chladni, en ce qui regarde les étoiles filantes. Farey et Bévan, en Angleterre, firent des observations analogues en 1800 et 1801. En France, on n'eut connaissance du Mémoire de Chladni que vers la fin de 1803. Dans ce laps de temps, il y avait eu des chutes remarquables de pierres météoriques en Italie, en Angleterre, dans les Indes et en France, et les chimistes en avaient fait des analyses suffisamment exactes.

Le 16 juin 1794, vers sept heures du soir, c'est-à-dire deux mois après l'apparition de l'ouvrage de Chladni, des pierres tombèrent à Sienne en Toscane. Voici comment cette nouvelle était communiquée à William Hamilton par le comte de Bristol, témoin oculaire du phénomène : « Au milieu d'une des plus violentes tempêtes, mêlée « de tonnerre, des pierres de poids et de formes différentes sont tom- « bées, au nombre de douze environ, aux pieds de quelques per- « sonnes. On ne trouve cette espèce de pierres nulle part dans le « territoire de Sienne. Leur chute a eu lieu environ 18 heures après « la terrible éruption du Vésuve. »

Le père Soldani, professeur à Sienne, écrivit à ce sujet une dissertation dans laquelle il cherchait à prouver que les poussières élevées par l'éruption du Vésuve, ont pu se mêler avec celles qui existaient déjà dans l'atmosphère, pour donner lieu à cette chute de pierres météoriques. Ainsi, il ne les considère pas comme ayant été produites exclusivement par les déjections du Vésuve. Au contraire, William Hamilton admet cette origine purement volcanique, avec cette singulière circonstance que les poussières du Vésuve, poussées jusqu'à Sienne, se seraient mêlées dans les nuages orageux, pour s'y agglomérer comme des grains de grêle, que l'électricité aurait ensuite vitrifiés à la surface. Or, il est bon de savoir que Sienne est à plus de cent lieues du Vésuve. Nonobstant cette difficulté, Édouard

King, de la Société royale de Londres, pense aussi que les exhalaisons qui formèrent les pierres de Sienne, devaient provenir de la grande éruption du Vésuve; et, par la même raison, il regarde le mont Hécla, en Islande, comme le point de départ des substances qui produisirent la pierre tombée, le 13 décembre 1795, à Wold-Cottage dans le comté d'York, et au milieu de circonstances qui sont racontées de la manière suivante, dans une lettre du capitaine Topham :

« John Shipley, laboureur, déclare qu'il était à la distance de 8
« à 9 perches (44 mètres) de la pierre, lorsqu'elle tomba ; qu'il la
« vit distinctement à 7 ou 8 perches (38 mètres) du sol ; puis arri-
« vant au sol, d'où il jaillit beaucoup de terre autour, ce qui l'alarma
« beaucoup ; on eût dit qu'il en sortait des étincelles. Remis de sa
« frayeur, il s'approcha de l'endroit avec Georges Sawdon, char-
« pentier, et James Watson, palefrenier du capitaine Topham, et
« leur aida à sortir la pierre du creux qu'elle avait formé dans la
« craie : elle était enfoncée d'environ 21 pouces ; elle pesait 56 li-
« vres. Il avait labouré ce même terrain l'année précédente.

« *Signé* : JOHN SHIPLEY. »

« Georges Sawdon, charpentier susnommé, déclare que se pro-
« menant avec J. Watson, il entendit un bruit dans l'air, comme
« des coups de pistolet, et qu'il était à environ 50 perches (250 mè-
« tres) du lieu où la pierre tomba. Il est certain qu'il n'y eut
« aucun éclair en ce moment. Il s'approcha et vit enterrée dans la
« craie la pierre que J. Shipley avait vue tomber. Il aida à la sortir et
« à la peser dans la balance de Merlin. Elle pesait 56 livres ; elle
« sentait fortement le soufre lorsqu'elle fût retirée de terre.

« Signé G. SAWDON. »

Dans la lettre du capitaine Topham, absent lors de l'événement, il est dit que la pierre avait fait un creux de 12 pouces de profondeur dans la terre végétale, et s'était enfoncée de 6 pouces plus bas dans la craie solide, d'où il fallut quelque temps pour l'extraire. Elle était encore chaude, et fumait quand on la retira. Le temps était doux et couvert, et sans vent. Il n'y eut ni éclairs ni tonnerre pendant toute la journée. La pierre tomba vers 3 heures après-midi. Sa direction paraissait être du sud-ouest. Lorsque le laboureur, J. Shipley, fut remis de l'effroi que lui avait causé cette chute, sa première parole fut de dire que « les nuages s'étaient ouverts pour laisser passer « cette pierre, et qu'il avait cru que le ciel et la terre allaient se « confondre. »

L'astronome Olbers, à Brême, explique l'origine des pierres de Sienne, dans un article publié en 1795. Il cherche à déterminer la vitesse avec laquelle ces pierres, supposées lancées par le Vésuve, eussent pu être projetées jusqu'à Sienne; et, passant ensuite à l'hypothèse où elles auraient été lancées par des volcans lunaires, il trouve que la vitesse d'impulsion eût été de 2527 mètres par seconde. Olbers ignorait alors qu'un physicien italien, Paolo Maria Terzago, avait déjà en 1660 considéré les pierres météoriques comme étant projetées par la Lune, à l'occasion de la mort d'un moine frappé à Milan par la chute d'une pareille pierre.

Trois ans après celle du Yorkshire, il en tomba une grande quantité à Bénarès dans l'Inde. Voici comment cet événement, qui fit sensation en Europe, fut annoncé par John Loyd Williams, de la Société royale de Londres : « Le 19 décembre 1798, vers 8 heures « du soir, les habitants de Bénarès et des environs de cette ville « observèrent dans le ciel un météore très-lumineux, sous l'appa- « rence d'une grosse boule de feu. Cette apparition fut accompa- « gnée d'un grand bruit, ressemblant au tonnerre, et on dit qu'il « s'ensuivit la chute de nombre de pierres près de Krak-Hut, village « situé au nord de la rivière Soomety, à environ 14 milles de « Bénarès. Le météore parut dans la partie occidentale du ciel, et « son apparition ne dura que peu de temps...... Dans le voisinage « de Juan-Poor, à 12 milles environ du lieu où l'on dit que les « pierres sont tombées, le météore fut très-distinctement observé « par plusieurs personnes. Toutes s'accordent à le représenter « comme une grosse boule de lumière, accompagnée d'un bruit « assez fort, ressemblant à un feu de peloton de mousqueterie qui « tirerait mal. Plusieurs des habitants de Bénarès l'aperçurent et « entendirent l'explosion. M. Davis vit la lumière pénétrer dans sa « chambre par la croisée, avec assez d'intensité pour que toutes les « ombres des barreaux se projetassent très-distinctement sur le « tapis qui était d'une teinte très-obscure. La lumière lui parut « égaler celle du clair de lune le plus brillant..... »

Aucune de ces pierres n'avait de fortes dimensions (3 ou 4 pouces). On en cite une seule qui pesait 2 livres 11 onces. Les plus parfaites avaient la forme d'un cube irrégulier, arrondi dans ses arêtes, mais avec des angles pour la plupart bien conservés. Au dehors elles étaient recouvertes d'une croûte noire et dure, ressemblant parfois à un vernis ou à du bitume. Sur la plupart on voyait des fractures qui n'étaient pas ainsi enduites, et indiquaient les faces où la rupture avait eu lieu. Le ciel était parfaitement serein. Les pierres ne furent ramassées que le lendemain matin, par suite d'un scrupule religieux des habitants du pays. Une de ces pierres avait percé le toit de la hutte de l'homme du guet, et s'était enfoncée de plusieurs pouces dans le sol, qui était de terre battue.

Toutes ces chutes de pierres finirent par attirer l'attention des savants, et en particulier des chimistes, qui entreprirent l'analyse de ces substances, en mettant à profit les découvertes récentes et les manipulations nouvelles de la chimie. Mais, jusqu'à présent, ces pierres météoriques avaient seules été en cause dans les discussions scientifiques. Chladni, comme nous l'avons vu, avait demandé qu'on s'occupât enfin des étoiles filantes, qui d'après lui devaient être de même nature que les bolides et les pierres météoriques. Deux jeunes physiciens, Brandes et Benzenberg, se mirent à l'œuvre en 1798. Leurs observations, faites dans les environs de Göttingue, avaient pour but de déterminer la hauteur de ces météores. Benzenberg se plaça à Clausberg, et Brandes à Ellershausen, aux extrémités d'une base de 27 050 pieds de Paris (environ 2 lieues de 25 au degré). Ils avaient d'abord cru pouvoir se servir d'un instrument en bois, formé principalement d'un levier mobile en tous sens, qu'ils devaient diriger, chacun de son côté, vers le point du ciel où l'étoile filante terminerait sa course; d'où ils pourraient conclure immédiatement l'azimuth et la hauteur de ce point final. Mais ils abandonnèrent aussitôt ce procédé incommode, pour recourir aux étoiles fixes comme moyen de déterminer la position apparente de l'étoile filante. A cet effet, ils se munirent d'une carte céleste, sur laquelle ils devaient tracer la marche apparente du météore. Une montre de poche et une lanterne complétaient le matériel de chaque observateur. Celui-ci se couchait sur terre, le regard fixé au zénith. Après trois nuits d'observations, savoir les 11 et 13 septembre et le 6 octobre, ils reconnurent que leur base était trop courte pour obtenir la parallaxe des étoiles filantes avec assez de précision. Voici quel avait été leur résultat : sur 26 étoiles vues par Benzenberg et 32 par Brandes, il y en eut 6 qui parurent être les mêmes, savoir :

N°.	Hauteur finale en milles de 15 au degré.	Grandeur apparente.
1.	3,5	3ᵉ.
2.	sans parallaxe	—
3.	4,6	—
4.	plus de 30	1ᵉ et plus, avec traînée.
5.	1,4	— pâle et incertaine.
6.	4,5	4ᵉ, très-rapide.

Ils résolurent donc de mettre un plus grand intervalle entre eux. Benzenberg resta à Clausberg, et Brandes alla se placer sur le Sesebühl, près de Dransfeld, la nouvelle base étant ainsi de 46 200 pieds de Paris (environ 3 lieues et tiers). Là, durant les nuits des 9 et 14 octobre et 4 novembre, Benzenberg nota 109 étoiles, et Brandes 235. Sur ce nombre il y en eut 16 observées simultanément, savoir :

N°.	Hauteur finale.	Grandeur.
7.	11,3	2.
8.	8,8	1, avec traînée.
9.	13	2, avec traînée.
10.	22	1, lente.
11.	16,5	1 à 2, lente.
12.	12,9	2.
13.	16,8	3, lente.
14.	6,9	5.
15.	21,5	3, rapide.
16.	9,5	4 à 5.
17.	10,8	—
18.	20,4	2, lente.
19.	23	—
20.	10,2	1 à 2, lente.
21.	11	—
22.	11,5	1, lente avec traînée.

En général, il est beaucoup plus facile de remarquer le point où une étoile disparaît, que le point où elle a commencé; et l'on comprend ainsi pourquoi Brandes et Benzenberg ont noté la fin plutôt que le commencement. Ils s'assuraient de l'identité de l'étoile, d'abord par la date de l'apparition, puis par la coïncidence des deux plans menés suivant la base et le rayon visuel de chaque observateur, enfin par des caractères tels que l'éclat, la vitesse, la traînée, etc.

Parmi les étoiles filantes ainsi observées, il y en a 4 dont le commencement et la fin ont été notés avec soin. Les voici :

N°.	Hauteur.		Course.	Vitesse par seconde.	Inclinaison.
	Commencement.	Fin.			
12	$5\frac{1}{2}$	12,9	7,6	—	0°.
17	4,9	10,8	10	—	54.
20	16	10,2	9	6	54.
22	17	11,5	8,5	4 à 5	17.

c'est-à-dire que les numéros 12 et 17 auraient monté, le premier même suivant la verticale de bas en haut, ce qui a été le sujet de nombreuses discussions. Quant aux numéros 20 et 22, ils ont descendu, et leur vitesse a été environ celle de la terre dans son orbite.

Ces observations firent du bruit à Göttingue; mais tel était encore le préjugé dominant sur le peu d'importance des étoiles filantes, que l'on ne concevait pas que deux étudiants y consacrassent leur temps, et sortissent de la ville sur le soir, une carte sous le bras, une lanterne à la main, pour faire des observations que l'on aurait pu tout aussi bien, disait-on, confier à des factionnaires, qui auraient eu tout le loisir de s'en occuper. Les savants eux-mêmes partageaient un peu cette manière de voir, à l'exception pourtant de Lichtenberg, qui comprenait toute l'importance des recherches faites par ses deux élèves. Déjà, en 1796, Lichtenberg était entré complétement dans les idées de Chladni, en admettant que les pierres tombées provenaient réellement des espaces célestes.

Le 6 décembre de la même année 1798, fut remarquable par la quantité d'étoiles filantes que vit Brandes en arrivant à Brême. Il en compta 480 par l'une des ouvertures de la diligence, et il put estimer à 2 000 le nombre qui en parut cette nuit. Mais cette apparition est bien moins remarquable encore que celle qui fut observée l'année suivante à Cumana en Amérique, dans la nuit du 11 au 12 novembre, par MM. de Humboldt et Bonpland. On la trouve citée dans le tome I, p. 519 à 527 de la *Relation historique*. Nous en extrayons ce qui suit :

M. Bonpland aperçut le premier ces météores vers deux heures et demie du matin. « Des milliers de bolides et d'étoiles filantes se suc- « cédèrent pendant quatre heures. Leur direction était très-réguliè- « rement du Nord au Sud; elles remplissaient une partie du ciel qui

« s'étendait du véritable point Est, 30 degrés vers le Nord et le
« Sud. Sur une amplitude de 60 degrés, on voyait les météores
« s'élever au-dessus de l'horizon à l'Est-Nord-Est et à l'Est, parcourir
« des arcs plus ou moins grands et retomber vers le Sud après avoir
« suivi la direction du méridien. Quelques-uns atteignaient jusqu'à
« 40 degrés de hauteur ; tous dépassaient 25 à 30 degrés. Le vent
« était très-faible dans les basses régions de l'atmosphère et soufflait
« de l'Est. On ne voyait aucune trace de nuage. M. Bonpland rap-
« porte que, dès le commencement du phénomène, il n'y avait pas
« un espace du ciel égal en étendue à trois diamètres de la lune,
« que l'on ne vît à chaque instant rempli de bolides et d'étoiles
« filantes. Les premiers étaient en plus petit nombre ; mais comme
« on en voyait de différentes grandeurs, il était impossible de fixer
« la limite entre ces deux classes de phénomènes. Tous ces mé-
« téores laissaient des traînées lumineuses de 8 à 10 degrés de lon-
« gueur, comme c'est souvent le cas dans les régions équinoxiales.
« La phosphorescence de ces traces de bandes lumineuses durait
« 7 à 8 secondes. Plusieurs étoiles filantes avaient un rayon très-
« distinct, comme le disque de Jupiter, et d'où partaient des étin-
« celles d'une lueur extrêmement vive. Les bolides semblaient se
« briser comme par explosion ; mais les plus gros, d'un degré à un
« degré et quart de diamètre, disparaissaient sans scintillement, et
« laissaient derrière eux des bandes phosphorescentes de la largeur
« excédant 15 à 20 minutes. »

Les habitants de Cumana avaient déjà remarqué ce phénomène
dès une heure du matin, et les pêcheurs même dès le soir au retour
de la pêche : il s'accrut jusqu'à 4 heures du matin, puis s'affaiblit jusqu'au jour. Suivant M. de Humboldt, on ne voyait pas
ces bolides avec indifférence, et les plus anciens habitants se sou-
venaient que les grands tremblements de terre de 1766 avaient été
précédés d'un phénomène semblable. (Voir ci-après la note recti-
ficative.)

Cette apparition extraordinaire fut aussi remarquée au Brésil du
côté du sud, et jusqu'au Groënland du côté du nord. On l'aperçut
également en Allemagne. En d'autres termes, ce phénomène put
s'observer, plus ou moins abondant, sur toute la surface du globe.
Tandis que la direction des météores était du nord au sud à Cumana,
l'astronome Ellicott, dans le canal de Bahama sur l'Ohio, les vit se
diriger dans tous les sens ; et à Weimar, M. Greissing les aperçut
au sud et au sud-ouest.

D'après sa propre expérience, il paraît à M. de Humboldt que les étoiles filantes sont plus fréquentes dans la région équinoxiale que dans la zone tempérée, au-dessus des continents et près de certaines côtes qu'au milieu des mers. Mais la description qu'il donne de l'apparition du 12 novembre 1799 à Cumana laisse beaucoup à désirer, et paraît assez obscure en certains points. Ainsi, d'après M. Bonpland, tout le ciel était couvert de météores, tandis que M. de Humboldt, qui n'indique pas l'heure à laquelle il a commencé son observation, semble dire que tous les météores étaient compris dans une région du ciel assez étroite. Ensuite, M. de Humboldt cite des diamètres de bolides deux à trois fois plus grands que celui de la Lune, ce qui est contraire à toutes les bonnes observations modernes. Déjà Brandes avait fait la remarque très-vraie que le diamètre des bolides est tout au plus de quelques minutes. En troisième lieu, M. de Humboldt dit avoir vu les étoiles filantes à Cumana s'élever à l'E.-N.-E. et à l'E. jusqu'à 25 ou 40 degrés de hauteur, pour se mouvoir ensuite dans la direction du méridien vers le sud. Cela n'a pu se faire sans courber toutes les trajectoires, ce qui est très-improbable et ce qu'Ellicott n'a pas remarqué. Pour expliquer cette singulière anomalie, il faut admettre que M. de Humboldt, avant son départ d'Europe, partageait l'opinion de plusieurs physiciens qui voulaient que les météores ignés, de même nature que les rayons de l'aurore boréale, allassent du nord au sud, ou mieux, dans la direction du méridien magnétique. Mais, parmi les amis de M. Humboldt, il y en avait aussi qui opinaient pour que les étoiles filantes fussent entraînées par le vent régnant. « C'est, « dit-il, le résultat des nombreuses observations de M. Arago qui, « lors de la prolongation de la méridienne en Espagne, a pu sui- « vre des météores pendant des nuits entières sur le *Tosal d'Enca-* « *nade*, montagne du royaume de Valence. » Or, d'après la description ci-dessus, le vent soufflant de l'est dans les basses régions, devait nécessairement pousser les étoiles filantes dans cette direction ; et ces étoiles, sans doute après s'être élevées dans les régions supérieures, où probablement ne régnait plus de vent, pouvaient obéir à leur impulsion magnétique du nord au sud. De cette manière, M. de Humboldt se conciliait les deux opinions, en donnant une portion de la trajectoire des étoiles filantes aux partisans du vent et l'autre portion aux partisans du magnétisme.

Tout ce que l'on peut conclure de l'observation de Cumana, c'est qu'on y voit une confirmation de la *variation horaire* (démontrée par nous), qui fait que les étoiles filantes croissent en nombre du soir jusqu'au matin, ou mieux jusqu'à la naissance de l'aurore. A part ce fait, il est impossible de tirer aucun parti de cette observation. Si donc le récit fait par un homme aussi habile que M. de Humboldt est tellement obscur et incohérent qu'on n'en peut rien tirer de positif, à plus forte raison les récits d'apparitions d'étoiles filantes donnés par des observateurs moins exercés, seront-ils encore plus inintelligibles ou plus insignifiants. Il faut donc les passer sous silence, et se hâter de revenir aux recherches plus scientifiques faites en Europe.

Il paraît qu'en 1800 et 1801, John Farey météorologiste anglais, et l'ingénieur Benjamin Bevan, ont fait durant plus d'une année et au moins une heure chaque soir, des observations sur la hauteur des étoiles filantes. Ils s'étaient placés à 6 milles anglais l'un de l'autre, ce qui est une base trop courte suivant la remarque de Brandes et Benzenberg. Ils auraient ainsi trouvé que les étoiles filantes sont à 40 ou 50 milles (17 à 21 lieues) d'élévation au-dessus de la surface du globe. Mais le détail de ces observations n'a jamais été publié, en sorte qu'on ne peut juger de leur exactitude. Il nous semble même que c'est une répétition avortée des observations de Göttingue.

Celles-ci avaient été calculées par une méthode de Brandes, dans laquelle on considérait la Terre comme plane, ce qui était bien permis pour des stations si rapprochées l'une de l'autre. Le calcul d'observations faites à de grandes distances exigeait des formules plus générales, où l'on tiendrait compte de la rondeur et même de l'aplatissement du globe : c'est ce que fit Olbers, qui envoya ses formules à Benzenberg en avril 1801 ; elles sont très-élégantes, et nous les rapporterons en détail lorsque nous arriverons à ce problème dans le cours de nos recherches. Il nous suffira ici de dire qu'elles ont été employées pour calculer les observations simultanées faites à Hambourg, Ekwarden, Elberfeld et Brême, qui vont être citées.

C'est en automne de 1801 et au printemps de 1802 que Brandes et Benzenberg entreprirent cette nouvelle série d'observations sur la hauteur des étoiles filantes. Ils s'associèrent deux observateurs, MM. Harding et Pottgiesser. Benzenberg se plaça à Ham près de Hambourg ; Brandes, à Ekwarden, à 14 milles ; Harding, à Lilienthal près de Brême ; et Pottgiesser, à Elberfeld, à 45 milles de Hambourg. Ils n'obtinrent que 4 coïncidences, savoir :

N°.	Date.	Observateurs.	Hauteurs.		Grandeur.
			Commencement.	Fin.	
23	15 sept. 1801.	Brandes et Benzenberg.	7,7	8,2	5ᵉ.
24	3 octobre.	Brandes et Benzenberg.	—	7,1	4ᵉ.
25	————	Bensenberg et Pottgiesser.	—	25	—
26	Printemps 1802.	Brandes et Benzenberg.	—	3,7	5ᵉ.

Quoique les auteurs ne disent pas combien ils avaient observé d'étoiles, il est à présumer que sur un très-grand nombre ils n'ont obtenu que les quatre coïncidences ci-dessus ; ce qui montre que les observateurs ne doivent pas se placer trop loin l'un de l'autre. Ainsi, il n'y eut aucune coïncidence entre toutes les observations faites par Harding et celles de ses collaborateurs, ce qui ne permit pas d'appliquer les formules d'Olbers pour les stations très-distantes, comme Hambourg et Brême, bien que ces formules eussent été préparées pour ces deux stations extrêmes. Benzenberg en prit bravement son parti, en répétant cet aphorisme de Lalande, qui s'applique on ne peut mieux aux étoiles filantes : « Il n'y a que les astronomes qui « sachent par combien d'observations manquées, on en achète une « seule qui réussit. »

Les formules d'Olbers parurent dans l'écrit que Benzenberg publia quelques mois après *sur la détermination des longitudes géographiques par les étoiles filantes*. On sait que La Condamine proposa le premier des signaux produits par l'inflammation de la poudre à canon, pour déterminer les différences de longitude, et que cette méthode fut mise pour la première fois en pratique par Lacaille et Cassini de Thury, dans la mesure du parallèle qui s'étend sur les côtes méridionales de France. Plus tard, en 1783, Maskelyne conseillait de noter le temps des apparitions d'étoiles filantes, pour servir à ce genre de déterminations ; mais c'est Benzenberg qui le premier, en 1802, développa cette méthode, en considérant les étoiles filantes comme des fusées extrêmement élevées et qui peuvent s'observer simultanément de points très-éloignés les uns des autres. Cette méthode aurait, suivant lui, plusieurs avantages sur celles des occultations d'étoiles par la Lune, car elle serait indépendante de la figure de la Terre, des incertitudes sur le diamètre lunaire, de l'irradiation, de la réfraction, de l'erreur des Tables, etc.

L'invitation que Benzenberg adressait dans ce sens aux astrono-

mes ne fut point alors écoutée, et ne pouvait l'être par les considérations suivantes : Dans cette méthode, la principale difficulté consiste à observer *simultanément* des étoiles filantes, puisque le temps
est précisément ce que l'on cherche ; c'est-à-dire qu'il faudrait connaître la différence des temps, en d'autres termes la différence en
longitude aux deux stations données, pour être assuré que les deux
observations s'adressent à la même étoile filante. Ne pouvant pas
reconnaître l'étoile filante d'après le temps, il faudrait recourir à sa
grosseur, à sa direction et à d'autres particularités qui changent nécessairement d'une station à l'autre. Ou bien, il faudrait faire un
assez grand nombre d'observations concordantes, pour lever tous
les doutes sur leur simultanéité. Or, on a déjà vu combien de fois
Brandes et Benzenberg avaient manqué cette simultanéité ; et l'on
vient de voir Harding, l'un de leurs associés pour les observations
de Hambourg, rester six mois près de Brême, sans voir aucune des
étoiles filantes qu'on apercevait ailleurs. Dans les observations astronomiques, au contraire, une seule observation bien faite suffirait
toujours, puisqu'on est sûr que le phénomène vu des deux stations
est bien le même.

Tandis que les physiciens allemands en étaient déjà à utiliser les
observations des étoiles filantes, dont ils avaient mesuré les distances à la Terre, on ne connaissait pas encore en France l'ouvrage
de Chladni qui les avaient provoquées. Ce n'est que six ans après la
publication de cet écrit, qu'on en inséra un extrait dans la *Bibliothèque britannique* de Genève (n° 122), traduit du *Magasin philosophique* de Londres.

G. A. Deluc, professeur à Genève, y répondit la même année, en
critiquant l'hypothèse de Chladni, qui lui paraissait le produit d'une
imagination déréglée ; et, après avoir démontré, suivant lui, que la
masse de Pallas est d'origine terrestre et volcanique, il termine par
cet avertissement aux jeunes observateurs : « qu'ils se gardent de
« fonder aucune hypothèse sur cette opinion ; que les masses, qui
« ont fait le sujet des observations de M. Chladni, proviennent
« d'agrégations formées dans l'atmosphère ou hors de ses limites,
« lors même que leur chute prétendue serait certifiée par des attes-
« tations ; car il est très-apparent qu'ils donneraient à ces hypo-
« thèses un fondement semblable à la *dent d'or,* ou au *clou de cuivre*
« à tête carrée des roches calcaires de Villefranche, ou encore au
« *fer à cheval* des couches gypseuses de Montmartre. » En outre,
l'honorable Génevois prétendait que ceux qui émettent de pareilles

hypothèses « ne réfléchissent pas à tous les maux qu'ils produisent
« dans le monde moral. »

On voit ainsi que l'existence des pierres météoriques, si elle avait
déjà pour elle l'opinion de quelques savants, était loin de réunir
l'unanimité ; et les membres de l'Institut, fidèles aux antécédents de
l'Académie des sciences, ne prêtaient point encore l'oreille à ces
explications. Mais on voit déjà l'un de ses membres associés, le docteur Patrin, qui tout en repoussant l'explication de Chladni et celle
de Deluc, admettait l'existence réelle des masses météoriques comme
un produit de l'atmosphère.

Après avoir pris connaissance du mémoire de Chladni, le docteur
Patrin avait profité de toutes les belles soirées de 1800 pour observer
les étoiles tombantes, et il remarqua 1° qu'elles se montrent presque
toujours dans le voisinage du zénith, ou tout au moins à 60 degrés
en dessus de l'horizon ; 2° que sur 20 de ces météores, il y en a
17 ou 18 dont la marche est à peu près du Nord au Sud. « Il m'a
« semblé, dit-il, qu'ils suivaient la direction du vent, et je n'en
« ai aperçu aucun lorsque c'était le vent du midi qui régnait. Les
« soirées des 10 et 11 août sont celles qui m'en ont offert le plus
« grand nombre. » Le 10 août il vit un bolide se résoudre en fragments. Ce bolide et une trentaine d'étoiles qu'il vit jusqu'à une heure
après minuit, eurent leur direction du N.-E. au S.-O., comme celle
du vent. Le 11, il vit encore à peu près le même nombre de météores, et il y eut une particularité qu'il n'avait jamais remarquée :
c'est que 2 de ces étoiles partirent au même instant à 3 ou 4 degrés
de distance l'une de l'autre ; elles parcoururent ensemble 25 à
30 degrés en décrivant deux lignes parfaitement parallèles, et s'éva-
nouirent en même temps. Depuis ces deux soirées les météores furent
beaucoup plus rares. Il fait la remarque que les grands météores,
ainsi que les étoiles tombantes les plus éclatantes, se manifestent
toujours peu de temps après le coucher du soleil, et non dans les
heures plus avancées de la nuit. « D'après tous ces faits, ajoute
« Patrin, l'on peut, ce me semble, regarder comme certain que
« les météores lumineux ont leur principe dans notre atmosphère
« même, et qu'ils ne viennent d'aucun autre globe. »

Nous avons donné à peu près tout le contenu de ce mémoire,
comme un échantillon des premières observations faites dans le but
de rechercher quelques lois sur les étoiles filantes, les travaux de
Brandes et Benzenberg n'en renfermant aucune de ce genre. Quant
à la masse de Pallas, le docteur Patrin suppose qu'elle aura fait

partie du filon découvert par le cosaque Medvedief; qu'elle se trouvait isolée en tous sens par des veines quartzeuses; que, frappée par la foudre, cette masse fut instantanément fondue, et probablement jetée loin de là. Pour vérifier cette explication il propose « de « placer une masse de riche minerai de fer sur des supports de verre « au sommet d'une montagne; et, pour plus de succès, on pour- « rait l'armer d'une pointe de fer. Il est probable qu'elle serait « frappée de la foudre; et je présume que cette expérience donne- « rait un résultat fort analogue à la masse de fer de Sibérie. » Il paraît qu'alors un membre associé de l'Institut pouvait se dispenser de connaître les premières lois du fluide électrique.

Nous arrivons enfin aux analyses des pierres météoriques, faites par les chimistes. Barthold, professeur à l'École centrale du Haut-Rhin, donna en mars 1800 l'analyse de la pierre d'Ensisheim. D'après lui, cette pierre serait ainsi formée : soufre 2, fer 20, magnésie 14, alumine 17, chaux 2, silice 42, total 97. D'où il conclut que c'est une pierre argilo-ferrugineuse; qu'elle aura été détachée d'une montagne voisine, et entraînée par des courants d'eau.

Cependant le président de la Société royale de Londres, frappé de la ressemblance qu'offraient toutes ces pierres météoriques, s'en procura des échantillons, et chargea le célèbre Howard d'en faire l'analyse chimique. Celui-ci s'adressa d'abord au comte de Bournon, minéralogiste français, pour en faire la description minéralogique. Elle donna, outre la croûte vitrifiée, une partie pyriteuse, une partie de fer natif, des globules d'olivine, enfin un ciment liant ces différentes parties. D'après cela, le chimiste anglais procéda comme il suit à l'analyse de la pierre de Bénarès : *Croûte vitrifiée*, impossible d'en séparer exactement les matières. *Partie pyriteuse*, soufre 2, fer 10 $\frac{1}{2}$, nickel 1, matière terreuse 2, total 15 $\frac{1}{2}$. *Partie métallique*, fer 16 $\frac{1}{2}$, nickel 6 $\frac{1}{2}$, en sorte que le prétendu fer métallique se trouvait être un alliage de fer et de nickel, ainsi que le chimiste Proust l'avait déjà reconnu pour le fer natif trouvé en Amérique par Rubin de Celis. *Partie globuleuse*, silice 50, magnésie 15, oxyde de fer 34, oxyde de nickel 2 $\frac{1}{2}$, total 101 $\frac{1}{2}$, l'excès sur 100 provenant de l'oxygène absorbé. Enfin *partie terreuse*, silice 48, magnésie 18, oxyde de fer 34, oxyde de nickel 2 $\frac{1}{2}$, total 102 $\frac{1}{2}$. Les pierres de Sienne, de Wold-Cottage et de Bohême donnèrent aussi du nickel. Les fers de Sibérie, de Bohême, du Sénégal, réputés natifs, contenaient également du nickel. Dès lors on a dû considérer la présence du nickel comme un caractère essentiel des pierres météoriques.

Pictet avait recueilli, dans son voyage en Angleterre, toutes les preuves établissant la réalité de ces pierres tombées du ciel. Il était ensuite venu faire sur ce sujet une communication à l'Institut; mais il y trouva une incrédulité telle, qu'il lui fallut une sorte de courage pour achever sa lecture. Un mois après, le 1er décembre 1802, Vauquelin lisait un Mémoire sur l'analyse de ces pierres, analyse qu'il avait faite à l'invitation même d'Howard, et qui confirmait toutes les découvertes du savant anglais. Cette fois encore les membres de la section de physique, persistant dans leur incrédulité, allaient repousser les conclusions de notre célèbre chimiste, lorsque Laplace, leur adressant la parole, s'exprima ainsi : « Il est possible « qu'il tombe sur notre globe des masses lancées par les volcans de « la Lune. Ne rejetez donc pas comme impossible un fait qui mé- « rite d'être soigneusement examiné. Recueillons d'abord tous les « faits de ce genre, tâchons d'en constater la réalité, et si la phy- « sique terrestre ne nous en explique pas l'origine, nous pouvons « la trouver dans la physique céleste. »

MM. Biot et Poisson s'occupèrent alors de ce problème de mécanique ayant pour but de rechercher la possibilité de la chute de fragments lunaires à la surface de notre globe. M. Biot trouva que la vitesse d'impulsion devrait être de 2 524 mètres par seconde. Poisson obtint 2 485 mètres; quant à Laplace, il arriva de son côté à 2 396 mètres. Poisson concluait de son calcul que si une cause, à la surface de la Lune, projetait des masses dans toutes les directions, il n'y aurait que celles dont la projection se ferait suivant le rayon vecteur de la Lune, ou sous une inclinaison de quelques degrés (11 ou 12 au plus), qui arriveraient à la surface même de notre globe, toutes les autres masses décrivant autour de ce globe des sections coniques, des ellipses par exemple, auquel cas ces masses deviendraient autant de satellites de la Terre.

On était à peine remis de cette émotion scientifique, lorsqu'on apprit qu'il venait de tomber à l'Aigle une véritable pluie de pierres météoriques. Des échantillons de ces pierres, envoyés à Paris, y furent analysés par M. Thénard. Mais on ne voulut plus se contenter de la preuve chimique, et il fut décidé que M. Biot se rendrait sur les lieux mêmes pour y recueillir tous les témoignages possibles. Nous extrayons ce qui suit, de la relation de son voyage.

La chute de ces pierres eut lieu le 26 avril 1803, vers 1 heure

après midi. Le courrier revenant de Brest à Paris, arrivé à 9 lieues au delà d'Alençon, avait vu le bolide tomber vers le Nord, et avait entendu la détonation. On n'avait rien vu ni entendu à Alençon même. A Séez, à 10 lieues S. O. de l'Aigle, on avait seulement entendu le bruit du météore; on y disait que des voyageurs, venant de Falaise et de Caen, avaient entendu la même explosion, et qu'il avait paru un globe de feu du côté de Falaise. M. Biot, se rendant à Argentan, apprit sur la route qu'on y avait entendu l'explosion, laquelle avait semblé partir du N. O., parallèlement à la route de Falaise à Argentan. D'ici à l'Aigle, on avait entendu la détonation, mais on n'avait vu aucun météore lumineux. A l'Aigle, mêmes résultats, c'est-à-dire bruit sans lumière. M. Biot recueillit les témoignages d'un très-grand nombre de personnes, qui toutes avaient entendu la détonation, dont beaucoup avaient vu tomber les pierres, que l'on supposait être parties d'un petit nuage noir, à peu près stationnaire; et il put circonscrire le terrain sur lequel cette pluie de pierres avait eu lieu. Ces pierres en tombant s'enfonçaient plus ou moins dans la terre, étaient très-chaudes, et répandaient une odeur de soufre insupportable. Aucune de ces pierres ne parut rouge de feu, bien qu'elles fumassent sur place. Dans les premiers jours, elles se cassaient facilement, mais ensuite elles durcissaient beaucoup. M. Biot, dans ses conclusions, que nous abrégerons un peu, s'exprime ainsi : « Le mardi 6 floréal an XI, vers 1 heure après midi,
« le temps étant serein, on aperçut de Caen, de Pont-Audemer et
« des environs d'Alençon, de Falaise et de Verneuil, un globe en-
« flammé, d'un éclat très-brillant, et qui se mouvait dans l'atmo-
« sphère avec beaucoup de rapidité. Quelques instants après, on
« entendit à l'Aigle, et autour de cette ville dans un arrondissement
« de plus de 30 lieues de rayon, une explosion violente qui dura
« 5 ou 6 minutes..... Ce bruit partait d'un petit nuage, qui avait
« la forme d'un rectangle, et dont le plus grand côté était dirigé
« E. O. Il parut immobile pendant tout le temps que dura le phéno-
« mène..... L'arrondissement dans lequel ces masses ont été lan-
« cées.... a une étendue elliptique d'environ deux lieues et demie
« de long sur à peu près une de large, la plus grande dimension
« étant dirigée du S. E. au N. O., par une inclinaison d'environ 22° :
« c'est la direction actuelle du méridien magnétique à l'Aigle. — On
« peut tirer de là quelques lumières sur la direction du météore.
« En effet, s'il eût éclaté en un seul instant, les pierres eussent été
« lancées dans une étendue à peu près circulaire; mais la durée du

« bruit annonce une suite d'explosions successives qui ont dû ré-
« pandre des pierres sur une étendue allongée dans le sens suivant
« lequel le météore marchait. Cet allongement indique donc la di-
« rection horizontale du météore; et, en rapprochant ce résultat
« des témoignages qui font tomber le globe de feu du côté du Nord,
« on en conclura que le météore marchait du S. E. au N. O. par une
« déclinaison d'environ 22°.... Les plus grosses pierres sont tom-
« bées à l'extrémité S. E. du grand axe de l'ellipse; les plus petites,
« à l'autre extrémité, et les moyennes entre ces deux points......
« La plus grosse de toutes celles que l'on a trouvées pesait 8,5 ki-
« logrammes..... Leur nombre peut être évalué à deux ou trois
« mille. »

Nous avons donné tous ces détails, si bien présentés par M. Biot,
parce que c'est le seul exemple que nous possédions jusqu'à ce jour
d'une enquête véritablement scientifique sur une pluie de pierres
tombées du ciel. Mais à cause même de l'importance que ce travail
acquiert pour avoir été fait par un savant aussi distingué que
M. Biot, nous sommes obligés de modifier ses conclusions en quelques points peu importants d'ailleurs. Puisque le météore a été vu,
sous forme de globe enflammé, dans des lieux situés au N. et au
N. O. de l'Aigle et à de grandes distances de cette ville, et non dans
des lieux placés au sud, il est naturel de conclure que la marche du
météore a été du N. N. O. au S. S. E. Alors les fragments les plus petits
ont dû tomber à la limite N. N. O. de l'espace elliptique tracé par
M. Biot, et les plus grosses pierres à la limite S. S. E.; puisqu'en effet
les projectiles, dans le sens de leur mouvement général, ont dû faire
d'autant plus de chemin qu'ils étaient plus gros, et par suite moins
ralentis par la résistance de l'air. Au lieu de supposer que l'explosion du météore ait duré plusieurs minutes, sans aucun déplacement
dans le sens horizontal, il est beaucoup plus simple d'admettre que
l'explosion s'est faite dans un court instant, en un point où il s'est
produit un nuage noir, formé de la matière la plus ténue, comme
celle qui compose les traînées des bolides et des étoiles filantes,
traînées qui s'agglomèrent parfois en un nuage plus ou moins arrondi, lequel reste en place plusieurs secondes et même plusieurs
minutes, s'il n'est entraîné par les agitations de l'air; et pendant ce
temps les fragments volumineux continuent à se mouvoir dans le
sens du météore avant l'explosion, chacun de ces fragments faisant
le même bruit durant sa marche à travers l'atmosphère que dans le
cas très-fréquent où il ne tombe qu'une seule masse sans aucune

rupture. Enfin, la pluie de pierres ne pouvait tomber sur un espace circulaire que dans la supposition où le météore primitif eût suivi la verticale ; mais si sa marche a été oblique, comme c'est ici le cas, la pluie de pierres a dû couvrir un espace elliptique. Désignant par α l'angle que la direction du météore fait avec l'horizon, par β le demi-angle au sommet du cône formé par les débris du météore, par a et b le grand et le petit axe de l'espace elliptique du terrain qui reçoit ces débris, on trouve la relation

$$a^2(\beta^2 - \alpha^2) = b^2(\beta^2 + 1);$$

en sorte que l'angle au sommet du cône et l'inclinaison de l'axe se déterminent l'un par l'autre. Si l'on suppose très-petite l'ouverture de ce cône, on trouve pour l'inclinaison $23°$ et demi, qui est la plus petite valeur admissible. Au reste, tout porte à croire que la marche du météore était bien supérieure à la vitesse résultant de l'explosion, et qu'on peut admettre 24 ou 25 degrés pour l'inclinaison en question.

L'idée qu'a eue M. Biot de déterminer le contour du terrain sur lequel les pierres sont tombées, est donc très-heureuse, puisqu'on peut arriver ainsi à connaître des éléments qu'il serait impossible de déterminer d'une autre manière. Seulement, il faudrait y ajouter la hauteur du météore au moment de son explosion ; et il est fâcheux que M. Biot n'ait pû recueillir aucune indication nécessaire pour connaître la parallaxe du bolide.

Quoi qu'il en soit, le rapport de M. Biot ferma dès lors toute discussion sur l'existence des pierres tombées du ciel ; et si par hasard il s'éleva encore quelques voix rebelles, on ne daigna plus les réfuter. Mais, fatalité singulière ! au moment même où les pierres de l'Aigle tombaient si abondamment, paraissait l'ouvrage du docteur Izarn, la *Lithologie atmosphérique*, œuvre recommandable sous le rapport historique, mais qui malheureusement se terminait par une théorie qui devait être bannie de la science avec toutes les anciennes théories sur le même sujet. En effet, l'auteur considérait l'atmosphère, d'après Fourcroy, comme un vaste dissolvant de toutes les substances gazeuzes, liquides et solides. Ces vapeurs, *massées sphériquement*, et isolées les unes des autres, venant à se rencontrer, la combinaison s'engageait, produisait de la chaleur, de la lumière, et parfois des détonations et la chute des pierres météoriques. La théorie du docteur Izarn, réchauffée du père Soldani, ne pouvait donc plus avoir de par-

tisans ; et Vauquelin, auquel il s'adressait, le réfutait de la manière suivante : « J'aime encore mieux croire qu'elles viennent de la Lune,
« que d'admettre que les substances les plus fixes que nous connais-
« sions, se trouvent en assez grande quantité dans l'atmosphère pour
« y produire des concrétions aussi considérables que celles qu'on dit
« en être tombées. »

Ainsi finit cette longue discussion qu'avait soulevée l'existence
des pierres tombées du ciel. Toutefois, en admettant le fait, on ne
s'accordait pas encore sur leur origine probable ; et, au lieu de recourir comme Chladni à des corps errants dans les espaces planétaires, Laplace avec son école se contenta de remonter jusqu'à la
Lune, amoindrissant ainsi autant qu'elle pouvait l'être l'idée gran-
diose du physicien allemand ; et ce n'est que vingt ans plus tard que
les astronomes placèrent enfin les météores ignés, sans exception, au
rang des masses planétaires.

Si maintenant on se rappelle que la discussion sur le mouvement
de la terre a duré plus d'un siècle ; que la question de l'aplatissement du globe et de la fluidité primitive des planètes a duré près de
cent ans ; qu'enfin il a fallu presque le même laps de temps pour
faire admettre en France la loi de l'attraction universelle, il sera
bien établi que toutes les grandes vérités de l'ordre physique exigent, pour être généralement admises, deux ou trois générations
d'hommes.

L'opinion de Laplace fit grande sensation en Europe, à cause
du nom de son auteur, et non parce que cette opinion fût nouvelle ;
car elle avait été émise par Terzago en 1660, et développée par
Olbers en 1795. Cet astronome avait trouvé qu'une pierre lancée
par des volcans terrestres devait, pour ne plus retomber, mais circuler autour du Soleil, posséder une vitesse initiale de 34 435 pieds
par seconde, en supposant la pierre lancée suivant la verticale
et en faisant abstraction de la résistance de l'air ; tandis qu'une
masse projetée par un volcan lunaire ne devait avoir qu'une vitesse
initiale de 7 780 pieds pour n'y plus revenir, auquel cas il y aurait
de ces corps séléniques qui tomberaient sur la terre, et d'autres qui
iraient tourner autour du Soleil. En revenant sur cette idée, en
1803, Olbers persiste à croire que toutes ces pierres doivent avoir
une même origine à cause de leur grande ressemblance. Mais il
n'admet pas, avec Laplace, qu'elles viennent nécessairement de la
Lune. Suivant lui, elles pourraient tout aussi bien être les débris de
la grosse planète dont les principaux fragments sont Cérès et Pallas

(auxquels sont venues se joindre, plus tard, trois autres planètes télescopiques).

Le fils Tobie Mayer avait, en 1799, succédé à Lichtenberg dans la chaire de physique à l'université de Göttingue. En 1803, il prit aussi part à cette discussion sur l'origine des pierres météoriques comme provenant de la Lune ; mais son mémoire ne contient rien de nouveau sur ce sujet.

Brandes, un des premiers, avait donné quelque raison péremptoire contre l'hypothèse sélénique. D'après ses observations, la vitesse des météores qui pénètrent dans notre atmosphère serait en réalité de 33 950 pieds ou de 1 mille et $\frac{1}{4}$; tandis que la vitesse du même météore, s'il venait de la Lune, ne serait d'après lui que de 8 250 pieds. Par conséquent, une pierre venant de la Lune, avec cette vitesse effective de 33 950 pieds, ne tomberait pas sur la Terre, mais continuerait à circuler autour du Soleil. Et cette vitesse de 1 mille et $\frac{1}{4}$ peut être encore plus grande ; elle peut même atteindre 4 milles ; et dès lors on conçoit qu'il n'y a plus aucune analogie entre de pareilles vitesses et celles que peuvent engendrer des éruptions volcaniques. Si donc ni la Terre ni la Lune ne peuvent produire de pareilles vitesses, même en y ajoutant leurs attractions lorsque la pierre s'en approche, il est nécessaire, ajoute Brandes, de recourir à une autre explication, et d'admettre, par exemple, qu'il s'échappe de l'intérieur du météore des vapeurs condensées, lesquelles trouvant issue par derrière, poussent le météore en sens contraire, absolument comme une fusée. Même conclusion pour les étoiles filantes, considérées comme de petits bolides. En effet, les traînées qui accompagnent beaucoup de ces météores, ne seraient autres que ces vapeurs émises avec effort. On comprendrait alors pourquoi les traînées persistent plus longtemps que les météores. On peut même remarquer qu'elles ne s'étendent pas jusqu'au noyau, qui demeure enveloppé d'une vapeur obscure : c'est précisément l'effet de la vapeur d'eau, qui d'abord invisible à l'origine de son jet, se condense un peu plus loin sous forme de nuage. Une seule difficulté arrête notre physicien : il se demande pourquoi les météores brillent tout à coup, pour s'éteindre aussi subitement, au lieu d'employer plusieurs heures et même plusieurs jours à croître et à décroître ; mais la théorie des étoiles filantes n'étant qu'ébauchée, ne peut encore répondre à toutes les questions. On pourrait aussi demander, continue Brandes, si les pierres météoriques ont la même vitesse que les étoiles filantes ; en réalité elle paraît bien moindre, ce qui est peut-être dû à la résistance de l'air, résistance impossible à calculer dans l'état actuel des sciences. Toutefois cette résistance de l'air doit être bien moins sensible pour des masses de fer. Il est vrai que ces masses sont accompagnées de matières plus légères, d'où pourrait peut-être résulter une diminution de vitesse de 33 950 pieds à 800 pieds, pour une chute de 4 milles. Si les volcans de la Lune nous lancent des pierres, pourquoi les volcans de la Terre n'en lanceraient-ils pas jusqu'à la hauteur de 30 milles, où l'on voit des bolides; car si ces volcans terrestres ne pouvaient pas y suffire, on pourrait toujours admettre que les pierres, une fois lancées, accéléreraient leur vitesse par les vapeurs qu'il en sortirait, comme il a été expliqué ci-dessus.

Au reste, Brandes a de fortes raisons de croire que les étoiles filantes et les bolides diffèrent totalement des pierres météoriques, puisque toutes leurs apparences diffèrent. Benzenberg admet les explications de son collègue. Il a fait des expériences sur la résistance de l'air, qui pourrait suivant lui réduire à 500 et même à 400 pieds la vitesse primitive des météores. Ces expériences, faites en 1803 à la tour de Saint-Michel de Hambourg, à une hauteur de 321 pieds, lui ont démontré que la résistance de l'air dépassait effectivement celle que donnerait la théorie d'Euler et celle de Lambert. Malheureusement les observations sur la vitesse des étoiles filantes étaient encore trop peu nombreuses pour qu'on pût y appliquer avec certitude le calcul de la résistance de l'air.

En 1804, le baron de Endé publia un Mémoire sur les pierres venant de la Lune, chaque savant se croyant ainsi obligé de dire son mot à ce sujet. Il nous suffira d'annoncer ici que ce savant peu connu fixait à 8 000 pieds la vitesse initiale des bolides. Il commentait aussi les observations de Brandes et de Benzenberg sur la hauteur, la vitesse et la course des étoiles filantes. Il donnait enfin l'historique de trente pierres tombées du ciel, ou plutôt tombées de la Lune, toujours suivant l'opinion de l'auteur.

Blumenbach est revenu aussi plusieurs fois sur le même sujet, dans le *Magasin de Voigt.*

Nous avons dit que l'opinion la plus raffinée des savants de cette époque, consistait à regarder les bolides comme se mouvant parallèlement au méridien magnétique, du nord au sud, de la même manière que les rayons de l'aurore boréale. Brandes combattit cette opinion en 1804. D'après ses observations, les étoiles filantes al-

laient principalement dans la direction est-ouest, et il y en avait
peu qui suivissent le méridien magnétique. Il se rappelle avoir remarqué une fois, le 9 août 1799, un certain parallélisme des étoiles
filantes ; sur 29 vues en 2 heures, il y en avait eu 25 dans la direction du N. E. au S. O. : c'était la première observation d'un fait
qui depuis a été constaté bien souvent pour l'époque indiquée.

Benzenberg avait été nommé professeur de physique et d'astronomie à Dusseldorf en 1805. Deux années après, il recevait la visite
de Chladni. Il lui avoua que, sur son assertion, il avait cru que
toutes les étoiles filantes devaient tourner autour du Soleil; mais
qu'ensuite ayant observé des étoiles filantes qui remontaient suivant
la verticale, il se voyait forcé d'abandonner l'hypothèse cosmique.
Chladni, sans doute peu flatté de cette conclusion, qui était contraire à son système, ne répondit mot et s'en alla.

Mais en 1817 ayant revu Benzenberg à Munster, Chladni lui ex-
posa une nouvelle théorie des étoiles filantes, qui pouvait répondre
à l'objection de 1807, sur le cas des météores qui s'élèvent suivant la verticale. Chladni avait trouvé que les étoiles filantes, en
pénétrant dans notre atmosphère, refoulaient l'air en avant et faisaient le vide en arrière; que la compression de l'air qui en résultait
était énorme, et pouvait donner à ce gaz la densité même du mercure; que cette résistance, allant toujours en augmentant, finissait
par détruire entièrement la vitesse d'impulsion du météore, qui remontait ensuite, comme une balle qui rebondit; en sorte qu'après un
mouvement descendant, le météore prenait un mouvement ascendant, qui le ramenait dans les espaces célestes. Alors Chladni citait
des bolides en assez grand nombre, qui avaient ainsi remonté, après
avoir descendu. Benzenberg, à son tour, ne put rien objecter à
cette nouvelle explication, appuyée sur des faits qu'il ignorait. Il se
contenta d'annoncer à Chladni qu'il mettrait ses répliques dans les
Annales de Gilbert, où elles se trouvent en effet (année 1818,
n° 58, p. 289), ainsi que les raisons de Chladni pour maintenir son
système (*Ibid.* p. 293).

Dans ce nouveau Mémoire, Chladni veut prouver, par 13 exemples, que certains globes ont monté et descendu alternativement,
par sauts et par bonds, comme s'ils avaient éprouvé une résistance
capable de les réfléchir; que probablement, ces bolides sont com-
posés de gaz et de matière pulvérulente, qui donnent naissance à
une large traînée de lumière, dans laquelle il se forme par degrés
des lignes plus brillantes; que tout ce qui est susceptible de donner

une matière plus dense se réunit en une seule masse de feu, pour se mouvoir ensuite sous forme de globe; qu'enfin il en tombera des pierres, formées de tout ce que la combustion aura épargné.

En prenant un à un les exemples cités par Chladni, nous n'y voyons que des phénomènes assez fréquents, de bolides ou d'étoiles filantes qui vont en serpentant, et décrivent des courbes et même qui présentent des stations et rétrogradations analogues à celles des planètes. L'un de nous en a déjà vu plus de cent exemples, qui seront donnés en détail et avec un tracé exact dans la suite de nos recherches. Au reste, ces mouvements contraires ont lieu dans tous les sens, et non pas seulement lorsque le météore paraît d'abord descendre. Il ne faut donc pas s'arrêter aux assertions de Chladni, qui ne parle jamais *de visu*. Il s'agissait seulement de répondre à l'objection de Benzenberg. Quant à la singulière théorie qu'il donne de la formation des bolides durant leur passage dans l'atmosphère, elle ne paraît avoir été admise que par M. Palmer, l'un des observateurs de la fameuse pluie d'étoiles filantes de novembre 1833 aux États-Unis, observateur sur le compte duquel nous aurons beaucoup de choses à dire.

En 1819, Chladni publia à Vienne son traité spécial *sur les météores ignés et sur les masses tombant du ciel*, in-8 de 434 pages. Dans son écrit de 1794, l'auteur avait cité très-peu d'exemples, soit de bolides, soit de pierres météoriques, et il s'était borné à exposer sa théorie à l'occasion d'un fragment de la masse de Pallas qu'il avait eu sous les yeux. Il avoue lui-même qu'à cette époque il n'avait pas même vu un bolide. Mais depuis il avait fait de nombreuses recherches à ce sujet; son catalogue avait pris une extension considérable; il s'était procuré jusqu'à 25 échantillons de pierres météoriques, 13 de masses ferrugineuses, et 2 de poussière. Il s'était donné une peine infinie pour retrouver plusieurs de ces masses aux lieux mêmes où, d'après les auteurs, elles avaient été déposées et conservées. C'est ainsi qu'il se rendit à Wurzbourg, pour voir la pierre qui, au xiiie siècle, serait tombée sur le couvent de Saint-Jacob, et qui, vérification faite par lui, n'aurait pas une origine céleste; puis à Oldenbourg, afin d'y examiner la pierre tombée en 1368, et qu'on ne voulut pas lui présenter; à Bruxelles, pour voir la pierre qui, à la fin du xve siècle ou au commencement du xvie devait être tombée à Nassau, mais qu'il ne put retrouver; à Vienne, où il ne put retrouver non plus 5 masses météoriques, qui avaient déjà échappées à toutes les recherches de Stutz; à Göt-

tingue, où il ne put rencontrer la pierre citée par Kettler, comme
tombée en 1580; à Dresde, pour la pierre tombée en Thuringe
en 1581, et celle de 1647 tombée à Zwickau, qui se trouvaient
perdues l'une et l'autre. Il ne fut pas plus heureux à Leyde, où la
pierre de Dordrecht ne se trouvait plus. A Milan, la fameuse pierre
qui aurait tué un moine franciscain ne lui parut pas être météorique. Enfin, il alla inutilement à Vérone, pour les pierres de 1668;
à Berne, pour celle de 1694; à Modène, pour celle de 1766; à Co-
bourg, pour la pierre tombée à Rodach en 1775; à Padoue, pour
les pierres décrites par Ferber dans son voyage minéralogique;
enfin à Cologne, pour la pierre tombée sur la cathédrale, et qui
n'était qu'une pierre de bâtisse : toutes ces pierres météoriques
avaient disparu, ou s'étaient égarées, ou se trouvaient sous clef.
Chladni, malheureux dans ses expéditions, n'en continua pas moins
ses recherches historiques; et les pierres qui, vers la fin du siècle
précédent et au commencement de celui-ci, semblaient tomber avec
plus d'abondance que jamais, prouvèrent du reste la réalité de leur
existence comme masses étrangères à notre globe.

Chladni, dans la 3e partie de son ouvrage, fait le récit des observations de bolides par ordre chronologique, depuis 1325 jusqu'en
1829. Il en cite 4 qui se rapportent au xive siècle, 2 au xve, 7 au xvie,
39 au xviie, 136 au xviiie, et 106 dans le premier tiers de ce siècle :
total 294. Toute cette partie historique offre peu d'intérêt, parce que
les observations manquent en général d'exactitude, et que d'ailleurs
le phénomène est assez fréquent pour qu'un même observateur
attentif en puisse voir en assez grand nombre, pour baser, sur
ses observations devenues comparables, des généralités plus certaines.

L'histoire des chutes de pierres tombées du ciel, qui fait l'objet
de la 4e partie de l'ouvrage de Chladni, offre plus d'intérêt, parce
que ce genre de phénomène est beaucoup plus rare, et que nous
n'aurons sans doute jamais d'autres témoignages que ceux de personnes peu instruites, amenées par hasard aux lieux où s'opère la
chute de ces pierres miraculeuses. Après avoir cité quelques événements de ce genre, antérieurs à l'ère vulgaire, il donne l'historique
des chutes qui ont eu lieu depuis cette époque, savoir : 22 dans les
dix premiers siècles après J. C., 3 dans le xie siècle, 5 dans le xiie,
5 dans le xiiie, 5 dans le xive, 7 dans le xve, 18 dans le xvie, 28 dans
le xviie, 35 dans le xviiie, et 37 jusqu'au commencement de 1818.
Mais plusieurs de ces chutes sont problématiques.

La 5e partie de l'ouvrage est consacrée aux masses de fer natif, dont l'origine est sans doute la même que celle des masses de fer météorique, bien que l'on n'ait aucun témoignage à l'appui. La 6e partie traite des poussières dont l'origine est probablement cosmique, et de certaines substances tombées de l'atmosphère, mais qui ont pu appartenir à notre globe.

Chladni a tiré des conséquences générales de ses deux catalogues, de bolides et de masses météoriques. Il persiste à croire que les bolides se présentent sous trois aspects divers, comme des points brillants et analogues aux étoiles filantes : comme des nébulosités, enfin comme une réunion de traits parallèles. Nos observations ne nous ont jamais offert que la première espèce de bolides. Nous ne suivrons pas l'auteur dans l'examen qu'il fait de toutes les particularités relatives à la hauteur de ces météores, au chemin qu'ils parcourent, aux traînées qu'ils laissent en arrière, à leurs ondulations, à leur vitesse, à leur aspect, à leur lumière et à leur couleur, non plus qu'aux flammes, aux fumées et aux vapeurs qui en sortent, aux explosions et aux détonations qui précèdent la chute de ces masses ; masses qui se partagent en pierres météoriques ordinaires, en masses ferrugineuses, en poussières sèches et humides, et qui font l'objet de trois catalogues distincts.

L'auteur fait ensuite connaître la composition de ces pierres, leur grosseur, leur nombre lorsqu'elles tombent abondamment, leur état au moment de la chute, la croûte qui les enveloppe, leur texture intérieure, etc. Dans son écrit de 1794, il avait totalement confondu les bolides avec les pierres météoriques, en donnant à celles-ci le caractère des premières. Dans son nouvel ouvrage, il sépare ces deux espèces de météores, tout en faisant encore quelque confusion sur leur manière d'être.

Quant aux pierres qui sont effectivement tombées de l'atmosphère, il en trouve 7 en janvier, 6 en février, 13 en mars, 9 en avril, 12 en mai, 8 en juin, 9 à 11 en juillet, 9 à 10 en août, 8 en septembre, 10 en octobre, 7 en novembre et 7 en décembre.

Pour les masses météoriques dont la chute est demeurée incertaine, il y en aurait eu 24 en janvier, 21 en février, 21 en mars, 18 en avril, 17 en mai, 8 en juin, 21 en juillet, 27 en août, 20 en septembre, 23 en octobre, 27 en novembre et 23 en décembre. Ce ne sont probablement que des bolides que l'on aura vus éclater, dont on aura cru entendre la détonation ; en sorte que l'on pourrait, sans inconvénient, les additionner avec les bolides silencieux, qui auraient été vus : 31 en janvier, 27 en février, 34 en mars, 28 en avril, 29 en mai, 17 en juin, 30 à 32 en juillet, 30 en août, 28 en septembre, 33 en octobre, 24 en novembre et 30 en décembre.

Relativement aux heures du jour et de la nuit, les pierres météoriques seraient tombées au nombre de 12 depuis minuit jusqu'à 6 heures du matin, de 28 jusqu'à midi, de 37 jusqu'à 6 heures du soir, enfin de 11 à 12 jusqu'à minuit : d'où il résulte que le plus grand nombre tombe de jour. Quant aux pierres incertaines (qui suivant nous ne sont que des bolides), il y en aurait 3 de 6 à 9 heures du matin, 7 de 9 heures à midi, 9 jusqu'à 3 heures du soir, 11 jusqu'à 6 heures, 58 jusqu'à minuit, 22 jusqu'à 3 heures du matin et 10 jusqu'à 6 heures : ce qui prouve qu'en effet ce sont des bolides, dont la plupart ont été vus dans les premières heures de la nuit, alors que l'obscurité et le nombre des témoins concourent à produire ce résultat.

Reste à considérer les directions que suivaient les pierres météoriques en tombant. Il en serait venu 11 du nord, 2 à 3 de N. N. O., 7 à 9 de N. O., 2 de O. N. O., 10 de O., 2 de O. S. O., 10 de S. O., 4 de S. S. O., 1 entre S. et O., 8 de S., 2 de S. S. E., 8 de S. E., 8 de E., 2 de E. N. E., 7 de N. E., 4 de N. N. E., 1 entre N. et E.

A partir de l'anné 1600, il est tombé 17 masses météoriques en Allemagne, 15 en France, 16 à 17 dans les îles Britanniques, 11 à 13 en Italie, 8 en Russie, 2 en Espagne, 1 en Portugal, 2 en Pologne, 1 en Danemark, aucune en Suède, 1 en Hongrie, 2 en Hollande, 3 en Turquie d'Europe, 5 aux Indes orientales, 2 dans les mers voisines, 1 dans les îles d'Afrique, et 3 dans l'Amérique septentrionale. Chladni pense qu'il en tombe moins dans les régions équatoriales que dans nos latitudes. Quant aux simples bolides, depuis l'année 1700, on en aurait vu 70 en Angleterre, 50 en Allemagne et dans la Suisse, 30 en France, 10 en Italie, 4 en Danemark, 7 en Suède, 3 dans l'Amérique du Nord, 3 en Portugal, 3 au Mexique, etc.

Comme on le voit, rien n'avait échappé à Chladni. Son attention même s'était portée sur la périodicité des météores, dont on s'est tant occupé depuis, et qui avait déjà été soupçonnée, mais sans preuves suffisantes, par Ritter et d'autres. Ainsi, à partir de 1803, Chladni trouve les résultats suivants :

Années.	Pierres.	Bolides.	Années.	Pierres.	Bolides.
1803	4	6	1811	2	2
1804	1	5	1812	3	5
1805	2	5	1813	2	4
1806	2	5	1814	4	8
1807	2	3	1815	1	3
1808	3	7	1816	1	6
1809	1	5	1817	0	8
1810	3	1	1818	1	13

Il y aurait donc des années, comme 1803, 1808 et 1814, abondantes en météores ; et d'autres, qui en donneraient moins. Il s'agit ici, comme on le voit, de périodes à longues durées, et non pas des périodes annuelles dont on s'est plus spécialement occupé depuis l'apparition du 13 novembre 1833.

Si Chladni s'occupe de préférence des pierres météoriques et des bolides, c'est qu'il n'avait pas encore d'observations suffisamment nombreuses sur les étoiles filantes pour en tirer des généralités : il n'avait alors que les observations de Brandes et de Benzenberg en Allemagne, et de Farey et Bévan en Angleterre, observations qui n'étaient relatives qu'à la hauteur des météores. Cependant Chladni avait déjà commencé un catalogue des apparitions principales d'étoiles filantes, puisées dans les historiens anciens et dans les chroniqueurs du moyen âge.

Dans la 7e et dernière partie de son ouvrage, Chladni passe en revue les opinions des savants sur les météores ignés, opinions alors moins nombreuses que celles qu'il avait déjà combattues en 1794. En effet, à partir de ce siècle, on considérait généralement les météores comme venant des espaces célestes, sous forme chaotique, ou comme fragments de planètes brisées, ou comme des projectiles de volcans lunaires, ou enfin comme ayant la même origine que les aurores boréales ou la lumière zodiacale, espèce de terme moyen entre l'hypothèse cosmique et l'hypothèse terrestre. Chladni était toujours partisan du système le plus large, d'accord en cela avec les astronomes ; il repoussait l'origine lunaire des météores, et c'est ce qui l'avait brouillé avec Benzenberg et l'école de Laplace. On lui attribue quelques variations, mais nous n'en avons point trouvé dans ses écrits. Partisan déclaré du système cosmique, il a rattaché son opinion à toutes les explications que les sciences d'observation pouvaient lui offrir ; et il n'y a pas de doute qu'il n'eût embrassé l'opinion des astronomes de nos jours sur la périodicité des météores, envisagés comme des petites planètes tournant autour du soleil.

Quoi qu'il en soit, on doit considérer Chladni comme ayant le plus fait pour accroître nos connaissances sur la nature et l'origine des météores ignés. C'est lui qui a créé cette science, qui a dirigé les premiers observateurs, qui a réuni le plus de documents historiques, et qui enfin a émis sur ce sujet difficile l'opinion la plus hardie et qui aujourd'hui nous semble la plus naturelle; en sorte qu'il aurait fait pour ce genre de météores le même travail que d'autres venaient de faire pour les comètes, celui de les classer définitivement parmi les corps célestes.

La présence de Chladni à Vienne, et ses rapports nécessaires avec Schreiber, directeur du cabinet impérial d'histoire naturelle où se trouvait une collection de pierres météoriques, devait nécessairement donner à ce dernier l'idée de publier la description de ces pierres, et l'historique de leur chute. Aussi, dès l'année suivante, parut l'ouvrage en question. Son auteur, après avoir fait cette description, eut l'idée assez heureuse de calculer combien il devait tomber de pierres sur toute la surface du globe, en partant de ce fait qu'il en est tombé 10 en France, de 1790 à 1815, c'est-à-dire dans une période de 26 ans; et qu'il en est tombé également 10 dans les îles Britanniques durant une période d'égale longueur, de 1791 à 1816. Par la comparaison de l'étendue de ces deux pays à la surface entière du globe, on peut conclure qu'il doit y avoir proportionnellement, sur cette surface entière, deux chutes de pierres par jour, les deux tiers devant tomber dans l'Océan, et l'autre tiers sur la terre ferme. Mais, aujourd'hui que le rapport entre la terre ferme et l'Océan est mieux connu, on pourrait dire, suivant l'idée de Schreiber, que, sur 4 chutes de pierres météoriques, il y en a 3 qui s'effectuent dans la mer et une seule sur les continents et les îles.

Il paraîtrait que Farey, dont les observations sur la hauteur des étoiles filantes ont été indiquées ci-dessus, n'en était pas resté là, et qu'il s'était occupé de ces météores, sinon d'une manière régulière, du moins suffisamment pour établir quelque classification à ce sujet. Vers 1811, il divisait les bolides en deux classes, savoir : « 1° ceux qui ont une marche presque aussi courte et aussi rapide que les étoiles filantes, tout en étant plus brillants que celles-ci; 2° ceux qui ont une course très-longue, qui vont lentement, qui ont un degré de grosseur et d'éclat particulier, enfin qui peuvent faire explosion, jeter des étincelles, et laisser de petites traînées, quelquefois aussi larges que les météores eux-mêmes.

Farey admettait que les étoiles filantes sont autant de satellites, ou petites lunes, tournant autour de la Terre dans toutes les directions, et pénétrant dans notre atmosphère, pendant quelques instants, aux époques de périgée. Cette immersion dans l'atmosphère produit tous les phénomènes de lumière, de course plus ou moins longue et rapide, qui distinguent les plus petites étoiles filantes des plus grands météores, ceux-ci produisant des explosions et lançant des fragments à la surface de la terre ; au reste, il croit que la plupart de ces queues ou traînées ne sont que des illusions d'optique provenant de la durée de l'impression sur la rétine.

Farey avait demandé que l'on fît des observations sur plusieurs points d'optique météorique. Le docteur Burney répondit à sa demande dans un article publié en 1821. Il trouve que la Lune, à un ou deux jours d'âge, est moins brillante que Vénus et Jupiter, et qu'alors sa lumière ne peut masquer les plus petites étoiles filantes. Mais, du premier au troisième quartier, la lumière de ce satellite efface les plus petites étoiles filantes qu'il suppose très-élevées, mais non les moyennes (qu'il place dans les régions inférieures de l'air). On a l'exemple de brillants météores que n'ont effacés ni les rayons de la pleine Lune, ni ceux du Soleil à midi. En second lieu, Burney dit que les étoiles filantes apparaissent en toutes saisons et dans toutes les parties du ciel, mais que leur nombre en été est quatre fois plus grand que leur nombre en hiver ; et cette abondance en été, il l'attribuerait à l'élévation de la température. En troisième lieu, Burney affirme qu'il a toujours vu les étoiles filantes descendre, et qu'elles ne montent jamais, à moins qu'elles n'éprouvent quelque résistance ou n'approchent trop du sol ; et il en a vu de la taille de Jupiter, dans les soirées d'été, venir heurter le toit de son observatoire ! En quatrième lieu, Burney soutient que les queues ou traînées des étoiles filantes ne sont pas une pure illusion d'optique, puisque très-souvent il en a vu durer plus de trois secondes après la disparition du météore. En cinquième lieu, Burney ne sait pas s'il faut distinguer plusieurs classes de météores ignés, nos connaissances à ce sujet étant encore trop bornées. D'ailleurs l'objet de ses recherches n'était pas de reconnaître l'origine de ces météores, mais seulement leur influence sur le temps ; et il a trouvé qu'ils sont les pronostics de forts coups de vent, sans pouvoir dire de quel côté ces vents souffleront, comme quelques observateurs ont cru pouvoir le faire.

Cependant il est à peu près sûr que les boules de feu que l'on voit descendre des nuages orageux sont des produits électriques, qui ne peuvent être confondus avec les étoiles filantes; mais il pense que les petites et moyennes étoiles filantes résultent des exhalaisons du sol, qui vont se mêler à certaines portions d'air sec. Quant aux grands météores, surtout ceux qui donnent des pierres, ils n'auraient pas la même origine, qu'il n'assigne pas; mais avec toute la déférence qu'il doit à Farey comme à l'un des premiers météorologistes, il ne peut voir dans les observations actuelles aucun motif plausible pour placer ces bolides au rang de satellites de la Terre. Sans doute cette idée neuve et hardie sera venue à Farey en faisant l'historique des bolides dans le 14° volume de l'Encyclopédie d'Édimbourg. En effet, dans cet article, on lit que les mêmes météores auraient été vus à différentes époques. « Mais, ajoute Burney, dans toutes mes obser-
« vations sur les bolides, je n'ai rien vu qui puisse mener à une pa-
« reille conséquence, rien enfin qui puisse faire soupçonner que les
« bolides soient des satellites de la Terre. »

Dans ses répliques à Farey, le docteur Burney lui conseille de lire les écrits remarquables du docteur Forster. Utilisant cet avis, nous avons recouru nous-mêmes à l'*Essai sur l'influence des comètes sur les phénomènes de la Terre, etc.*, publié en 1843, et qui contient un résumé des opinions du docteur Forster. Douze pages y sont con-sacrées aux étoiles filantes, et nous en extrayons ce qui suit. L'au-teur observe les étoiles filantes depuis sa jeunesse; son père et son oncle s'adonnaient aussi à ce genre d'observations. Il est persuadé que ces météores prennent naissance dans l'atmosphère, et qu'ils sont un produit de l'électricité. Son catalogue d'observations a par-ticulièrement attiré l'attention sur les retours extraordinaires du mois d'août. Il raconte que les catholiques d'Irlande voient dans ce retour périodique les larmes brûlantes de saint Laurent, dont la fête tombe au 10 août. Suivant lui, les grands météores arrivent à des époques indéterminées. Ceux de seconde classe paraissent com-munément en juillet et août; ils vont d'autant moins vite qu'ils sont plus grands. Quant à la troisième classe, elle se compose des étoiles filantes ordinaires; une brillante nuit d'hiver, avec forte gelée, ne manque presque jamais d'en engendrer un très-grand nombre. Enfin, il y a une quatrième classe, formée de petites étoiles qui laissent des traînées blanches; et alors les grandes étoiles qui parais-sent en même temps offrent des traînées également blanches, annon-çant ainsi un état particulier de l'atmosphère, relativement à l'électricité. M. Forster croit, avec les anciens et beaucoup d'observateurs modernes, que les étoiles filantes sont un pronostic du temps, en ce sens qu'elles se dirigent vers un point de l'horizon d'où le vent soufflera le lendemain. Il s'appuie même de l'opinion du chimiste Howard, qui voyait, pendant les apparitions remarquables d'étoiles filantes, les cirro-stratus s'étendre en longs filets, annonçant ainsi un changement de temps (et, d'après M. Forster, un changement dans l'état électrique de l'atmosphère).

M. Forster fait la remarque que les anciens n'ont jamais parlé de retours périodiques pour les étoiles filantes, ce qui serait fort extraordinaire si ces retours eussent existé; et, pour le retour des étoiles du mois d'août, on n'en cite aucun exemple antérieur au milieu du siècle précédent. Enfin, il a toujours remarqué une abondance extraordinaire d'étoiles filantes, surtout à queues blanches, dans les années où l'on a vu des comètes très-apparentes. Il cite entre autres, les étoiles filantes qui ont accompagné les comètes des années 1799, 1807, 1811, 1825, 1835 et 1843. C'est même en observant les étoiles filantes à traînées blanches, qu'il pressentit l'existence et fit la découverte effective de la comète de 1819.

Bien que l'on ne puisse admettre la plupart des idées de M. Forster, c'était un devoir pour nous de citer les assertions principales d'un homme qui a suivi le phénomène des étoiles filantes avec une persévérance dont peu d'observateurs ont jusqu'ici donné l'exemple, la plupart aimant mieux faire leurs raisonnements dans le cabinet, qu'observer sur les toits et aux injures de l'air.

On peut classer parmi ces derniers, trois auteurs allemands qui, peu après la publication du grand ouvrage de Chladni, prirent la plume pour le réfuter et pour étayer par de nouveaux arguments l'hypothèse de la formation des météores au sein de l'atmosphère. Égen, dans les *Annales* de Gilbert, tome LXXII; F. G. Fischer, dans les *Mém. de l'Acad. de Berlin* pour 1820 et 1821; et Ideler, dans un ouvrage spécial sur les bolides, revenaient à cette vieille opinion, que le progrès des sciences physiques semblait avoir fait abandonner pour toujours.

Ideler repoussait l'hypothèse de Chladni par ces motifs, que les chutes de pierres avaient principalement lieu en été et aux environs des équinoxes, et que leur nombre allait diminuant de l'équateur au pôle, comme les orages qui les accompagnaient souvent. Mais le nombre des aérolithes est encore trop peu considérable pour y reconnaître l'influence des saisons et des latitudes géographiques. Et d'ailleurs comment combattre sérieusement un auteur qui, revenant aux produits gélatineux de Muschenbrock, trouve l'origine des étoiles filantes dans des matières végétales et animales répandues au sein de l'atmosphère ?

Egen, en sa qualité de minéralogiste, donne des raisons plus spécieuses en faveur de son hypothèse. Suivant lui, il s'exhale de la terre toutes sortes de matières, voire même des vapeurs métalliques. Les usines métallurgiques en fournissent une quantité considérable. L'auteur calcule ce que donnent, en particulier, les hauts fourneaux de la vallée de Clausthal. Sur 294 000 quintaux de charbon, bois et minerai que l'on y jette annuellement, on retire 79 200 quintaux de métaux coulés, la perte étant ainsi de 214 800 quintaux, formée de 169 000 quintaux de charbon brûlé et de 45 800 quintaux de substances minérales, où se trouvent de l'eau, du plomb, du fer, du zinc, du soufre, de l'antimoine et de l'arsenic. Sans doute une bonne partie de ces matières, à un état de division plus ou moins avancé, se dépose dans les lieux circonvoisins; mais il en reste toujours des vapeurs qui vont se mêler aux diverses couches d'air, et que l'on retrouve dans l'eau tombée des nuages. C'est ainsi que l'analyse chimique des eaux pluviales aurait donné à R. Brandes, des sels de magnésie, de soude, de chaux, de fer et d'oxyde de manganèse; et à Zimmermann, du fer et du nickel.

Egen suppose ensuite que l'atmosphère venant à se troubler, certaines forces produisent, avec dégagement de lumière, la condensation de ces matières, que l'électricité pousse dans des directions souvent différentes de celles de la pesanteur. Chladni, dans sa réplique, admettrait volontiers la présence de substances minérales dans les hautes régions de l'air, substances qui peuvent entrer en dissolution dans l'eau de pluie; mais il pense qu'elles sont amenées dans notre atmosphère par les météores eux-mêmes, qui viennent du dehors, qui s'enflamment au contact de l'air, et qui abandonnent les produits de leur combustion sous la forme de longues traînées lumineuses, quand ces météores ne tombent pas eux-mêmes en totalité sur la surface de notre globe. C'est par une observation attentive des météores, que tous ces doutes pourront être levés.

C'était aussi l'opinion de Brandes, qui comprenait toujours la nécessité d'étendre ses observations à un plus grand nombre de cas. En 1817, il saisit une nouvelle occasion de faire, dans les environs de Breslau, une série d'observations simultanées sur les étoiles filantes. Il prit station à Nieder-Salzbrun, à 9 milles de Breslau ;

où se trouvait le professeur Jungnitz, tandis que le général de Lin-
dener se plaçait à Glatz, et M. Fulgenbauer à Reichenbach. Mais
les observations ayant été comparées, il ne s'y rencontra aucune
coïncidence, tellement que tout le travail se trouva inutile. On en
donna pour motifs que Jungnitz était très-âgé, que le général de Lin-
dener avait 75 ans, et qu'enfin M. Felgenbauer avait *oublié* de noter la position des étoiles filantes dans le ciel, ce qu'il ne croyait
sans doute pas nécessaire ; en sorte que Brandes se trouva parfaitement isolé au milieu de ses collaborateurs. Ce *travail* parut néanmoins en 1818 dans les *Annales* de Gilbert.

Cette tentative infructueuse ne découragea pas notre physicien,
et six ans après, il recommençait à Breslau une nouvelle série d'observations, la plus remarquable de toutes, tant par le nombre des
observateurs que par les résultats obtenus. Brandes engagea plusieurs de ses élèves, et d'autres personnes convenablement placées
dans les villes voisines, à le seconder dans ses nouvelles recherches.
Son but était, d'abord de confirmer et d'étendre ses anciennes observations, puis de résoudre certaines questions qu'elles avaient
soulevées. Ainsi ses observations de Göttingue semblaient indiquer
que les étoiles filantes les plus remarquables par leur grosseur, au
lieu d'être les plus voisines de la terre, comme on aurait été tenté
de le croire, se trouvaient au contraire plus éloignées que les petites étoiles filantes : c'est ce qu'il fallait vérifier sur un plus grand
nombre de cas. Enfin il pouvait arriver que ces nouvelles observations conduisissent à des résultats tout nouveaux.

Il fut convenu qu'elles commenceraient au printemps de 1823,
pour être continuées jusqu'en automne de la même année, et
qu'on les poursuivrait toutes les fois que l'absence de la Lune et
l'état de l'atmosphère le permettraient, depuis 9 heures jusqu'à
11 heures du soir. Malheureusement on fut contrarié par le temps,
et il y eut une interruption assez longue dans les observations. Ainsi
du 8 avril au 10 mai, il y eut 187 étoiles filantes observées, dont
5 simultanément ; et du 8 août au 9 octobre, 1 525 étoiles filantes,
dont 58 simultanément.

D'abord Brandes n'obtint pas autant d'aides qu'il l'aurait desiré ;
mais à mesure que l'on avançait, le nombre des observateurs augmentait ; et Brandes, toujours à son poste, donnait l'exemple
(comme il le dit lui-même) du courage et de la constance que récla-
ment de si pénibles et si fastidieuses recherches. Il fut principalement aidé par ses élèves Scholz, Gebauer, Feldt, Ottawa, Dove,

Brettner, Turkheim, Weber, Wicher et Repilly. Scholz particulièrement se multipliait pour faire des observations à Breslau, à Mirkau et surtout à Leipe. Feldt observa dans ces deux premières stations. Ottava se transporta à Trebnitz. Les professeurs Liedtky et Wolf observaient à Gleiwitz; le baron de Richthofen, à Brechelshof; Lohrmann et Pressler, à Dresde; le lieutenant Prittwitz, à Berlin; le professeur Petzeldt, avec ses élèves, à Neisse; le docteur Heilborn, à Brieg; enfin Krzyzanowsky, à Cracovie : total, 20 observateurs.

A en juger par les résultats, tous ces collaborateurs cependant ne peuvent pas être mis sur la même ligne. Les uns furent meilleurs observateurs, ou plus assidus, puisqu'ils furent plus heureux que les autres, dont un grand nombre même ne fit aucune observation utile. Il est juste, par conséquent, de faire connaître ici ce que la science doit à chacun d'eux. Liedtky ouvre la marche, avec 38 observations correspondantes; puis vient Brandes, qui en obtint 33; ensuite Scholz, avec 16; et successivement, Petzeldt 13; Feldt 10, Gebauer 6, Ottawa 4, Richthofen 3, Pressler 2, Dove 1, Heilborn 1.

Ainsi, sur 1712 étoiles filantes, il n'y en eut que 62 de correspondantes, c'est-à-dire une seule de celles-ci sur 27 à 28 des premières. Ce rapport avait été de 1 étoile simultanée, sur 18 à 19 étoiles notées dans les observations de 1798 à Göttingue. Il en résulte qu'un petit nombre de bons observateurs valent mieux en ceci que beaucoup de personnes prises au hasard, qui ont toujours plus de zèle que d'habileté.

Ensuite, sur ces 62 coïncidences obtenues dans les observations de 1823, il en faut rejeter 25 comme mauvaises ou incomplètes; ce qui réduit le nombre des bonnes observations à 37, c'est-à-dire à 1 sur 47 observations primitives. Sur toutes, il n'y eut que 3 étoiles filantes vues à la fois de 3 stations différentes, et sur ce nombre, 2 seules étoiles bien observées de ces trois points. Enfin, et il est bon de répéter encore une fois cette remarque, aucune observation simultanée n'a pu être faite, et ne pouvait l'être probablement, aux stations situées à de trop grandes distances. Ainsi, les observations de Dresde ne donnèrent que 2 coïncidences; et celles de Berlin et de Cracovie, aucune. Il suffira donc de faire connaître ici les positions géographiques des stations où il y a eu des coïncidences. Les longitudes étant comptées de Breslau, on a :

Breslau............ longitude 0°,00' .... latitude 51°,07'.
Brechelshof............ 0°,51' O.............. 51°,06'.
Dresde................ 3°,19' O............. 51°,03'.

Leipe.	1°,10′ O.	50°,59′.
Mirkau.	0°,05′ E.	51°,10′.
Trebnitz.	0°,01′ ½ E.	51°,19′.
Neisse.	0°,18′ E.	50°,28′.
Brieg.	0°,27′ E.	50°,54′.
Gleiwitz.	1°,40′ E.	50°,18′.

Ces positions ont été prises sur la carte de la Silésie; elles étaient suffisamment exactes pour des recherches de ce genre. Il est cependant remarquable que les nombreuses observations simultanées faites à Breslau et à Gleiwitz, aient pu faire reconnaître une petite erreur, de 1,2 mille en longitude et de 0,4 mille en latitude, sur la position de cette dernière ville; erreur dont on ne tient pas compte dans les calculs, parce que le temps était simplement noté à une minute près sur des montres de poche, et que d'ailleurs on ne comptait pas beaucoup sur cette méthode de déterminer les longitudes.

Toutes les observations simultanées ont été calculées par Brandes, par Feldt et par Gebauer, qui s'étaient partagé cette tâche pénible. En effet, les calculs ont été faits d'après les formules générales d'Olbers, auxquelles Brandes avait ajouté un complément qui consiste en ceci : les formules d'Olbers donnent deux valeurs pour chaque position d'une même étoile filante, valeurs qui deviendraient égales si les observations n'étaient pas erronées; il en résulte que les rayons visuels menés au même instant à la même étoile, de deux stations différentes, ne s'entre-croisent pas, mais s'écartent plus ou moins l'une de l'autre. Brandes prend alors, pour la vraie position de l'étoile, le milieu de la plus courte distance entre ces deux rayons visuels. D'après nous, cette méthode de Brandes n'est pas tout à fait exacte, bien qu'elle donne déjà un résultat très-approché. En effet, Brandes suppose tacitement que toute l'erreur des observations se porte sur le pointage, ou en d'autres termes, sur le lieu de la sphère céleste où chaque observateur place l'étoile filante. D'abord cette erreur existe; mais il y a une erreur beaucoup plus considérable dans l'instant précis des observations, qui fait que les deux observateurs ne voient ni le même commencement ni la même fin de l'étoile, soit à cause de l'éloignement plus ou moins grand de celle-ci, soit à cause d'une différence dans l'état de l'atmosphère aux deux stations, soit enfin parce que les deux observateurs n'ont pas la même puissance de vision ou que leur attention est attirée plus ou moins vite. L'erreur sur le commencement de l'étoile peut

surtout être considérable, parce que ce commencement est souvent
très-indécis. Il y a moins d'erreur sur la fin de l'étoile, qui parfois
s'éteint subitement après avoir acquis son plus grand éclat. Ainsi,
dans leurs observations de Göttingue, Brandes et Benzenberg, à
quatre exceptions près, n'avaient pu noter que la fin des étoiles. La
discordance sur le commencement de l'étoile s'élève en général à
plusieurs degrés, et même à une dizaine de degrés dans des cas
particuliers; tandis que l'erreur, dans le sens transversal au chemin
de l'étoile, est tout au plus d'un degré, lorsque l'observation a été
passablement bien faite. Il y a plus : deux observateurs placés à côté
l'un de l'autre, différeront toujours plus ou moins sur le commencement de l'étoile ; que sera-ce dans le cas où, placés aux extrémités
d'une très-longue base, l'un d'eux voit l'étoile comme de première
grandeur, tandis que l'autre la verra comme de seconde ou de troisième grandeur !

Par conséquent, si deux observateurs notent le commencement
et la fin d'une étoile filante, les quatre rayons visuels seront effectivement dirigés vers quatre points différents du chemin suivi par cette
étoile ; et le problème consisterait à mener une droite qui touchât ces
quatre rayons visuels, ou qui s'en écartât le moins possible, de manière à tenir compte des erreurs commises sur le chemin parcouru par
l'étoile dans le sens longitudinal, et dans le sens transversal. Tous
les calculs des observations de Breslau et lieux environnants seraient
donc à refaire, et peut-être entreprendrons-nous ce travail dans la
suite de ces recherches. En attendant, nous citerons les résultats
obtenus par Brandes et ses deux élèves, tout en conseillant à nos
lecteurs de suspendre leur jugement jusqu'à plus ample information.
Voici ces résultats :

Date.	N°.	Grosseur.	Hauteur verticale en milles.	
			Commencement.	Fin.
2 mai.	1	2	19,0	3,7.
Id.	2	1	14,7	12,5.
7 mai.	3	4	1,4	1,4.
Id.	4	5	1,0	—
10 mai.	5	1	12,2	8,3.
4 août.	6	petite.	9,7	5,9.
10 août.	7	petite.	7,4	—
Id.	8	petite.	9,0	—
Id.	9	petite.	6,3	—
11 août.	10	2 — 3	30,1	31,7.

Date.	N°.	Grosseur.	Hauteur verticale en milles.	
			Commencement.	Fin.
11 août.	11	—	7,5	4,0
Id.	12	—	13,6	7,4
Id.	13	1	14,0	8,9.
Id.	14	—	9,6	4,5.
Id.	15	4	— 7,0	—
Id.	16	5	— 12,0	—
Id.	17	2	19,6	16,0.
Id.	18	5	9,5	7,7.
29 août.	19	2	16,9	—
30 août.	20	petite.	10,6	12,6
Id.	21	3 — 4	19,8	18,0.
1 sept.	22	5	8,1	17,1.
Id.	23	3	14,3	14,3.
Id.	24	bolide.	—	16,0.
2 sept.	25	3 — 4	—	3,0.
Id.	26	3	5,2	8,1.
Id.	27	1	—	5.
Id.	28	2 — 3	—	5,7.
Id.	29	—	—	8,6.
Id.	30	3	28,0	20,6.
Id.	31	3	4,7	—
11 sept.	32	assez grosse.	4,0	5,3.
Id.	33	—	18,2	11,2.
12 sept.	34	1 — 4	15,2	16,6.
27 sept.	35	1 — 3	14,3	9,9.
Id.	36	4	— environ 30	—
Id.	37	4 — 5	14,8	—
Id.	38	3 — 4	14,2	12,0.
Id.	39	2 — 5	— 9,9	—
Id.	40	3 — 4	13,6	11,3.
Id.	41	2 — 4	—	4,0.
Id.	42	3	—	11,3.
7 oct.	43	petite.	13,8	9,6.
Id.	44	2 — 4	13,2	10,1.
Id.	45	4 — 5	13,8	7,4.
Id.	46	4	10,9	8,5.
Id.	47	1 — 4	—	8,5.
Id.	48	1 — 2	9,5	11,2.
Id.	49	2	environ 60	20,3.
8 oct.	50	très-grosse	25	12.
Id.	51	4 — 5	—	13,8.
Id.	52	—	— environ 13	—
Id.	53	assez grosse — 4	—	5,6 —

Date.	N°.	Grosseur.	Hauteur verticale en milles.	
			Commencement.	Fin.
8 oct.	54	3	11,8	14,2.
Id.	55	3	— plus de 100	—
Id.	56	1 — 2	45,7	24,8.
Id.	57	3	3,9	3,2.
Id.	58	2 — 4	12,7	14,0.
Id.	59	très-petite	— 4	—
Id.	60	2 — 3	13,0	—
Id.	61	1	16,1	12,4.
9 oct.	62	2 — 3	15,2	11,5.
Id.	63	5	—	13,3.

Il en résulte que les distances des étoiles filantes ont varié de 1 $\frac{1}{2}$ mille à 50 milles; mais Olbers rejette toutes les observations qui donnent des parallaxes trop petites, parce qu'alors les erreurs sont du même ordre que les quantités observées.

Quant au chemin suivi par les étoiles filantes, il a été généralement en descendant, quelquefois parallèle à l'horizon, et parfois en remontant plus ou moins au-dessus de ce plan. C'est ce qu'on verra dans le tableau suivant, où l'angle avec la verticale, de 0 à 90 degrés, indique une course *descendante* de l'étoile; de 90 à 180 degrés, une course *ascendante*; de 90 degrés environ, une course à peu près *horizontale* :

Date.	N°.	Plan azimuthal.	Angle avec la verticale.	Longueur du chemin.
2 mai.	1	62° O	57°	28 milles.
Id.	2	9 O	82	17.
7 mai.	3	—	—	$\frac{1}{2}$.
10 mai.	5	135 O	41	5.
4 août.	6	77 E	36	5.
11 août.	10	75 O	106	6.
Id.	11	65 O	72	11.
Id.	12	60 O	41	8.
Id.	13	17 E	45	7.
Id.	14	98 O	14	5.
Id.	17	32 O	22	4.
Id.	18	14 E	49	3.
30 août.	20	22 E	158	2.
Id.	21	7 E	82	12.
1 sept.	22	30 E	135	13.
Id.	23	65 O	90	4.
2 sept.	26	117 O	129	5.

Date.	N°.	Plan azimuthal.		Angle avec la verticale.	Longueur du chemin.
2 sept.	30	170	E	55	13.
11 sept.	32	106	E	101	7.
Id.	33	101	E	31	8.
12 sept.	34	142	O	96	12.
27 sept.	35	173	O	24	5.
Id.	38	51	O	63	5.
Id.	40	19	E	53	4.
7 octobre.	43	142	O	47	6.
Id.	44	19	E	30	4.
Id.	45	10	O	34	8.
Id.	46	151	O	56	4.
Id.	48	71	O	96	16.
Id.	49	—		environ 0	40.
8 octobre.	50	56 ou 46 E		68 ou 69	39 ou moins.
Id.	54	80	O	129	4.
Id.	56	—		environ 0	21.
Id.	57	74	O	52	1.
Id.	58	61	O	104	5.
Id.	61	62	O	55	7.
9 octobre.	62	135	O	36	5.

Ainsi, sur 36 étoiles dont la direction est connue, il y en a 26 qui ont descendu et 9 qui ont remonté ou marché sensiblement suivant l'horizon. Quant à la direction azimuthale des étoiles, pour se la représenter, Brandes divise l'horizon en 8 parties ou octants, comptant toujours les azimuths à partir du point sud, soit à l'est, soit à l'ouest ; et il cherche combien d'étoiles correspondent à chacun de ces octants. Il arrive ainsi aux résultats suivants :

Limites des octants.		Nombre d'étoiles comprises	
19° E..........	64° E..........	3.	
64° E..........	109° E..........	3.	
109° E..........	154° E..........	0..... minimum.	
154° E..........	161° O..........	2.	
161° O..........	116° O..........	6.	
116° O..........	71° O..........	4.	
71° O..........	26° O..........	9..... maximum.	
26° O..........	19° E..........	7.	

Or, il résulte des calculs de Brandes que le milieu du 7ᵉ octant, correspondant au *maximum*, est l'azimuth opposé au mouvement de translation de la Terre ; et que le milieu du 3ᵉ octant, corres-

pondant au *minimum*, est l'azimuth dirigé suivant ce mouvement ;
de telle sorte que la Terre va à la rencontre des étoiles filantes, qui
semblent marcher en sens contraire.

En troisième lieu, la vitesse des étoiles filantes *paraît* être,
d'après Brandes, de 4 à 8 milles par seconde ; mais en réalité aucune observation précise n'a été faite à ce sujet, puisque Brandes
et ses collègues n'ont employé que des montres ordinaires, avec
lesquelles on ne peut déterminer exactement la durée de l'apparition d'une étoile filante. En outre ni Brandes, ni Benzenberg, ni
aucun de leurs collaborateurs, n'ont fait de distinction entre la
vitesse absolue et la vitesse relative des météores ; et ce n'est qu'en
1837 qu'Olbers conseilla de tenir compte du mouvement de la
Terre, pour avoir le mouvement vrai des étoiles filantes, en grandeur et en direction. Tout ce que Brandes a pu dire, et que Benzenberg a répété maintes fois, c'est que la vitesse ordinaire des
étoiles filantes paraissait être à peu près égale à celle de la Terre dans
son orbite, c'est-à-dire d'environ 4 milles par seconde, nombre qui
se trouvait doublé et porté à 8 milles, quand l'étoile allait en sens
contraire de notre globe, oubliant d'ajouter que la vitesse devait
être réduite à zéro quand les deux mouvements s'opéraient dans le
même sens, ce qui pourtant n'arrive jamais.

En quatrième lieu, Brandes avoue qu'il est difficile de déterminer les grandeurs apparentes des étoiles filantes, et que les divers
observateurs en jugent très-différemment. Il serait disposé à prendre la largeur des traînées que laissent quelques-uns de ces météores, pour la mesure de leur diamètre ; ce qui, suivant nous, serait
tout à fait erroné, la traînée étant toujours beaucoup plus large que
l'étoile, comme dans le cas des fusées artificielles. Lorsqu'on veut
faire des observations simultanées sur les étoiles filantes, il faut
d'abord s'y exercer au même lieu et conjointement, afin de s'entendre sur toutes les circonstances qu'il s'agit de noter, et de pouvoir
établir une comparaison justifiée par l'expérience acquise. On ne
prend pas un collègue qui n'a pas l'habitude des observations de ce
genre, et qu'on n'a peut-être jamais vu, comme on prend un correspondant pour affaires commerciales. C'est par ce motif que les
observations de Breslau laisseront toujours beaucoup à désirer.
Ainsi, en prenant les deux meilleurs observateurs, Brandes à Breslau et Liedtky à Gleiwitz, on les voit différer notablement sur la
grandeur apparente des étoiles filantes, le second les voyant toujours plus petites que le premier.

En cinquième lieu, Brandes fait remarquer que les plus petites étoiles filantes sont dans les basses régions de l'air, et que les plus grosses paraissent aux plus grandes élévations; qu'enfin la proximité de l'étoile fait paraître sa vitesse plus grande. Pour aider à mieux comprendre ce résultat, Brandes aurait pu calculer la hauteur moyenne, correspondante à chaque grandeur d'étoile filante; ce qu'il est facile de faire au moyen des nombres qui forment la 3e colonne du premier tableau ci-dessus, colonne que nous avons ajoutée dans ce but, et qui donne les résultats suivants :

> Hauteur moyenne des bolides.................... 18 milles.
> *Id.*   des étoiles de 1e à 2e grandeur............ 17   *id.*
> *Id.*   des étoiles de 3e à 4e grandeur............ 15   *id.*
> *Id.*   des étoiles de 5e à 6e grandeur.......... 10   *id.*

La 6e conséquence de Brandes est qu'il apparaît plus d'étoiles filantes en automne qu'au printemps, mais que la température ne semble pas être la cause de cette différence. Du reste, il n'a rien de précis à dire sur ce sujet.

Enfin, Brandes avoue que ses connaissances sur la nature des étoiles filantes n'ont guère augmenté par ces nouvelles observations. Seulement il deviendrait plus probable qu'elles tournent autour du Soleil, bien que leur ressemblance avec les produits volcaniques pourrait les faire envisager comme provenant de la Terre. Ce serait alors des matières minérales, dissoutes par certaines vapeurs sortant avec force de nos volcans, et qui, abandonnées à elles-mêmes dans les hautes régions de l'air, retomberaient par leur propre poids. Il invite en conséquence de multiplier les observations, et de poursuivre ces recherches avec persévérance.

Toutes ces observations et leurs conséquences formèrent la matière d'un premier numéro de la collection publiée par Brandes sur diverses questions de physique et d'astronomie. Adressé aux rédacteurs des principaux journaux scientifiques de l'Europe, on daigna à peine s'en occuper, et il n'en fut pas fait mention dans les recueils publiés en France. Cependant l'invitation faite aux observateurs par Brandes, avait été entendue dans la Belgique; et, dès l'année suivante 1824, on y faisait des observations à l'instar de celles de Breslau. M. Quételet était placé à Bruxelles, et avait pour aides MM. Grœtars, Deman, de Bavay, Ramsay et Vanderlinden; à Liége observait M. Van Rees, aidé de MM. Plateau, Leclercq, Jaymart et Croeq; Enfin, MM. Morren et Manderlier observaient à Gand : total 13 observateurs. En 5 nuits, et de 1 à 2 heures par nuit, on nota 109 étoiles filantes à Bruxelles, et 44 à Liége; à Gand, pendant 2 nuits seulement, on observa 25 étoiles. Mais, malgré le zèle et l'habileté bien connue de plusieurs de ces observateurs, il n'y eut qu'une seule coïncidence, et par malheur point de parallaxe, au dire de Benzenberg, qui paraît avoir voulu tirer parti de ces observations, lesquelles ne furent publiées que 13 ans après la *Correspondance mathématique et physique* pour août 1837, avec la nouvelle méthode de calcul proposée par M. Quételet; mais il ne fait pas connaître l'application qu'il a dû faire de cette méthode aux observations de 1824. Cependant on trouve dans l'*Annuaire de l'observatoire de Bruxelles* pour 1837, p. 268, quelques généralités sur les étoiles filantes : « La *vitesse* des étoiles filantes, y est-il dit, « n'a pu être déterminée avec quelque précision que pour un très-« petit nombre de ces météores; elle est de 3 à 10 lieues par se-« conde. » Et en note : « pour six de ces météores dont j'ai pu cal-« culer ces vitesses, j'ai trouvé 5 lieues — 7,6 — 4,5 — 3,0 — 5,0 et « 3,4, terme moyen 4,7 lieues. » Mais ces vitesses ne peuvent avoir été calculées sans la connaissance préalable des hauteurs de ces météores.

Deux autres observateurs, M. A. Erman jeune à Berlin, et l'un de ses amis à Potsdam, firent en 1825 des recherches simultanées, qui ne furent guère plus heureuses que les précédentes. En 1837, Olbers insistait pour qu'elles fussent publiées. Les détails n'en sont pas connus, mais le résultat de 5 coïncidences, calculées par M. Herther, parut enfin en 1840 dans le n° 404 des *Nouvelles astronomiques* de Schumacher. De ces cinq observations, et d'après le sentiment de Bessel sur les prétendues étoiles ascendantes, il y en aurait deux à retrancher; ce qui réduirait à 3 le nombre des étoiles filantes observées simultanément, dans un laps de temps assez considérable et avec un degré de précision qui serait encore à examiner. Au reste, les voici :

Date pour 1825.	Hauteur en milles.		Grandeur.		
	Commencement.	Fin.			
h. m.					milles.
30 août 9,00	20,86	65,37	1ᵉ	monté	44,5.
1 sept. 8,36	14,21	7,21	1ᵉ	descendu	7,0.
9 sept. 9,58	16,17	4,03	1ᵉ	descendu	12,1.
17 sept. 9,49	17,87	43,54	1ᵉ	monté	25,7.
5 oct. 10,15	11,87	7,35	2ᵉ	descendu	4,5.

Dix années s'écoulèrent ensuite sans que l'on s'occupât d'étoiles filantes. Chladni mourut d'un coup de sang à Breslau, en 1827. Depuis la publication de son grand catalogue de 1819, il avait donné chaque année un supplément, contenant les nouvelles apparitions de bolides et de pierres météoriques, et quelques récits d'anciennes apparitions, fruits de nouvelles recherches historiques. Le premier supplément se trouve dans les *Annales* de Gilbert, t. 68, p. 329; on y compte 5 chutes de pierres et 17 apparitions de bolides. Le second supplément (*Ibid.* t. 71, p. 359) donne la description de 2 pierres et de 26 bolides. Dans le troisième supplément (*Ibid.* t. 75, p. 229), on trouve 2 pierres et 28 bolides; dans le quatrième (*Annales* de Poggendorff, t. 2, p. 151), 5 pierres et 16 bolides; dans le cinquième (*Ibid.* t. 6, p. 21 et 161), 6 pierres et 36 bolides; enfin dans le sixième (*Ibid.* t. 8, p. 45), 3 pierres et 14 bolides. Mais, dans ses derniers suppléments, Chladni ajoute quelques apparitions extraordinaires d'étoiles filantes, qui font nombre avec les bolides.

Après la mort de Chladni, M. Hoff, son continuateur, a donné trois autres suppléments, savoir : le septième (*Ibid.* t. 18, p. 174, et 191), contenant 7 pierres et 12 bolides ou pluies d'étoiles filantes ; le huitième (*Ibid.* t. 24, p. 221 et 233), 9 pierres et 11 météores lumineux; et le neuvième (*Ibid.* t. 34, p. 85 et 351), 7 pierres et 6 météores.

M. Kæmtz, dans le 3e volume, p. 264, de son *Traité de météorologie*, publié en 1836, a réuni les catalogues de pierres et de bolides donnés primitivement par Chladni, aux neuf suppléments ci-dessus, par ordre chronologique, en y intercalant 34 apparitions météoriques, la plupart extraites du *Journal météorologique* de Plieninger, publié dans le Wurtemberg. En résumant le tout, M. Kæmtz a obtenu les résultats suivants, augmentés depuis, dans son abrégé du même ouvrage, qui a paru en 1840 :

Mois.	Pierres météoriques.	Bolides et pierres.	Bolides et pierres (jusqu'en 1840).
Janvier	9	53	69
Février	11	46	50
Mars	14	47	50
Avril	13	41	45
Mai	17	44	46
Juin	10	25	29
Juillet	11	40	47

Mois.	Pierres météoriques.	Bolides et pierres.	Bolides et pierres (jusqu'en 1840).
Août	13.	61.	69.
Septembre	14.	46.	51.
Octobre	11.	53.	61.
Novembre	10.	76.	89.
Décembre	8.	59.	71.

Chladni et ses deux continuateurs, MM. Hoff et Kæmtz, n'ont pas cessé d'assimiler les pierres météoriques aux bolides et même aux étoiles filantes, tous ces météores ayant pour eux une composition analogue et sans doute aussi une origine commune. De cette manière, une seule pierre ou un seul bolide compte pour unité dans les nombres du tableau précédent; et une pluie de météores, comme celle du 12 novembre 1833, n'a pas plus de valeur. Ainsi les 40 bolides du 12 décembre 1830 ne font qu'un, mais ils compteraient pour 40 s'ils fussent venus à intervalles de temps suffisants ou sur divers points du globe, ce qui est par trop extraordinaire. Quoi qu'il en soit, M. Kæmtz a cherché une formule empirique pour lier les nombres de sa première colonne de bolides et pierres. Désignant par n le nombre de mois à partir de janvier, et par F (initiale de *Feuerkugeln*, globes de feu) le nombre de météores correspondant à ce n^e mois, il trouve la relation

$$F = 49 + 13{,}54 \sin(n.30^\circ + 144^\circ 16') + 1{,}76 \sin(n.60^\circ + 265^\circ 17')$$

qui donne, de janvier à décembre, les nombres suivants que nous débarrassons de leurs dixièmes : 55—49—44—40—37—36—39—47—55—62—64—61, le minimum 35,7 tombant au 6 juin, et le maximum 63,5 au 10 novembre. Mais les énormes différences qui se trouvent entre les nombres observés et les nombres ainsi calculés, rendent cette formule tout à fait illusoire.

Brandes, de son côté, n'était pas demeuré inactif. Il avait rédigé un long article sur les météores ignés, pour le grand dictionnaire dont il était l'un des principaux rédacteurs; mais cet article ne contenant rien de nouveau, il serait inutile de l'analyser ici. Nommé professeur à Leipzig, il y forma une association analogue à celle qu'il avait déjà créée à Breslau, dans le but de faire de nouvelles observations sur les étoiles filantes, pour s'assurer, par un plus grand nombre d'exemples, si la Terre marchait réellement à la rencontre de ces météores, dont l'origine cosmique eût été mise ainsi hors de doute.

Ces observations furent faites du 6 au 14 août 1833, à Leipzig par Brandes et Thieme, à Weimar par Kunze, à Géra par Weissenborn, à Breslau par Scholz et Sadebeck, enfin par Jahn et Schulze dans une station qui n'est pas connue. Toutes ces observations, au nombre de 300 environ, furent calculées par Brandes fils, après la mort de son père, et, sur la demande d'Olbers, publiées en 1840 dans le n° 386 des *Nouvelles astronomiques* de Schumacher.

Les numéros 3, 4 et 5 ont été vus de trois stations à la fois, mais leurs commencements sont incertains. Il en est de même du n° 16, mal observé de l'une des stations. Le numéro 1 doit encore être mis de côté, sa marche ayant été ascendante. Il ne reste en définitive que le numéro 10 (très-brillant), dont la marche puisse être calculée par le moyen de ses deux positions extrêmes. Voici d'ailleurs toutes ces observations simultanées, parmi lesquelles Brandes fils n'en compte que 15 passables.

N°.	Stations.	Hauteur en milles.	
		Commencement.	Fin.
1	Leipzig — Gera	7,2	8,2.
2	Leipzig — Weimar	—	16,8.
3	Gera — Weimar	3,5	8,5.
4	Leipzig — Weimar	—	9,8.
5	Leipzig — Gera	—	15,0.
	Gera — Weimar	—	2,4.
	Leipzig — Gera	6,0	4,8.
6	Leipzig — Gera	—	16,2.
7	Leipzig — Gera	—	9,3.
8	Leipzig — Weimar	12,2	8,7.
9	Leipzig — Weimar	—	26,1.
	Leipzig — Weimar	—	6,6.
	Leipzig — Gera	—	8,0.
10	Leipzig — Gera	—	3,5.
11	Leipzig — Gera	—	21,6.
12	Leipzig — Weimar	18,5	15,0.
	Weimar — Gera	—	2,1.
13	Leipzig — Weimar	—	5,0.
14	Leipzig — Gera	—	1,9.
	Leipzig — Gera	—	16,9.
15	Leipzig — Gera	—	1,0.

Il est probable que Brandes avait déjà remarqué le peu d'accord qui régnait dans ces observations. Sans doute il dut s'apercevoir qu'il perdrait son temps avec ses nouveaux associés, et que le problème qu'il voulait résoudre resterait au même point qu'à la suite de ses observations de Breslau. Ce qu'il y a de certain, c'est que les nouvelles recherches furent bientôt interrompues, et que l'association de Leipzig se trouva dissoute à tel point que Brandes fils ne put retrouver la trace de deux des coopérateurs, Jahn et Schulze. Mieux eût été de prendre un seul collaborateur, formé par une observation assidue des étoiles filantes. On ne comprend pas que Brandes ait encore voulu se servir de ces troupes d'observateurs improvisés, qui, pour la troisième fois, devaient faire avorter ses projets scientifiques. Ce genre de désappointement ne pouvait manquer d'impressionner une âme aussi ardente. Il tomba malade, et mourut d'une fièvre cérébrale, en mai 1834, au moment même où l'on venait d'apprendre qu'une quantité extraordinaire d'étoiles filantes avaient apparu dans la nuit du 12 au 13 novembre précédent, aux États-Unis d'Amérique, et qui devait être comme une ère nouvelle dans la science des météores.

Restait Benzenberg, le dernier des physiciens qui s'étaient fait un nom dans cette science nouvelle et difficile. Nommé, depuis longues années, professeur de physique et d'astronomie à Dusseldorf, il avait en 1833 établi un petit observatoire dans les environs de cette ville, et avec son aide Muller il s'était mis à observer plus régulièrement l'apparition des étoiles filantes. Il alla voir Olbers à Brême. Cet astronome était alors dans sa 75e année; il avait complétement abandonné l'hypothèse sélénique, mais il considérait tous les météores comme formant une seule et même espèce d'astéroïdes, ce qu'admettait aussi Benzenberg. Celui-ci vint ensuite à Göttingue, théâtre de ses premières observations avec Brandes; là, il trouva Gauss et Harding, et conféra avec eux sur les étoiles filantes. Son opinion était toujours que ces météores partaient des volcans lunaires, pour circuler ensuite autour du Soleil, puisque le voulaient ainsi les astronomes. Mais l'enfantement de ce système mixte ne devait avoir lieu qu'en 1839.

TROISIÈME PÉRIODE.

On a vu que la première période avait été uniquement consacrée aux discussions sur l'existence des pierres météoriques, discussions auxquelles avaient pris part des naturalistes, des chimistes et quelques physiciens. Pendant la seconde période, que nous venons de terminer, les physiciens s'étaient appliqués à déterminer principalement la hauteur, la vitesse et la direction des étoiles filantes. Dans la troisième période, où nous entrons, il s'agira des recherches faites par les astronomes sur ces météores, considérés comme des astéroïdes tournant autour du Soleil, que la Terre rencontre aux nœuds communs de leurs orbites, alors que leur marche est sensiblement parallèle, ce qui les fait paraître diverger d'un même point et converger vers un point diamétralement opposé.

Cette période des astronomes date de l'apparition extraordinaire d'étoiles filantes, dans la nuit du 12 au 13 novembre 1833 aux États-Unis d'Amérique; mais, comme on a recherché les retours antérieurs pour la même époque, la période en question a été rétrospective sous ce rapport. Il nous faudra donc remonter plus haut, afin de suivre l'ordre chronologique. L'illusion que l'on s'était faite sur certaines théories, et l'exagération que l'on avait mise dans le récit des observations citées à l'appui, nous obligera également de ramener celles-ci à leur véritable signification : c'est ce qu'on peut faire en tenant compte de tous les témoignages, dont plusieurs avaient été omis comme contradictoires, et en mettant à profit les lois générales auxquelles nos recherches ont déjà conduit. Nous commencerons par le *retour périodique* du 12 au 13 novembre.

En décrivant l'apparition des étoiles filantes à Cumana, M. de Humboldt rappelait que le même phénomène avait été vu en 1766, et que les habitants de Cumana redoutaient pour 1799 les tremblements de terre qui avaient *suivi* l'apparition extraordinaire de 1766. Mais dans son *Cosmos*, M. de Humboldt rectifie ce passage, en avouant que les tremblements de terre de 1766 avaient eu lieu en octobre, c'est-à-dire antérieurement à l'apparition des étoiles filantes ; or il serait possible que cette apparition météorique fût du mois d'août de la même année ou de novembre 1765, auquel cas le souvenir des habitants de Cumana aurait un fondement réel. Pour lever tous ces doutes, M. Herrick, qui a donné un catalogue d'observations anciennes sur les étoiles filantes, a consulté les journaux des États-Unis pour cette époque, mais il n'y a trouvé aucun récit d'apparition semblable ; en sorte que le retour périodique de novembre 1765 ou 1766 ne pourrait être admis sans de nouvelles preuves. Ceci nous servira par la suite à juger la prédiction d'Olbers sur le grand retour météorique de 1867.

Reste donc l'apparition extraordinaire de 1799, comme le premier cas bien constaté de la période de novembre. Nous en avons parlé, et nous avons fait remarquer que la description qu'en donne

M. de Humboldt ne peut servir sous aucun rapport; elle se trouve même en désaccord complet avec les descriptions plus positives qu'on en a données depuis 1833.

D'après M. Kaemtz, on vit en Angleterre de nombreuses étoiles filantes dans la nuit du 8 novembre 1843, et dans celle du 13 novembre 1818. Suivant le même météorologiste, on en aurait vu beaucoup en Allemagne dans la nuit du 12 novembre 1822; mais nous n'avons pas de détails qui puissent permettre d'asseoir un jugement sur ces apparitions citées après coup.

Le 13 novembre 1831, le capitaine Bérard vit en mer, près des côtes d'Espagne en face de Carthagène, de 4 à 7 heures du matin, une apparition remarquable d'étoiles filantes, dont il estime le nombre à raison de 2 environ par minute. Le nombre horaire pour minuit sera donc, suivant notre loi des variations horaires, de 67 étoiles filantes. La même apparition s'observa sur d'autres points de l'Europe, et jusque dans l'État de l'Ohio en Amérique.

Dans la nuit du 12 au 13 novembre 1832, on vit apparaître de nombreuses étoiles filantes. A Moka en Arabie, le capitaine Hammond les observa depuis une heure du matin jusqu'au jour. On en vit aussi beaucoup à Odessa, et dans le Calvados. Nous aurons, pour en calculer le nombre, les seules observations faites à Dusseldorf par M. Custodis, secrétaire de Benzenberg. Après le coucher de la Lune, de 4 à 7 heures du matin, il compta 267 étoiles filantes, c'est-à-dire 89 par heure. D'après cela, le nombre horaire pour minuit serait de 50; et on pourrait le porter à peu près au double pour deux observateurs dont le regard embrasserait tout le ciel.

A la séance de l'académie de Bruxelles du 1er décembre 1832, M. Quételet annonçait qu'on avait vu de nombreuses étoiles filantes dans les nuits du 12 au 14 novembre précédent, avec cette particularité que les étoiles avaient encore apparu au-dessous d'un nuage épais. Il ne nomme pas le témoin d'un phénomène si extraordinaire et suivant nous invraisemblable.

D'après une lettre du comte Suchteln à l'astronome Fœdorov, on aurait vu à Orenburg et en d'autres lieux situés plus au nord et plus au sud, dans la nuit du 12 au 13 novembre 1832, depuis 3 heures jusqu'au jour, un phénomène qu'on a attribué à une apparition d'étoiles filantes, et qui ne paraît avoir été qu'une aurore boréale, sans doute accompagnée de quelques étoiles filantes; car on y parle de plusieurs bandes lumineuses, d'éclairs, et d'un grand arc qui s'étendait du N. E. au S. O., offrant les couleurs de l'arc-en-ciel.

Dans le compte rendu de l'Académie des sciences de Paris, cette lettre a été tronquée juste à l'endroit où l'on aurait eu l'explication de ce fait, par suite d'une préoccupation facile à comprendre (Voir la lettre en entier dans le *Philos. Journ.* d'Édimbourg, juillet 1836).

A la session de l'Association britannique pour l'avancement des sciences, tenue à Birmingham en août 1839, M. Addison fit la communication suivante : « Le 15 novembre 1832, je fus surpris d'aper-
« cevoir à travers les nuages quelque chose qui ressemblait à des
« étoiles filantes. Alors en m'élevant sur les montagnes qui avoisi-
« nent le Malvern (comté de Worchester), à une hauteur plus
« grande que celle des nuages, je vis devant mes yeux un spectacle
« qui ne se présentera probablement jamais à moi une seconde fois.
« Le nombre des étoiles filantes et des météores était si considérable
« que je ne puis le comparer qu'à une pluie de feu. Chaque étoile en
« tombant laissait après elle une longue traînée de lumière qui du-
« rait quelques secondes. Une montre à secondes que je portais avec
« moi m'a permis de compter dans une minute plus de 48 de ces
« étoiles qui se détachaient de la voûte céleste. »

On rapporte à cette apparition celle que l'on observa le 19 no-vembre en divers lieux de l'Angleterre. A Portsmouth, on aurait vu des étoiles filantes par milliers, allant dans toutes les directions. A Londres, les chevaux s'en effrayèrent. Dans le comté d'York, on compta 25 belles étoiles en une demi-heure. Sans la présence de la Lune qui alors éclairait l'horizon, on en aurait vu environ le double.

L'observation suivante est curieuse en ce qu'elle offre le premier exemple bien avéré d'une grande apparition d'étoiles filantes dans l'hémisphère sud. « Vers 3 heures du matin (dit M. Robert dans son
« journal météorologique pour le matin du 13 novembre 1832, à
« l'Ile de France), temps calme, il ne restait que quelques nuages
« très-élevés et immobiles. On apercevait dans toutes les parties du
« ciel où il n'y avait pas de nuages, et surtout vers le zénith, à
« quelques degrés dans le sud, une grande quantité d'étoiles filantes
« qui traversaient le ciel dans toutes les directions. Le nombre en
« était si grand, qu'il était impossible de les compter; leurs traces
« n'étaient pas en ligne droite comme celle des étoiles filantes qu'on
« voit ordinairement; elles décrivaient dans le ciel toutes sortes de
« courbes. Ces météores lumineux laissaient après eux une lumière
« bleuâtre qui durait longtemps après qu'ils avaient disparu. J'en
« ai remarqué de très-gros, dont la lumière donnait une ombre sen-

« sible ; le phénomène était dans sa plus grande force à 4 heures du
« matin. » Nous croyons que M. Robert a exagéré le nombre d'étoiles
filantes qui allaient en lignes courbes. Dans nos observations, il y
en a environ 3 sur cent. Ici, la variation horaire a été manifeste, et
c'est la première confirmation de cette loi pour l'hémisphère sud.

Nous arrivons enfin à l'apparition extraordinaire d'étoiles filantes
dans la nuit du 12 au 13 novembre 1833. La description en a été faite
par Denison Olmsted, professeur de mathématiques au collége Hyale
à New-Haven, d'après ses propres observations et celles qui lui ont
été communiquées, et d'après les articles publiés à ce sujet dans les
journaux des différents États de l'Union. Elle se trouve insérée dans
le *Journal of sciences* de Silliman, pour 1834, tomes XXV et XXVI.
Elle est très-étendue, et nous avons dû la réduire à ses éléments
essentiels ; d'autant plus que la plupart de ces rapports sont vagues
et ne renferment rien de précis, à l'exception toutefois de celui de
Palmer, que nous donnerons entièrement. Il est cependant nécessaire d'entrer dans des détails assez circonstanciés, pour que nos
lecteurs puissent juger de la question sans recourir aux originaux.
Nous suivrons d'ailleurs l'ordre adopté par M. Olmsted.

1° *Observations de M. Olmsted à New-Haven* (lat. 41° 18′, longit. 72° 58′ O. de Greenwich). L'auteur, prévenu seulement à cinq
heures et demie du matin, vit le phénomène jusqu'au lever du Soleil. Les étoiles filantes lui parurent rayonner d'un point du ciel
placé à quelques degrés S. E. du zénith ; tellement que toutes les
trajectoires, prolongées en arrière, seraient venues s'entre-croiser à
ce point, tout autour duquel il ne vit pas d'étoiles filantes jusqu'à
plusieurs degrés de distance. Les assistants lui ayant dit que ce point
rayonnant avait paru se mouvoir vers le sud, il en prit à 6 heures $\frac{1}{4}$
la position exacte, qui était un peu à l'ouest de γ du Lion (asc.
droite 150° déclin. 21° S.). Il lui sembla que cette position resta la
même durant l'heure suivante jusqu'au jour.

Ces étoiles filantes variaient de grandeur et d'éclat, les unes étant
très-petites, et les autres plus brillantes que Jupiter et Vénus. Elles
laissaient ordinairement des traînées, puis faisaient *explosion* sans
aucun bruit perceptible. Une de celles-ci fut particulièrement remarquable : lancée dans la direction N. O., elle fit explosion un peu au
nord de la Chèvre, laissant une traînée d'une beauté remarquable,
qui, d'abord rectiligne, se contracta en longueur, se dilata en largeur, et finit par prendre la forme d'un petit nuage vaporeux, qui

marcha à l'est, sans doute entraîné par le vent, dans une direction contraire à celle du météore, et persista plusieurs minutes.

Outre les étoiles filantes, il apparaissait des lignes phosphorescentes, qui étaient surtout très-nombreuses vers le N. O., traces qui croissaient et décroissaient alternativement, comme si elles avaient suivi l'impulsion du vent, bien qu'elles allassent en sens contraire.

2° *Observations faites à Boston* (lat. 42° 21', longit. 71° 4') par un anonyme. Il se lève ordinairement à quatre heures du matin, et va au parloir du collége vingt minutes avant six heures. En ouvrant un des volets, il fut surpris de l'apparition d'un très-grand nombre d'étoiles filantes *qui tombaient à peu près aussi abondantes que la moitié du nombre des flocons dans un jour de neige, avec intervalles de quelques secondes lorsqu'il n'en paraissait plus.* Dans le dixième du ciel, qu'il voyait au plus, il compta 650 étoiles filantes pendant les 15 minutes avant 6 heures ; et comme il pense en avoir manqué le tiers, il estime à plus de 8 660 le nombre d'étoiles qui ont dû paraître dans tout le ciel durant ce quart d'heure. A 6 heures il sortit de la maison, et le phénomène commençant à s'affaiblir, il ne compta plus que 98 étoiles, durant les 15 minutes après 6 heures, dans la moitié sud du ciel.

3° *Observations faites à West-Point* (lat. 41° 24', longit. 73° 57') par Alexandre Twining, ingénieur civil et instituteur. Il commença à observer par sa fenêtre, depuis quelques minutes après 5 heures jusqu'au jour, c'est-à-dire un peu plus d'une heure. Il estime à dix mille le nombre des étoiles filantes qui ont dû paraître dans tout le ciel pendant ce temps. D'après lui, le point de divergence était à l'intersection de deux droites menées de ε à γ et de μ à ν du Lion ; et tout se passa comme doivent le faire des corps lumineux qui arriveraient de fort loin, parallèlement à la droite menée de l'observateur à ce point de divergence. Il a vu tomber vers le N. N. O., un météore dont le diamètre paraissait être le cinquième de celui de la Lune. Les étoiles filantes changeaient de couleur près de l'horizon ; elles prirent une teinte décidément verte à l'arrivée du jour.

4° *Observations faites à Annapolis* (lat. 39°, longit. 76° 43') par le docteur Humphreys, président du collége Saint-Jean. L'auteur n'a vu le phénomène qu'après l'arrivée de l'aurore. Au dire de personnes notables, ce phénomène aurait brillé depuis 2 heures du matin. Tout le monde s'accordait sur l'abondance des étoiles filantes, parmi lesquelles on en avait distingué une très-grosse ; mais il y avait exagération sur tout le reste.

5⁰ *Observations faites à Emmittsburg, Maryland* (lat. 39° 40′, longit. 77° 10′) par M. Haikin, docteur-médecin, professeur de chimie et d'histoire naturelle. Il commença à observer à quatre heures et demie. Toutes les étoiles semblaient radier d'un point près de γ du Lion, autour duquel, et dans un rayon d'environ 5 degrés, il n'en paraissait pas. *Ces étoiles allaient en augmentant d'éclat jusqu'à l'instant de leur disparition*, mais M. Haikin ne parle pas d'explosion. Des observations faites à la lunette ne permettaient pas de voir ces météores d'une manière satisfaisante; l'instrument ayant été dirigé vers le point central, *on n'y vit rien du tout.*

6° *Observations faites à Frédérick, Maryland* (lat. 39° 24′, longit. 77° 28′), par Virgile Barber. Il commença à observer à cinq heures et demie, et vit la radiation de toutes les étoiles à partir du Lion; sans plus de détails ni de particularités.

7° *Observations faites à Lynchburg, Virginie* (lat. 37° 30′, longit. 79° 22′), par M. Schmith. Il vit le phénomène vers cinq heures. Les étoiles filantes allaient généralement du S. E. au N. O., et la plupart paraissaient dans la région du S. O. Elles commençaient à paraître à 20 ou 30 degrés à l'est du méridien, et s'étendaient jusqu'à 40 ou 50 degrés à l'ouest. Elles avaient des traînées qui duraient de 3 à 7 ou 8 secondes. Leur lumière était blanche et quelquefois rougeâtre. Elles éclairaient l'horizon, quoique faiblement. L'auteur ne parle pas d'explosion. Il n'y avait pas d'aurore boréale, et il n'y eut aucun changement appréciable en déclinaison, en inclinaison et en intensité magnétique; l'air était sec et chargé d'électricité.

8° *Observations faites à Worthington, Ohio* (lat. 40° 4′, longit. 83° 3′), par M. Riddel. Il observa une ou deux heures avant le jour. Les étoiles filantes divergeaient d'un même point, situé un peu à l'est de δ du Lion. Leur course était de 20 à 25 degrés. Elles laissaient des traînées visibles pendant quelques minutes. Il y en eut une plus brillante qui laissa une traînée visible pendant 20 minutes, et que le vent d'Est rendit irrégulière. D'après le témoignage de personnes qui avaient observé de meilleure heure, les étoiles filantes avaient toujours divergé à partir du zénith; mais M. Riddel n'y ajoute pas foi.

9° *Observations faites à Salisburg, Caroline Nord* (lat. 35° 39′, longit. 80° 25′), par A. Schmith, docteur-médecin. En course toute la nuit, il aperçut quelques étoiles filantes vers dix heures du soir. Après minuit, leur nombre et leur vivacité s'accrurent rapidement jusqu'à quatre heures du matin. Ayant appris que l'on admettait l'existence d'un point de rayonnement, le docteur Schmith écrivit à M. Olmsted pour lui annoncer que les météores avaient été vus descendant, mais ne rayonnant pas d'un ou de plusieurs points du ciel. « Mon observation, dit-il, a été très-soignée, et se trouve con-« firmée sous ce rapport par les observations de personnes intelli-« gentes, qui ont vu le phénomène et qui m'en ont parlé. Il n'était « venu à l'idée d'aucune de ces personnes qu'il y eût une radiation « d'un point ou d'une région centrale. Quoique la marche des mé-« téores, surtout des plus grands, *parût s'arrêter tout à coup,* je n'ai « pu remarquer *aucune explosion ni rupture* donnant des fragments « pareils à ceux d'une fusée qui éclate; phénomène dont j'avais été « plusieurs fois témoin, avant cette nuit du 12 novembre. » Le docteur Schmith décrit ensuite le plus beau de ces météores, qu'il aperçut vers trois heures, faisant 45 degrés de course vers l'ouest, grand comme la Lune, et laissant une traînée qui prit une forme sinueuse et variée, et persista pendant 20 minutes.

10° *Observations faites à Augusta, Georgie* (lat. 33°, longit. 82°). L'observateur anonyme était avec plusieurs personnes à 60 milles de cette ville. Vers six heures du soir, les étoiles filantes attirèrent leur attention; elles croissaient en nombre et en éclat jusqu'à 2 heures 30 minutes, époque où le phénomène acquit sa plus grande splendeur. Les météores allaient généralement du zénith à tous les points de l'horizon; mais quelquefois il y avait entre-croisement de directions, sous des angles compris entre 5 et 45 degrés. Le plus grand nombre semblait tomber vers une partie de l'horizon à 15 degrés de part et d'autre du N. E. (indiqué sans doute par erreur pour le N. O., suivant le témoignage universel). Leur lumière passait quelquefois au bleuâtre, au verdâtre, et à toutes les couleurs du prisme. Elles laissaient parfois des traînées de longue durée. Il y en eut qui, après avoir parcouru 5 ou 6 degrés, firent explosion. Le plus beau parut quelques minutes après cinq heures, allant du S. E. au N. O., avec un diamètre apparent de 5 à 6 pouces et une traînée de 40 à 50 pieds, et qui persista pendant 40 ou 50 secondes.

11° *Observations faites à Bouling-Green, Missouri* (lat. 39° 20', longit. 91°). L'auteur anonyme, dans un langage emphatique, dit que les météores, qu'il a vus de 4 heures jusqu'au jour, partaient du zénith et se dirigeaient à l'horizon, surtout vers l'ouest. Copiant ici M. de Humboldt, il annonce, sur le témoignage d'autres personnes, que d'abord il n'y avait pas une place du firmament, de rois diamètres de la Lune, où l'on n'ait vu à chaque instant des étoiles filantes, et que leurs traînées, de 7 à 8 degrés de longueur, duraient 7 à 8 secondes.

Tous ces témoignages étaient déjà imprimés, lorsque M. Olmsted reçut communication des observations *très-ingénieuses*, dit-il, faites à New-Haven, par M. Palmer, arpenteur. Celui-ci, en effet, avait pris son temps pour faire cette description, la plus étonnante qui ait jamais paru sur ce sujet. Nous allons la transcrire littéralement, pour que cette précieuse description ne périsse point dans la mémoire des hommes, si le temps épargne, comme nous l'espérons, le travail de longue haleine dont nous nous sommes chargés. Ce témoignage auquel on a cru généralement, que l'on a cité dans toutes les sociétés savantes de l'Europe, et dans les livres de météorologie, donnera une idée du peu de connaissances que possédaient, sur le phénomène des étoiles filantes, les savants de notre époque et en particulier les astronomes.

M. Palmer étant dehors pendant les premières parties de la nuit, et ayant observé un nombre inusité d'étoiles filantes, fut conduit à lire la description des météores du 12 novembre 1799, donnée par Ellicott. C'était le même jour de l'année, ce qui excita fort sa curiosité. Alors il invita plusieurs personnes à venir contempler cette reproduction du phénomène. Depuis 7 heures du soir, il avait remarqué une vapeur rougeâtre qui apparut d'abord dans la partie inférieure du sud, et qui s'éleva graduellement jusqu'au zénith. Elle était très-légère, mais cependant elle masquait les très-petites étoiles. Lorsque cette vapeur apparut, le vent, qui une ou deux heures auparavant était à l'ouest, passa au sud-ouest. La vapeur en question persista durant les premiers temps de l'apparition des météores. M. Palmer se retira vers minuit. A 2 heures, un homme à ses ordres ayant remarqué les météores à travers les persiennes de sa chambre, l'en prévint immédiatement. M. Palmer fit quelques expériences sur l'état électrique de l'atmosphère, et observa la boussole, dont l'aiguille était agitée, mais non déplacée. « Les météores, continue « le narrateur, étaient de couleur rougeâtre. Leur nombre se trouva « doublé une demi-heure après, à en juger par un certain nombre « d'étoiles qui servaient de terme de comparaison. Ils paraissaient « tous provenir d'un espace circulaire au S. E. du zénith, et plus « brillant que les parties adjacentes du ciel. Cet espace était d'abord « resserré; mais il s'agrandit progressivement jusqu'à la fin des ob-

« servations, époque à laquelle il était beaucoup plus grand qu'au
« commencement. On n'y voyait aucun météore ; mais en regardant
« sur ses bords, on découvrait un grand nombre de petits traits de
« lumière, lents dans leurs mouvements, et concentrés surtout dans
« la périphérie nord de l'espace circulaire. Après 3 heures, M. Palmer
« monta sur une éminence, élevée de 200 pieds et située non loin
« de là. Il n'y vit rien de particulier, si ce n'est que les météores
« semblaient moins nombreux qu'auparavant. Après 15 minutes, il
« revint à sa première station.

« De 3 à 4 heures l'air avait été calme ; mais à 4 heures, un fort
« coup de vent se fit sentir un moment du N. O., et immédiatement
« après, les météores s'accrurent d'une manière étonnante. Cette
« époque doit être considérée comme le moment du maximum. Les
« coups de vent, de moins en moins forts, se firent sentir par in-
« tervalles, et chaque fois ils occasionnaient un accroissement sen-
« sible de météores. Il y eut une série de globes faisant explosion,
« d'une lumière ordinairement jaunâtre et quelquefois rougeâtre.
« Leurs traces avaient leur plus grande largeur vers le milieu.
« M. Palmer entendit plusieurs fois de faibles explosions, semblables
« à celles d'une artillerie d'enfants, et ressemblant parfaitement à
« celle d'une fusée. Ces explosions étaient accompagnées d'une
« odeur particulière, qui fut reconnue par toute la compagnie
« (quatre hommes), et que l'on compara à l'odeur du soufre ou à
« celle de l'oignon. Les météores qui produisaient ces sons, pas-
« sèrent tous dans la direction du nord-ouest. Deux de ces météores
« avaient des noyaux bien définis, du diamètre d'une tasse à thé.
« Ils produisaient quelquefois une telle lumière, que M. Palmer
« pouvait distinguer la couleur d'une barbe d'homme. Ils passèrent
« par-dessus le sommet d'arbres situés à 25 chaînes *(rod)* de la
« place où l'on était, donnant un coup juste au moment qu'ils ra-
« saient les arbres *(giving a pop just before they reached the trees)*.

« L'un de ces météores parut frapper la terre, en produisant un
« choc plus fort que tous les autres bruits. Une lumière d'aurore,
« semblable au jour naissant, apparut constamment à l'est, dès le
« commencement de ces observations. Sa hauteur pouvait être de 7
« à 8 degrés. Un peu avant 5 heures, M. Palmer essaya avec un
« théodolite d'examiner rapidement le grand cercle passant par le
« point rayonnant, et par les points nord et sud. De tous ces mé-
« téores, aucun n'est descendu plus bas qu'à 37 degrés de l'horizon.
« Ceux qui ont paru jusqu'à 20 degrés plus haut, étaient rougeâtres

« et avaient des courses plus longues que tous les autres. Ces
« courses étaient de 40 degrés, les météores qui atteignaient la
« même hauteur ayant la même longueur de course. Dans l'espace
« au-dessus (de 57 à 77 degrés de l'horizon), les météores avaient
« une teinte pâle, mais ils étaient plus nombreux. Dans l'espace au-
« dessus (de 77° N. à 12° S.), qui touchait à l'espace circulaire
« indiqué tout à l'heure, les météores étaient blancs, leur chemin
« court, et leur nombre le plus grand de tous. Ces observations ont
« été faites sur l'arc du nord; aucune mesure n'a été prise du côté du
« sud, mais on jugea que le phénomène était le même, excepté que
« les météores n'y étaient pas si nombreux. »

De ces faits à leur explication il n'y avait plus qu'un pas, ou
plutôt les observations étaient faites tout exprès, et d'une manière
ingénieuse pour servir de base à la théorie. En effet, nous voyons
venir de fort loin, à une grande distance par delà l'atmosphère,
une nuée rougeâtre d'étoiles filantes. Elle approche, s'ouvre et
vomit une pluie de météores. Ceux-ci, conformément aux lois de la
perspective, sont rangés symétriquement et par échelons, autour
d'un centre commun, d'autant plus petits et plus courts qu'ils sont
plus près de ce centre, c'est-à-dire plus éloignés du spectateur, et
d'autant plus grands et plus longs dans leur course, qu'ils en sont
plus rapprochés. Ceux qui viennent raser la terre, éclatent comme
des fusées et lancent des odeurs malséantes. Un bon nombre vont
s'accrocher aux arbres; et M. Palmer, le maladroit! néglige d'en
arrêter au passage, ne fût-ce que pour répondre à cette question
tant de fois répétée : *Qu'est-ce qu'une étoile filante?*

M. Olmsted se charge, lui, de résoudre ce problème. Et d'abord
il suppute le nombre total d'étoiles filantes qui ont fait leur apparition durant cette nuit mémorable. D'après l'observateur de Boston,
il y en aurait 8 660 par quart d'heure; ce qui donnerait 242 480 durant les 7 heures présumées du phénomène : M. Olmsted se contente du nombre 207 840. Ensuite, mettant de côté tous les témoignages contraires, il admet que ces étoiles filantes venaient des
environs de γ du Lion, en suivant la marche de cette constellation
dans sa révolution diurne. On ne peut, suivant lui, supposer que le
point rayonnant ait été emporté par un vent supérieur, qui n'aurait
jamais été assez fort pour imprimer aux étoiles filantes la vitesse
qu'elles possédaient. On ne peut pas davantage admettre que les
météores suivaient le méridien magnétique, qui reste fixe, tandis
que le point rayonnant voyageait. De la discussion des faits,

M. Olmsted conclut que le *nuage d'étoiles filantes* s'est plus étendu du nord au sud que de l'est à l'ouest, et qu'il a effectivement marché du nord-est au sud-ouest, mais moins rapidement que la Terre dans sa rotation, ce qui a rendu le phénomène plus longtemps visible.

M. Olmsted détermine la hauteur du point rayonnant à l'aide de la parallaxe conclue des diverses observations. Voici les résultats auxquels il parvient. D'après les observations d'Emmittsburg et de New-Haven, la hauteur verticale de ce point rayonnant serait de 1 572 milles anglais; et de 2 955, d'après les observations de New-Haven et de Worthington. En partant des observations d'Albany et du golfe du Mexique (que nous allons citer) M. Dewitt a obtenu 2 027 milles, et le professeur Thompson de Nashville, dans le Ténessé (latitude 34° 30′), 2 424 milles. M. Olmsted prend la moyenne générale, 2 238 milles (soit près de 750 lieues). Ainsi, les météores seraient tombés de cette hauteur en 20 minutes $\frac{3}{4}$, sur la Terre, qui les attire et leur imprime une vitesse de plus de 4,1 milles par seconde; car M. Olmsted les prend à l'état de repos, toute autre force qui les pousserait ailleurs devant être bien faible en comparaison de l'attraction terrestre.

Alors M. Olmsted pense que les étoiles filantes diffèrent essentiellement des aérolithes, en ce qu'elles se dissipent dans l'atmosphère en quelques secondes; qu'elles ne donnent rien qui parvienne jusqu'à la Terre; qu'elles ne produisent aucun bruit appréciable; qu'enfin groupées à une grande distance de la surface terrestre, elles devraient nous réfléchir la lumière du Soleil, lorsque cet astre serait abaissé de près de 51° sous l'horizon. La condensation de l'air, en avant de l'étoile filante, doit développer une chaleur plus intense que celle de nos meilleurs fourneaux. Alors la matière combustible de l'étoile filante prend feu et se réduit en une vapeur qui forme la traînée de l'étoile, et en une matière solide très-divisée qui échappe à nos sens.

Tout bien considéré, cette matière des étoiles filantes doit être transparente, sans quoi elle nous réfléchirait la lumière du Soleil lorsqu'elle est groupée au point de radiation, qui aurait un diamètre comparable à celui de la Lune. La marche progressive de cet amas d'étoiles filantes annonce une vitesse beaucoup moindre que celle dont serait animé un satellite de la Terre. Cependant ce groupe d'étoiles ne peut demeurer stationnaire, puisque notre globe, emporté dans son mouvement autour du Soleil, n'eût pas permis de le voir aussi longtemps. M. Olmsted admettra donc que ce nuage d'étoiles filantes, matière évidemment nébuleuse, formait une véritable comète, que la Terre a rencontrée sur son orbite, marchant dans le même sens. Cette comète tournerait donc dans une ellipse peu inclinée sur le plan de l'écliptique; elle ferait sa révolution en six mois; nous la rencontrerions à son aphélie; son périhélie serait un peu en dedans de l'orbite de Mercure; et le voisinage de ces deux planètes pourrait troubler notablement sa marche autour du Soleil. Peut-être même occasionnerait-elle, à distance suffisante, la lumière observée à l'est par M. Palmer, lumière véritablement zodiacale. Alors il serait bon de l'observer dans ses diverses positions relativement à la Terre, et c'est un sujet de recherches qui a ensuite fort occupé M. Olmsted.

Nous ne le suivrons pas dans ses observations sur la lumière zodiacale; mais, revenant en arrière, nous tâcherons d'apprécier cette apparition météorique du 13 novembre 1833, après avoir cité les nouveaux témoignages recueillis, soit par M. Olmsted, soit par M. Twining, qui a adopté la même idée principale, avec une légère modification que nous ferons connaître.

Le capitaine Parker, du vaisseau *Junior*, durant la traversée de Mobile à New-York, se trouvait dans le golfe du Mexique (latit. 26°, longit. 85 $\frac{1}{3}$), lorsqu'avant 3 heures du matin du 13 novembre, il remarqua plusieurs étoiles filantes, mais pas en plus grand nombre que les jours précédents. A cette heure avancée de la nuit, il vit dans le nord-est un nombre *inusité* d'étoiles filantes, qu'il ne put compter. Aucune ne parut à l'ouest. Toutes ces étoiles descendaient plus ou moins, ou filaient horizontalement, et aucune ne remontait. Le point de rayonnement lui parut être à 45° de hauteur; puis il sembla s'élever de 5 à 10 degrés sans quitter le nord-est. A l'exception de 10 ou 12 étoiles aussi brillantes que Vénus, toutes étaient petites. Vers 6 heures les étoiles couvraient tout le ciel, et étaient devenues plus brillantes; en sorte que le nombre en augmenta jusqu'au jour.

Du vaisseau *Ténessé* (à la latit. 23° 30', longit. 82°), on vit les météores des deux côtés du bâtiment, depuis 4 heures jusqu'à 6 heures du matin. Ils semblaient suivre la direction du vent, qui soufflait de l'est-nord-est.

D'après les renseignements pris par M. Olmsted à Concord et à Buffalo, tout au nord des États-Unis, on vit les étoiles, les unes monter, les autres descendre; d'autres enfin se mouvoir dans toutes les directions.

A Kingston, dans la Jamaïque, on vit les étoiles partir du zénith dans tous les sens. A México, le phénomène fut tout aussi brillant qu'aux États-Unis. A Nashville, dans le Ténessé, le professeur Thomson observa de 5 heures du matin jusqu'au jour; il voyait les plus belles étoiles comme Jupiter et Vénus. Le point rayonnant lui parut stationnaire. Une personne n'avait vu les météores qu'en petit nombre, dès neuf heures du soir. Ils allaient de l'est à l'ouest.

Sur le lac Huron, le phénomène fut magnifique jusqu'au jour; on n'avait jamais rien vu de semblable.

Le 25 janvier 1834, parut dans le *Boston Christian register*, le récit d'un anonyme qui, renchérissant sur celui de Palmer, faisait sortir d'un seul et même point voisin de Régulus toutes les étoiles filantes du 13 novembre. Ce centre, gros d'avenir, mais en apparence aussi faible que les étoiles fixes environnantes, s'agrandit peu à peu, puis disparut entièrement pendant 12 ou 15 minutes, pour reparaître ensuite; mais, durant cette disparition momentanée du centre, les étoiles filantes en sortaient encore plus abondamment.

M. Twining cite à son tour les témoignages suivants. Le capitaine Faurot, faisant le voyage de West-Point à New-York, vit le phénomène toute la nuit. A 8 ou 9 heures du soir, les étoiles filantes apparaissaient, terme moyen, une par minute, allant dans des directions comprises entre l'ouest et le sud-ouest. A minuit, elles devinrent trop nombreuses pour être comptées. De minuit à une heure, elles avaient atteint leur maximum de lumière et de course; mais leur nombre s'accrut jusqu'au jour, en conservant toujours la même direction.

Le capitaine Seymour, venant d'au delà d'Hudson jusqu'à New-York, vit le phénomène pendant toute la nuit. A minuit et demi, les étoiles filantes étaient en nombre inusité. A deux heures et demie, le phénomène avait redoublé de splendeur, et l'on observa pour la première fois le point radiant au sud-est à 45° de hauteur. Il ne parut plus bouger jusqu'à 6 heures, époque à laquelle le capitaine aborda à New-York; durant toute la nuit, il n'avait vu qu'un très-beau météore.

M. Twining, après avoir discuté tous les faits, en conclut : 1° Que le phénomène, faible à 9 heures du soir, s'est accru progressivement jusque vers 4 heures et demie du matin; 2° qu'il y avait un point de radiation apparente; 3° que ce point rayonnant est demeuré à peu près stationnaire dans le ciel pendant deux ou peut-être trois heures; 4° mais qu'au commencement du phénomène, il était sans doute bien à l'ouest de sa position finale, reculant probablement ensuite vers l'est par rapport aux étoiles fixes ; 5° que ce point rayonnant n'a pas été affecté par des différences de longitude ; 6° mais que sa position dépendait des latitudes, croissant de 1° 54' en déclinaison nord, tandis que la latitude du lieu de l'observateur diminuait d'un degré.

Un troisième auteur américain, M. Hitchcock, professeur de géologie, a donné son opinion sur le même phénomène. D'après lui, les météores du 12 au 13 novembre 1833, qu'il observait du côté du nord, ne décrivaient pas des arcs verticaux, mais des arcs inclinés sur l'horizon, de part et d'autre du méridien magnétique, absolument comme si ces météores eussent marché parallèlement à l'aiguille d'inclinaison, rayonnant ainsi d'un point où cette aiguille prolongée irait rencontrer le ciel. En sorte que, pour lui, ce phénomène était lié au magnétisme terrestre ; mais ce système ne paraît pas avoir eu beaucoup d'adhérents aux États-Unis.

Nous allons maintenant chercher à préciser les circonstances de cette apparition remarquable, en y appliquant quelques-unes des lois déduites de nos propres observations :

1° *Variation horaire*. Le premier fait, sur lequel tous les témoignages s'accordent, est celui de l'accroissement du nombre d'étoiles filantes, depuis le soir du 12 novembre jusqu'au matin du 13 ; seulement il y a quelque divergence sur l'époque du maximum, les uns le plaçant vers 3 heures, et les autres de plus en plus tard, jusqu'à l'apparition de l'aurore. D'après nous, la variation horaire a dû tripler environ le nombre des étoiles filantes, de 6 heures du soir à 6 heures du matin.

2° *Directions principales*. Les témoignages s'accordent pour faire marcher les étoiles filantes en plus grand nombre du S. E. au N. O. ; et cette direction principale est encore donnée par ceux qui admettent la radiation. D'après les observations faites à Lynchburg, qui sont les plus précises sous ce rapport, les étoiles étaient le plus abondantes dans la région du S. O., tout en se dirigeant du S. E. au N. O. Enfin, beaucoup de témoignages placent les étoiles en grande quantité dans la région du N. O. En effet, d'après nos observations, sur un certain nombre d'étoiles qui viennent de quelque point situé entre l'est et le sud, et qui vont au point opposé entre le nord et l'ouest, il y en a les quatre cinquièmes qui apparaissent *au delà* du plan vertical mené perpendiculairement à leur direction, et un cinquième qui restent *en deçà* du même plan. En d'autres termes, les quatre cinquièmes apparaissent dans la région voisine du N. O., et un cinquième dans la région voisine du S. E. Ainsi, lors de l'apparition extraordinaire dont il est ici question, les observateurs qui se tournaient vers le N. O.? voyaient dans le même temps quatre fois plus d'étoiles filantes que ceux qui se tournaient vers le S. E. Il est donc à croire que l'observateur de Boston, qui compta 650 étoiles pendant les quinze minutes avant six heures, et qui, après s'être déplacé, n'en compta plus que 98 dans le quart d'heure suivant, se trouvait d'abord tourné vers la partie du ciel abondante en météores (vers le nord), puis vers la région opposée, qui était en effet le sud; mais ce n'était pas le phénomène qui s'affaiblissait. Un autre observateur (le célèbre Palmer) dit avoir vu le nombre d'étoiles doubler en une demi-heure. Sans doute, il observait une autre partie du ciel, ayant d'abord vu les étoiles par sa fenêtre, puis étant sorti d'un autre côté, après avoir fait ses expériences électriques et magnétiques.

3° *Nombre horaire* des étoiles filantes. Les témoignages sur le nombre des étoiles filantes sont en petit nombre et très-discordants. On a d'abord l'observation de Boston, faite par un anonyme, qui dans un collége se lève tous les jours à quatre heures du matin, et a la mission d'ouvrir portes et fenêtres. Ce ne peut donc être qu'un homme de peine, et dès lors la comparaison qu'il fait entre les météores et les flocons de neige doit rentrer dans la classe des exa-gérations populaires. Dans les 15 minutes après 6 heures, l'aurore commençait seulement à poindre, et ne pouvait encore effacer au-cune étoile filante. Partant de 98 étoiles vues dans la moitié du ciel qui en contenait le moins, il faudra quintupler ce nombre pour avoir toutes les étoiles apparues en un quart d'heure, puis le quadrupler pour avoir le nombre horaire des étoiles vers six heures du matin; enfin, diviser le résultat par 1,8 pour avoir le nombre horaire de minuit, qui sera 1 090. On obtiendrait 1 640, si aux 650 étoiles vues dans la partie abondante du ciel, on ajoutait les 98 étoiles vues au sud et encore autant pour les autres parties du nord invisibles. La moyenne serait donc de 1 300 à 1 400, pour le nombre horaire à minuit, d'après les observations faites à Boston.

M. Twining estime à 10 000 le nombre d'étoiles qui ont dû pa-raître en une heure et quart. La fenêtre par laquelle il regardait devait être tournée vers la partie du ciel abondante en étoiles. En supposant qu'il ait vu le quart du ciel, il a dû multiplier par 4 le nombre des étoiles qu'il voyait effectivement, nombre qui serait ainsi de 2 000 en une heure. Ajoutant 1 000 étoiles pour les parties invisibles du ciel, on aurait 3 000 étoiles pour le nombre horaire du matin, et 1 660 pour le nombre horaire de minuit.

La moyenne horaire de minuit serait donc de 1 400 à 1 500 étoiles filantes, d'après les observations données ci-dessus ; mais ce nombre, déjà très-réduit comparativement à celui de M. Olmsted, le sera encore bien davantage d'après le témoignage des marins, et les considérations suivantes.

4° *Globes enflammés.* Au dire de Palmer, il y aurait eu une série non interrompue de globes enflammés, qui faisaient explosion. Il paraît que les observateurs américains ont pris pour explosion la disparition subite des étoiles filantes, au moment de leur plus vif éclat. Le docteur Schmith de Salisbury, qui se connaissait en explosions, dit positivement qu'il n'y en eut point. M. Haikin d'Emmittsburg dit que les étoiles allaient en augmentant d'éclat jusqu'à l'instant de leur disparition : c'est précisément le cas des étoiles que nous appelons *mouillées*, parce qu'elles s'éteignent comme si elles venaient à plonger dans l'eau. Au reste, peu d'observateurs ont vu plus d'un globe enflammé ; et M. Twining avoue qu'il n'y en a eu que 5 observés sur toute l'étendue des États-Unis. Plusieurs personnes même n'ont pas aperçu d'étoiles plus grandes que Jupiter et Vénus. Admettant ainsi 5 globes enflammés, qui se réduisent à 4, puisque l'un a été vu de plusieurs stations, on n'aurait que 800 étoiles filantes, en admettant 200 de ces étoiles pour un globe enflammé, d'après le rapport donné par nos observations. Resterait ensuite à savoir si tous les observateurs américains sont l'équivalent de deux seuls observateurs attentifs qui auraient examiné chacun la moitié du ciel pendant une heure. Mais ce petit nombre de globes enflammés ne permet pas d'admettre plus de 10 000 étoiles filantes durant les 7 dernières heures de la nuit, au lieu des 200 000 de M. Olmsted, qui aurait ainsi donné un nombre vingt fois trop grand.

5° *Radiation* des étoiles filantes. Parmi les dix-huit témoins cités plus haut, il y en a dix qui font radier les étoiles d'un même point du ciel, trois qui les font toujours descendre du zénith vers l'horizon, quatre qui n'ont rien vu de particulier sous ce rapport, un enfin qui nie formellement toute espèce de radiation. Ces huit derniers témoins avaient observé une grande partie de la nuit, et même toute la nuit ; tandis que les autres n'avaient observé qu'une ou deux heures avant le jour, excepté Palmer, qui ne se prononce même pas sur la fixité de ce point de radiation dans le ciel. La radiation avait été annoncée dès le lendemain du phénomène par M. Olmsted dans un journal de New-Haven. D'autres personnes, en petit nombre, l'avaient aussi annoncée de prime abord dans les journaux des localités; mais la plupart de ceux qui ont émis cette opinion, ne l'avaient manifestée qu'après en avoir pris connaissance dans les papiers publics, ou bien avaient répondu dans ce sens à la demande de M. Olmsted. M. Twining nous apprend que l'existence de ce point de radiation avait trouvé beaucoup d'incrédules aux États-Unis, qu'on tournait en dérision ceux qui l'avaient annoncé, et que M. Olmsted lui-même, qui avait surtout pris ce fait sous sa responsabilité, avait été fortement ébranlé dans sa croyance, surtout à la réponse négative du docteur Schmith, qui avait vu le phénomène toute la nuit, qui se connaissait parfaitement en météores, et qui donnait le témoignage aussi négatif de toutes les personnes de sa connaissance. M. Twining avoue que la permanence du point de radiation parmi les étoiles fixes, ne peut être établie que pour une ou deux heures avant le jour; que si cette permanence avait eu lieu au commencement de la nuit, lorsque la constellation du Lion était sous l'horizon, ou peu élevée au-dessus de ce plan, il s'ensuivrait nécessairement que les étoiles auraient dû monter durant toute cette partie de la nuit, tandis qu'au contraire il est bien prouvé que les étoiles filantes ont toujours descendu vers l'horizon.

Quoi qu'il en soit, M. Olmsted se trouvait trop avancé pour revenir sur son assertion, et il soutint et développa la doctrine d'une radiation permanente d'un point voisin de γ du Lion. La manière favorable dont on accueillit son système en Europe ne fut d'abord pas propre à le lui faire abandonner. Tous les astronomes érigèrent cette radiation en fait, parce qu'ils y voyaient le point de départ d'une théorie nouvelle, qui cadrait on ne peut mieux avec les lois du système solaire.

Quant à nous, sans nous occuper ici de la probabilité que des groupes d'étoiles filantes marchent parallèlement à elles-mêmes dans l'espace, nous croyons que dès leur entrée dans l'atmosphère ces étoiles filantes y prennent des directions très-variées, qui ne peuvent plus être considérées comme des rayons menés d'un centre commun. Tout ce que nous pouvons dire ici, c'est qu'une telle radiation apparente n'existe pas en général, mais que les étoiles qui affectent une certaine direction paraissent en beaucoup plus grand nombre dans la région du ciel où elles vont, que dans celle d'où elles viennent; et cette *position* des étoiles filantes, relativement au zénith, a été l'objet du quatrième mémoire que l'un de nous a présenté à l'Académie. Il résulte de cette position des étoiles filantes, qu'elles paraissent presque toutes descendre de la région zénithale vers les différents points de l'horizon. En conséquence, nous pensons que les spectateurs qui, aux États-Unis, ont vu les étoiles descendre du zénith pendant toute la nuit sont dans le vrai, et que les autres n'ont poursuivi que des chimères.

6° *Valeur des témoignages américains.* Cette apparition du 12 au 13 novembre 1833 n'a pas été vue en Europe à cause de l'état nuageux du ciel, qui commençait dès le milieu de l'Océan atlantique. Nous avons cherché vainement, pour les États-Unis, des observations faites avant et après cette nuit mémorable. Il paraît que l'atmosphère n'a été favorable ni avant ni après, en sorte qu'il est impossible de suivre ce phénomène dans ses périodes ascendante et descendante. Nous n'avons que le témoignage du capitaine Parker, dans le golfe du Mexique, d'où il résulte que, jusqu'à 3 heures du matin du 13, les météores n'étaient pas plus nombreux que les jours précédents. Cela voudrait dire aussi qu'il y en avait tout autant les jours précédents que dans cette nuit du 12 au 13; tellement que le phénomène aurait duré plusieurs nuits, qu'en un mot il aurait été progressif comme tous les phénomènes de ce genre que l'un de nous n'a cessé d'observer. Ce n'était donc pas une nuée d'étoiles filantes qui passait en quelques heures, mais bien le maximum de la période de novembre.

Jusqu'à présent nous avons tiré toutes les conséquences des faits observés, sans peser les témoignages eux-mêmes. Il faut bien cependant en arriver là, et chercher à dépouiller ce phénomène de tous les produits de l'imagination et de la mauvaise foi des observateurs. Nous ne reviendrons pas sur le récit de Palmer, qui ne renferme que des faits invraisemblables. Nous savons que toutes les personnes qui n'ont pas l'habitude de faire des observations de ce genre, si elles viennent à remarquer une apparition inusitée d'étoiles filantes, ne manquent jamais de la comparer à une pluie, à une averse, à une grêle, etc.; quand bien même des observateurs à leur poste n'ont pu compter que quelques centaines d'étoiles filantes pendant toute la nuit. Aux États-Unis, le langage a dû être le même; en sorte que les personnes instruites qui sont arrivées une heure ou deux avant le jour, au moment même du maximum, ont dû croire que le phénomène s'était beaucoup affaibli, pour mettre leurs propres observations d'acord avec le dire des personnes qui avaient observé de meilleure heure. C'est ainsi que l'époque du maximum a été reportée à 4 heures, ou à 3 heures, ou même à 2 heures, par ces observateurs tardifs. Or, toutes les personnes qui avaient observé de très-bonne heure, affirment que le phénomène a été croissant jusqu'au jour, et dans ce nombre se trouvent tous les marins. M. Olmsted arrive à 5 heures du matin, et il ne veut pas croire que le point radiant ait changé de place. M. Riddel, encore plus tardif, n'ajoute pas foi aux témoignages de ceux qui affirment que les étoiles étaient toujours parties du zénith. A l'objection de M. Twining que le Lion ne se levant que vers minuit, on aurait dû voir jusqu'à ce moment, et même plusieurs heures après les étoiles filantes remonter vers le zénith, tandis qu'il y avait unanimité pour affirmer que les étoiles avaient toujours descendu, même pendant la soirée du 12, M. Olmsted ne répond rien ; et, pour esquiver la difficulté, il fait commencer le phénomène vers minuit, et il affecte, les années suivantes, de ne voir aucun météore avant une ou deux heures du matin : tout cela est évidemment de la mauvaise foi, puisque les témoignages de beaucoup de personnes, y compris même M. Palmer, prouvent qu'il parut beaucoup d'étoiles filantes pendant la soirée du 12. En cela, les observations faites depuis, en Europe et en Amérique, sont sans réplique et démontrent que l'apparition des étoiles filantes est toujours progressive du soir au matin ; nous avons, pour cela, une expérience de longues années, et jamais une nuit n'a été abondante en météores, sans que l'observation du soir ne l'ait fait pressentir ; en d'autres termes, jamais nous n'avons vu une apparition soudaine d'étoiles filantes. L'observation de 1799 à Cumana avait déjà montré que le phénomène est progressif ; et, depuis 1833, il en a toujours été de même.

Les marins dont on a cité le témoignage, le capitaine Parker, celui du vaisseau Ténessé, Faurot, Seymour, ne parlent pas comme les observateurs placés sur la terre ferme, qui ont vu des nombres *innombrables* de météores : pour ces marins, le nombre des météores a été seulement *inusité*, c'est-à-dire peu commun, ou plus considérable qu'à l'ordinaire. Ainsi jusqu'à 3 heures du matin, Parker ne voyait pas plus d'étoiles que les jours précédents ; de 3 heures à 4 $\frac{1}{2}$, leur nombre s'accrut ; et vers 6 heures, il y en eut un nombre *inusité*. Faurot n'en comptait qu'une par minute, de 8 à 9 heures du soir, ce qui ferait moins de 200 par heure vers la fin de la nuit, à l'époque du maximum ; et si, à minuit, leur nombre était devenu trop grand pour pouvoir être compté, cela ne

veut pas dire que toute la voûte du firmament en fût couverte,
mais qu'une personne ne pouvait se retourner assez vite vers les
différents points du ciel pour les compter sans aucune omission.
Le capitaine Seymour, à minuit et demi, vit un nombre *inusité*
d'étoiles filantes; mais leur nombre ne fut assez grand que vers
2 heures et demie, pour lui faire apercevoir un point radiant.
Enfin nous trouvons, jusque dans le témoignage de l'observateur
de Boston, la preuve que le phénomène n'était pas continu, puisqu'il y avait des interruptions de plusieurs secondes (des secondes
de portier!); ce qui n'arrive pas évidemment lorsqu'il tombe une
averse de neige.

En admettant comme vraies les observations faites en mer, par
des hommes qui ont l'habitude de voir les phénomènes célestes,
on peut admettre 200 étoiles filantes pour le nombre horaire du
matin, ce qui donne un peu plus de 100 pour minuit, et 1 300 à 1 400
pour toutes les étoiles filantes de 6 heures du soir à 6 heures du
matin. Ce nombre est dans la proportion des globes enflammés,
dont un seul, sur 4, a été vu en mer. Il paraîtra encore très-considérable, si l'on fait attention qu'il est trois ou quatre fois plus grand
que le nombre des étoiles durant une apparition réputée extraordinaire.

Nous avons été, comme tout le monde, éblouis d'abord et
comme étourdis à la lecture des pompeuses descriptions faites par
les Américains sur les météores de 1833; mais peu à peu notre
illusion s'est dissipée; en scrutant bien les témoignages qu'il avait
plu à M. Olmsted de nous donner, en admettant qu'il avait pu
nous en taire, en recourant à l'analogie et aux lois constatées par
une longue suite d'observations, nous sommes devenus méfiants,
incrédules, et nous avons fini par être convaincus que le phénomène
du 13 novembre 1833 ne se distinguait en rien des apparitions
extraordinaires que l'on a eu maintes fois l'occasion d'observer,
non-seulement avant cette époque, mais encore postérieurement,
depuis que l'attention a été attirée sur ce genre de météores. Il est
fâcheux qu'aucune observation n'ait été faite en Europe, qui eût
pu contrôler celle des Américains. Peut-être aura-t-on observé en
Chine, mais il faudra qu'il arrive un changement de dynastie dans
l'empire céleste pour connaître les observations de Pékin. En
attendant, il est un moyen de remonter le cours des âges et de
revenir ainsi à l'année 1833. On sait que, depuis cette époque,
les apparitions de novembre ont été s'affaiblissant graduellement;

et, comme à chaque retour, les étoiles filantes ont été comptées par beaucoup d'observateurs sur différents points du globe, on peut, tant bien que mal, calculer d'année en année les nombres horaires à minuit : c'est ce que nous avons fait, et alors prenant ces nombres horaires comme ordonnées et les années correspondantes comme abscisses, on obtient une courbe tres-régulière, hyperbolique, qui donne 130 pour le nombre horaire de 1833.

Un extrait du premier mémoire de M. Olmsted, relatif aux faits observés, parut dans les *Annales* de Poggendorff pour novembre 1834 ; mais on ne connaissait pas encore le second mémoire du professeur américain, contenant sa théorie. C'est probablement ce retard qui a fait croire aux astronomes européens que les calculs effectués par eux à cette occasion, étaient nouveaux, tandis qu'au contraire toutes les conséquences principales de la radiation avaient été parfaitement tirées par M. Olmsted. C'est ainsi qu'à la suite de l'extrait du journal de Berlin, on insérait les résultats d'un calcul de M. Enke, qui démontrait qu'au moment du maximum, entre 4 et 5 heures du matin, la Terre marchait vers la constellation du Lion, en sorte que nous allions à la rencontre des étoiles filantes. En termes plus précis, le point radiant, placé sur la tangente à l'orbite terrestre, devait se trouver, suivant M. Enke, par $143°$ $55'$ d'ascension droite et $14°$ $20'$ de déclinaison nord ; tandis que M. Olmsted avait observé $150°$ d'ascension droite et $21°$ de déclinaison nord. Dans son second mémoire, M. Olmsted était arrivé à ce même résultat, savoir, que la Terre se dirigeait vers le point radiant.

Quoi qu'il en soit, les observateurs d'Amérique n'avaient pas encore appris l'effet qu'avait produit en Europe la connaissance du phénomène arrivé dans la nuit du 12 au 13 novembre 1833. Leurs observations, qu'ils allaient répéter en novembre 1834, devaient donc être encore faites en dehors de toute influence extérieure. Plusieurs observateurs se tinrent prêts pour cette époque ; mais il ne paraît pas qu'ils eussent fait des observations dans l'intervalle, si ce n'est M. Bache, qui s'était exercé en compagnie de M. Espy à ce genre d'observations. Le temps fut plus ou moins clair les 10, 12, 13, 14 et 19 novembre 1834 ; et M. Bache, qui est professeur de chimie et d'histoire naturelle à l'université de Pensylvanie, cite avec détail le petit nombre d'étoiles filantes qu'il aperçut, et qui n'avaient rien de commun avec le phénomène de 1833.

M. Twining n'observa que dans la matinée du 13. Entre 1 et 2 heures, il ne vit aucun météore remarquable, et il cessa d'observer. Mais après 4 heures, la Lune s'étant couchée, il vint se placer *devant sa porte*, d'où il vit un *nombre inusité* de météores, la plupart ayant une élévation de moins de 30 degrés, et confinés dans une certaine partie du ciel. En 25 minutes environ, il compta 40 étoiles filantes, mais il ne put juger si elles divergeaient d'un même point. Toutefois il pense que ce fut la répétition du phénomène de 1833, quoiqu'à un faible degré.

M. Olmsted, assisté de deux personnes, s'était aussi mis en observation. Quatre minutes après une heure, il vit partir de l'est un globe filant, qui fut *comme un signal* annonçant l'arrivée des météores. De ce moment jusqu'au jour, les étoiles filantes parurent presque uniformément. Depuis deux heures et quart jusqu'à cinq heures, on compta 155 étoiles filantes. Sans la présence de la Lune, M. Olmsted pense qu'on en aurait compté un mille durant toute la nuit. Leurs directions prolongées passaient encore par la constellation du Lion, ascension droite 144° 30', déclinaison 30° 15'. L'année précédente il y avait ascension droite 150°, déclinaison 20°. La nouvelle ascension droite se rapproche beaucoup de celle de M. Enke, mais la déclinaison diffère encore plus qu'en 1833. De ces mille étoiles ainsi conclues, il résulte que M. Olmsted n'avait pas fait de progrès dans l'étude des étoiles filantes. S'il se fût adonné à ce genre de recherches, il aurait vu que la Lune efface les trois cinquièmes des météores, ce qui eût porté son nombre à 360, nombre encore fort exagéré si l'on fait attention que de 3 à 4 heures la Lune était près de l'horizon, et se trouvait couchée à partir de 4 heures, alors qu'on arrivait au maximum du phénomène. Si l'on se demandait ensuite pourquoi M. Olmsted n'a pas commencé son observation dès le soir du 12, il suffirait de savoir que la constellation du Lion n'étant levée qu'après minuit, il eût été inconséquent de chercher à voir des étoiles filantes en l'absence du point de radiation; et cependant cette vérification était à faire pour répondre à l'objection de M. Twining.

Mais il suffit d'opposer aux assertions de MM. Twining et Olmsted, évidemment exagérées, le témoignage plus indépendant de M. Bache. Dans la matinée du 13, après le coucher de la Lune, 7 étoiles filantes en 15 minutes; après cinq heures, apparition rapide de 5 météores; puis seulement 3 en 15 minutes. M. Bache n'en était pas resté là; il avait pris des renseignements aux différents postes militaires des États-Unis, et de toutes parts on lui annonça que le phénomène avait tout à fait manqué. M. Olmsted répondit à cette longue liste de témoignages par celui de deux docteurs anglais qui avaient mis l'œil à la fenêtre, et par deux ou trois autres maigres témoignages aux États-Unis. D'ailleurs, ajoute-t-il, si les marins (dont il avait invoqué le témoignage l'année précédente) sont propres à observer les phénomènes célestes, il n'en est pas de même des sentinelles en temps de paix, qui ne pourraient être tirées de leur assoupissement que par des météores nombreux et brillants. M. Bache, répondant sur le même ton, demande à M. Olmsted quels sont les matelots qui auraient vu en mer les météores du 13 novembre 1834; quant aux témoignages cités par M. Olmsted, ils ne font nullement mention d'un point rayonnant, ce qui était cependant la chose capitale.

Les recherches de Brandes et de Benzenberg ayant été enfin connués aux États-Unis, on chercha à les répéter. En août 1834, M. Locke, professeur au collége médical de l'Ohio, et M. Dwelle, firent des observations correspondantes à Cincinnati. Leurs résultats furent publiés peu de temps après dans la gazette de cette ville. Nous n'en connaissons pas les détails, mais seulement les moyennes, savoir, environ 45 milles anglais pour la hauteur, environ 20 milles par seconde pour la vitesse, et à peu près une seconde pour la durée des apparitions.

En décembre de la même année, MM. Twining et Loomis firent aussi des observations du même genre; mais ils disent n'avoir pas obtenu des résultats aussi satisfaisants qu'ils l'espéraient. Ils ne virent simultanément que 4 étoiles filantes : la somme des hauteurs fut de 296 milles pour le commencement et de 216 milles pour la fin; la somme des trajectoires fut de 142 milles. C'est-à-dire que la hauteur moyenne était de 74 milles (31 lieues) pour le commencement, et de 54 milles (22 lieues et demie) pour la fin, la course moyenne étant de 35 milles et demi (15 lieues). Le détail de ces observations n'a pas été publié.

L'apparition météorique du 13 novembre 1835 fut encore moins prononcée que la précédente. M. Olmsted est lui-même forcé d'avouer l'absence complète d'étoiles filantes à la station de New-Haven; mais il prétend avoir reçu avis que le phénomène a été vu ailleurs. Il se montre déjà disposé à croire que le retour périodique pourrait bien n'arriver qu'après plusieurs années.

On apprit plus tard que ce retour avait manqué totalement au cap de Bonne-Espérance, où l'aide de M. Herschel n'aperçut rien durant toute la nuit du 12 au 13 novembre ; dans la nuit suivante, M. Herschel et son aide ne virent pas une seule étoile filante depuis minuit jusqu'à 4 heures ; ils en comptèrent 4 de cette heure jusqu'au jour.

Le navire *La Bonite* étant sur le point de partir pour un voyage autour du monde, une commission académique fut chargée de rédiger une instruction sur les recherches scientifiques que les officiers devaient faire à bord. M. Arago y intercala une *Note* sur les étoiles filantes, rédigée à la hâte, et qui fut reproduite avec quelques additions dans l'*Annuaire* de 1836. M. Arago invitait les officiers de quart de *La Bonite* à noter l'heure de l'apparition de chaque étoile filante, sa hauteur sur l'horizon et sa direction. Dans son article de l'*Annuaire*, il ajoute qu'il sera important de « recher-« cher si d'autres *traînées d'astéroïdes* ne rencontrent pas l'éclip-« tique dans des points différents de celui où la Terre va se placer « vers le 13 novembre. Cette recherche, il faudra la faire par exem-« ple du 20 au 24 avril. Car en 1803 (je crois que ce fut le 22 avril), « depuis 1 heure jusqu'à 3 heures du matin, on vit en Virgine et « dans le Massachussett des étoiles filantes tomber en si grande « abondance, qu'on aurait cru assister à une pluie de fusées. » M. Arago cite encore l'observation de Messier qui, le 17 juin 1777, vers midi, vit passer sur le soleil, pendant cinq minutes, un nombre prodigieux de globules noirs, lesquels devaient être aussi des astéroïdes.

L'invitation faite par M. Arago avait été entendue, et beaucoup d'observateurs se tinrent prêts pour le prochain retour des étoiles filantes au 13 novembre 1836. A l'Observatoire de Paris, MM. Mauvais, Bouvard, Laugier, Plantamour, devaient faire des observations à tour de rôle et pendant toute la nuit, depuis le 12 jusqu'au 15 novembre. Dans la nuit du 11 au 12, et pendant trois quarts d'heure autour de minuit, on n'aperçut aucune étoile filante ; mais la nuit suivante ayant été claire, on put observer de 6 heures 48 minutes du soir jusqu'à 6 heures 35 minutes du matin, 170 étoiles filantes, dont 52 parcoururent le Lion, 73 eurent des directions qui, prolongées, venaient à la même constellation, 40 suivirent des routes qui n'aboutissaient pas au Lion, et 5 qui n'avaient fait que se montrer et disparaître. En supposant que les 73 étoiles dont les directions prolongées passaient par le Lion, venaient bien de cette constellation et ne s'y rendaient pas, il resterait encore trop de vague pour en conclure qu'il existât alors un véritable point rayonnant. On ne peut pas non plus le conclure des dix témoignages que M. Arago cite à la suite, annonçant des nombres de météores aussi faibles et ne donnant rien de précis sur leur direction. Toutes ces observations paraissent avoir été mal faites, en ce sens qu'au lieu de ne regarder que vers la constellation du Lion, il eût fallu un second observateur tourné vers la partie opposée du Ciel; car il est clair qu'on n'a pu tenir compte que des étoiles filantes qui se mouvaient dans le voisinage de cette constellation, et que l'on a négligé toutes les autres.

Presque toutes les personnes qui ont communiqué leurs observations à M. Arago, disent qu'elles ont vu un *nombre inusité d'étoiles*, comme si ces personnes avaient observé toute l'année et même plusieurs années de suite, ce qui n'est pas vrai, puisqu'il s'agit d'amateurs qui observaient pour la première fois. Leur assertion est donc purement gratuite, et n'a été faite que sur commande. Quant à nous, nous regardons cette apparition comme une des plus ordinaires pour l'époque; et c'est ainsi que M. Olbers l'a jugée, comme on le verra tout à l'heure. Le même astronome place le nœud de ces astéroïdes à environ 90 degrés de distance du Lion, où nos astronomes l'auraient vu, toujours sur commande. « Cette « dernière apparition des astéroïdes (dit M. Arago à la fin de son « résumé) aura prouvé sans réplique qu'ils tombent quelquefois « sur la terre. M. Millet dit, en effet, avoir aperçu plusieurs de ces « météores qui se projetaient sur le versant des montagnes dont il « était entouré (Yon-Altemare, Ain). M. Bérard, de son côté, « capitaine de corvette, en a vu un à Paris, descendre jusqu'à la « hauteur du parapet du Pont-Royal. » (Textuel.) — Il nous arrive souvent de recevoir pareilles communications, qui ne vont pas plus loin.

Voici les observations faites à la même époque en Allemagne. Dans la nuit du 12 au 13 novembre, de 5 heures du soir à 5 heures et demie du matin, MM. Custodis et Müller, secrétaire et aide de Benzenberg à Dusseldorf, observèrent 89 étoiles filantes dans la moitié du ciel, mais sans s'occuper de leurs directions. Le docteur Schnabel, à Gummersbach dans les environs de Dusseldorf, fit observer par ses élèves, durant la même nuit, de minuit à 5 heures du matin. A chacune des faces de son pavillon, orientées sur les 4 points cardinaux, se plaçait un élève en observation. Voici le résultat d'heure en heure : 49 étoiles filantes, 53, 65, 68 et 74, total 309. La variation horaire est ici très-manifeste, et s'accorde même avec les nombres qui résultent de l'ensemble de nos observations. En effet, si l'on prend pour unité le nombre horaire à minuit, il sera d'après nous 1,1 de minuit à 1 heure, et successivement 1,3 —1,5—1,6 — 1,7. Enfin, adoptant 43,5 étoiles filantes pour le nombre horaire de minuit, qui convient aux observations ci-dessus, les nombres calculés seront :

    48   56   65   69   74,

lesquels diffèrent peu des nombres observés correspondants

    49   53   65   68   74.

Donc les étoiles filantes du 12 au 13 novembre 1836, suivaient rigoureusement la loi des variations horaires applicable à l'ensemble des météores durant le cours de l'année, et par conséquent ne formaient pas une apparition extraordinaire, subite, de peu de durée. En outre, les observateurs de Gummersbach ont vu 110 étoiles filantes au sud, 74 à l'est, 67 au nord et 58 à l'ouest. On en peut conclure que la majeure partie de ces étoiles allaient vers le S. S. E, c'est-à-dire en sens contraire de la direction principale qu'elles affectaient aux États-Unis en 1833.

A Francfort, du 12 au 13, on compta 23 étoiles filantes, de 11 heures à minuit et demi. A Berlin, on en compta 34 dans le quart du ciel, en 4 heures et quart autour de minuit. Restent les observations faites à Breslau par M. Boguslawsky. Cet astronome, dans la nuit du 12 au 13, de 3 à 6 heures du matin, vit 146 étoiles filantes; et dans la nuit du 14 au 15, il n'en compta que 142 en 12 heures. Des observations simultanées étaient faites aux mêmes temps en d'autres lieux de la Silésie; mais il n'y eut que 4 correspondances avec Breslau, savoir : 2 à Gross-Scholtken, 1 à Gross-Surchen, et 1 à Liegnitz. Calculées par Olbers, elles donnèrent les résultats suivants :

	Hauteur de l'étoile en milles.		
Date.	Commencement.	Fin.	Course.
11 nov.	4^m,44	3^m,08	1^m,49
11 nov.	15 ,21	9 ,04	6 ,22
13 nov.	10 ,13	3 ,06	8 ,22
14 nov.	13 ,32	16 ,45	10 ,88

M. Kuppfer annonça que l'on avait aperçu en Russie un nombre inusité d'étoiles filantes dans la nuit du 12 au 13 novembre 1836, vers 60 degrés de latitude dans l'Oural. On les avait vues se mouvoir du Lion vers la grande Ourse.

Au cap de Bonne-Espérance, M. Herschel avait répété ses observations de l'année précédente, mais sans être plus heureux. Dans la matinée du 13 novembre 1836, de 2 heures et demie à 3 heures et demie, il ne vit que 10 étoiles filantes. Dans la nuit suivante, depuis trois quarts après minuit jusqu'à 3 heures, il n'en compta que 8. D'après M. Herschel, ces étoiles filantes émanaient principalement d'un point qui n'était pas fixe relativement aux étoiles, mais fixe par rapport à l'horizon. Ainsi leurs directions prolongées en arrière aboutissaient en un point dont l'azimuth est d'environ 120° à l'ouest du sud, et dont la hauteur est à peu près de 30° sur l'horizon. Mais, à la suite d'une observation plus attentive de ce phénomène, jusqu'au 3 avril 1837 (date de sa lettre), M. Herschel a remarqué, comme un fait presque général, que la grande majorité des étoiles filantes suit une route dirigée vers un même point de l'horizon, un peu au nord de l'est et à 15 ou 20 degrés de hauteur. En d'autres termes, les étoiles filantes, vues au cap de Bonne-Espérance, iraient généralement de l'ouest à l'est, tandis que dans l'hémisphère nord, il en va beaucoup plus en sens contraire, de l'est à l'ouest.

Dans une revue faite par M. Olmsted des observations d'étoiles filantes aux États-Unis, pendant la nuit du 12 au 13 novembre 1836, on trouve les résultats suivants. A Springvale (Maine), de 3 heures à 6 et quart, on compta 253 météores, radiant, à l'exception de 5 ou 6, d'un même point du ciel. A Cambridge (Massachussett), en une heure et demie autour de 4 heures, on en compta 23, qui ne venaient pas du Lion. A New-Haven, M. Olmsted se mit en observation, après minuit selon sa coutume; de 3 heures et demie à 3 heures trois quarts, il compta 22 étoiles qui, à l'exception de 3, venaient d'un même point radiant; puis 7 étoiles filantes, dans le quart d'heure suivant. Le point radiant parut-être à 145° d'asc. dr. et 25° de décl. A New-York, une personne vit 98 météores de 2 à 3 heures, et 150 dans l'heure suivante; tous, à 2 ou 3 exceptions, venaient d'un point radiant, par 150° d'asc. dr. et 20° de décl. A Macon (Virginie), un professeur et 3 de ses élèves comptèrent par intervalles quelques centaines d'étoiles filantes, qui, autour de 10 heures, allaient de la petite Ourse vers l'ouest; de minuit à 2 heures, à l'ouest; et de 2 heures jusqu'au jour, au N. O.

On a vu que le second mémoire de M. Olmsted, contenant la discussion des faits observés en novembre 1833, et la théorie de l'auteur, n'avait point été publié en Allemagne. En France, on avait passé sous silence, non-seulement cette partie théorique, mais encore la plupart des faits, en ne citant que les moins avérés, et sans prononcer même le nom de M. Olmsted. Justice ne lui fut rendue qu'à la séance de l'Académie des sciences du 5 décembre 1836, où M. Biot cita d'une manière très-honorable les travaux du géomètre américain. Il admettait, comme ce dernier, que la nuée météorique pourrait bien n'être autre que la lumière zodiacale, considérée comme provenant d'un nombre infini d'astéroïdes. Voici le résumé fait par M. Biot de son propre mémoire :

« Je ne conclus pas, des considérations précédentes, que le mé-
« téore du 13 novembre ait assurément pour cause les rencontres
« et les perturbations de certaines parties de la nébuleuse solaire
« par la Terre. Je n'affirme ni ne repousse cette identité. J'ai voulu
« montrer qu'au 13 novembre, la Terre se trouve près du nœud
« ascendant de la nébuleuse, vers laquelle elle se dirige et qu'elle
« va bientôt traverser ; que, dans ces circonstances de position et
« de mouvement, elle doit certainement agir par son attraction et
« par sa rencontre sur les particules matérielles de la nébuleuse,
« qui se trouveraient à la même époque, près du nœud ascendant
« de leurs orbites, et à des distances du Soleil égales à celle de la
« Terre ou peu différentes ; d'où résulteraient des phénomènes coïn-
« cidents pour la direction et pour l'époque, avec ceux que le mé-
« téore périodique du 13 novembre a présentés. Enfin, j'ai fait
« remarquer que le passage habituel de Mercure et de Vénus à
« travers des régions de la nébuleuse plus centrales, avait dû,
« devait même peut-être encore, disséminer des multitudes innom-
« brables de ses particules sur des orbites très-peu inclinées à l'é-
« cliptique et dirigées dans tous les sens, de sorte que la Terre
« pourrait encore les rencontrer accidentellement dans d'autres
« points de son cours. »

On sait que D. Cassini avait déjà tiré de ses observations la conséquence que la matière à laquelle on doit la lumière zodiacale pro-
venait de petites planètes, qui s'étendraient jusqu'aux orbites de Mercure et Vénus, et dépasseraient même l'orbite de la Terre. Mairan avait attribué à cette matière tous les phénomènes de l'aurore boréale et du magnétisme ; mais il avait considéré les météores comme engendrés par des exhalaisons terrestres. Ensuite les astro-

nomes avaient pris cette matière zodiacale pour l'atmosphère solaire. Mais Laplace démontra que cette atmosphère, eu égard à la rotation du Soleil, ne pouvait être aussi allongée; et il ramenait les savants à l'opinion de Cassini, en admettant l'existence de petites masses qui circuleraient autour du Soleil. M. Olmsted ne faisait donc que grouper ces petites planètes en une espèce de nuage, pour expliquer l'apparition des étoiles filantes du 13 novembre 1833. Il admettait même tacitement que toutes les étoiles filantes venaient de cette nébuleuse, considérée comme une véritable comète; car on le voit plus tard ne tenir aucun compte des autres retours périodiques, de celui du 10 août par exemple. Il cessa même de s'en occuper, sitôt qu'il vit que ce dernier retour se maintenait beaucoup plus régulièrement que celui de novembre; et nous le verrons abandonner à M. Herrick l'espèce de direction qu'il avait jusque-là exercée aux États-Unis sur l'observation des étoiles filantes. D'ailleurs, l'opinion de M. Biot devait prévaloir sur la sienne, la lumière zodiacale étant en effet disséminée autour du Soleil, sous la forme d'un ellipsoïde très-allongé dans le plan de l'équateur solaire, et non groupée comme le voulait M. Olmsted, en un nuage qui se transporterait d'ensemble. M. Olmsted était donc obligé, pour conserver à la matière zodiacale la forme que lui a reconnue Cassini, d'admettre que sa nébuleuse météorique n'était qu'une portion plus ou moins condensée de la lumière zodiacale. Puis, pour expliquer les apparitions extraordinaires du mois d'août, il eût été obligé d'admettre une seconde nébuleuse, puis trois, puis quatre, etc., c'est-à-dire tout autant que de retours périodiques. M. Olmsted n'a pu s'y décider, et c'est un soin dont se sont chargés les astronomes d'Europe, comme on le verra par la suite.

A l'imitation de M. Arago, Olbers entra en scène dans l'affaire des étoiles filantes. Depuis sa formule donnée en 1801 pour calculer la hauteur des météores, et sa réclamation de priorité sur l'hypothèse sélénique des pierres tombées du Ciel, l'astronome de Brême avait gardé un silence obstiné sur ce sujet. Il publia, dans l'*Annuaire* de Schumacher pour 1837, un assez long article sur les étoiles filantes. Après l'historique des opinions et des faits observés, il hasarde les conjectures suivantes. Il admet volontiers une communauté d'origine entre les étoiles filantes et les petits bolides, qui viendraient du dehors dans notre atmosphère; mais il y aurait quelques étoiles filantes qui, se mouvant avec une incroyable vitesse, ne seraient autre chose que des étincelles électriques, ou bien se

formeraient dans l'air par suite d'émanations terrestres. Ensuite,
pour expliquer comment certains météores remontent, il admettrait
avec Brandes une explosion partielle, produisant l'effet d'une fusée.
« Du reste, ajoute Olbers,. les bolides et les étoiles filantes qui
« viendront à traverser notre atmosphère en ligne droite, devront
« toujours, une fois qu'ils seront arrivés à leur périgée, s'éloigner
« de la surface de la Terre, et par conséquent prendre leur mouve-
« ment ascensionnel. » Olbers ne croit plus à la possibilité que ces
météores viennent de la Lune, eu égard à leur vitesse toute planétaire trouvée par Brandes. L'origine cosmique de ces météores est
bien établie maintenant, par les observations faites en novembre
1799, 1831, 1832, 1833, 1834, et par l'existence du point rayonnant annoncé par M. Olmsted. Quelques-uns de ces corps pénètrent
dans notre atmosphère et s'y enflamment ; mais le plus grand nombre
passent intacts aux nœuds de leurs orbites, pour continuer leur mouvement autour du Soleil. Il est probable qu'ils n'achèvent leur révolution qu'après un certain nombre d'années, ces petites masses
étant réparties d'une manière fort irrégulière, plusieurs millions
d'entre elles atteignant l'orbite de la Terre entre 19 et 20 degrés du signe du Taureau. Quant à l'hypothèse que ces météores
seraient les débris d'une ancienne planète, il ne l'admettrait que
comme expliquant plus facilement la vitesse tangentielle de ces
météores.

Dans un supplément, écrit le 4 janvier 1837, Olbers cite les observations du retour périodique des étoiles filantes du 12 au 13 novembre précédent. « Leurs orbites, continue-t-il, très-rapprochées
« et presque parallèles entre elles, forment pour ainsi dire une
« route commune, pour des millions, des milliards même de ces
« astéroïdes infiniment petits, et qui, en des temps à peu près
« égaux, dans un espace de 5 à 6 années peut-être, achèvent leur
« révolution autour du Soleil. Sur cette route commune, ils pa-
« raissent encore très-inégalement répartis ; ici, ils sont serrés en
« masses épaisses ; là, ils sont répandus loin les uns des autres.
« Dans les années 1799 et 1833, peut-être aussi en 1832, l'une de
« ces masses aura été jetée dans notre atmosphère ; durant les
« années 1831, 1834 et 1836, il est probable que notre globe n'a
« rencontré que des astéroïdes, étoiles filantes isolées, quoiqu'elles
« fussent en assez grande quantité. Peut-être que plusieurs de ces
« masses épaisses se trouvent rapprochées sur leur route ; peut-être
« devrons-nous attendre jusqu'en 1867 avant de voir se renouveler

« le phénomène magnifique qui s'offrit à nos regards en 1799 et
« en 1833. »

Olbers termine en recommandant d'examiner ce retour périodique des étoiles filantes, qui doivent être, ainsi qu'on l'a fait avec
raison, distinguées de celles qui apparaissent sporadiquement durant les autres époques de l'année. Enfin, il ajoute quelques remarques sur l'hypothèse de M. Biot, qu'il ne croit pas vraisemblable.

La distinction adoptée par Olbers entre les étoiles filantes *périodiques* et les étoiles filantes *sporadiques*, avait été faite par M. Quételet. Ce dernier astronome suppose qu'il y a des étoiles filantes à
toutes les époques de l'année, marchant dans toutes les directions,
et des étoiles dont le retour est périodique, qui constituent les apparitions extraordinaires, tant par leur nombre que par une direction commune et particulière. Mais on vient de voir qu'Olbers a
modifié cette idée, en supposant les étoiles sporadiques comme
suivant la même route et sans doute aussi la même direction que
les étoiles groupées par essaims. C'est aussi l'opinion de M. de Humboldt, qui repousse, il est vrai, la distinction que M. Quételet avait
proposée entre les étoiles filantes, avec ou sans traînées, les premières laissant tomber à la surface de la Terre quelque matière
étrangère.

Quoi qu'il en soit de cette définition des étoiles sporadiques, l'essentiel était de déterminer le nombre moyen qu'on en peut voir à
toutes les époques de l'année, afin de pouvoir juger si une apparition d'étoiles filantes est extraordinaire ou commune. A la suite
de l'annonce faite par M. Arago, dans la séance de l'Académie des
sciences du 14 novembre 1836, de l'apparition des météores du 12
au 13 précédent, le journal de l'*Institut* ajoutait cette phrase : « Il
« resterait à faire connaître maintenant, pour permettre d'établir
« une comparaison, combien communément on peut observer de ces
« météores dans une nuit, à toute autre époque de l'année. » Nous
ne savons pas si cette remarque avait été faite par M. Arago, ou si
elle appartient au journaliste ; mais ce qu'il y a de certain, c'est
qu'elle ne se trouve pas dans le compte rendu officiel de la séance,
qui ne parut qu'après le journal précité.

A la séance du 28 novembre, M. Arago, après avoir résumé
toutes les observations qui lui avaient été communiquées, décide
que l'apparition est extraordinaire, de la manière suivante : Tel observateur a vu tant d'étoiles filantes en une heure, donc il en a vu
le double en deux heures, le triple en trois heures, et ainsi de suite ;

or, comme les nuits précédentes et les nuits suivantes, le même
observateur en a vu moins dans le même temps, il s'ensuit que
l'apparition est extraordinaire. En d'autres termes, une apparition
extraordinaire d'étoiles filantes ne se jugerait que par comparaison
avec ce qu'on en aurait vu dans les nuits immédiatement voisines,
et sans s'enquérir du nombre moyen d'étoiles que l'on peut voir en
une nuit à toutes les époques de l'année.

Ainsi M. Quételet paraît s'être trompé en attribuant à M. Arago la
remarque du journal l'*Institut*, remarque très-sensée, et dont
M. Quételet fit son profit. Voici le calcul auquel il se livra. Rapprochant les observations simultanées de Brandes et Benzenberg
en 1798, celles de Brandes et de ses associés en 1823, enfin celles
qu'il fit lui-même en 1824, il en conclut « qu'un observateur isolé,
« ou plusieurs observateurs dirigés vers un même point du ciel,
« peuvent voir, terme moyen, 8 étoiles filantes par heure; et que
« plusieurs observateurs placés de manière à voir les différentes
« régions du Ciel, peuvent en compter un nombre double. » Partant de là, M. Quételet calcule combien d'étoiles filantes on pourra
voir, terme moyen, durant toute une nuit, pour chaque mois de
l'année, en multipliant le nombre 16 par la durée de la nuit exprimée en heures. C'est ainsi qu'une nuit de novembre, supposée de
13 heures, donnera 208 étoiles filantes. D'où M. Quételet conclut
que les 170 étoiles vues à l'Observatoire de Paris, du 12 au 13 novembre 1836, ne composent pas une apparition extraordinaire.
C'est ainsi qu'un astronome qui admettait un nombre égal d'étoiles
filantes à toutes les époques de l'année, pouvait mettre en défaut
un autre astronome qui, de son côté, supposait le même nombre
d'étoiles filantes à toutes les heures de la nuit.

M. Quételet faisait connaître ce résultat à la séance de l'Académie
de Bruxelles du 3 décembre 1836. Il annonçait en même temps que
le 10 août était une époque d'apparitions extraordinaires d'étoiles
filantes. Il avait rapproché des observations qui rendaient ce fait extrêmement probable; et l'Académie résolut en conséquence de proposer pour le mois d'août 1837 un système d'observations pour ces
météores. L'opinion de M. Quételet avait dû se former en parcourant le registre que lui avait communiqué M. Forster, remontant à
l'année 1803, et qui contient plusieurs retours d'apparitions remarquables vers le 10 août.

Malheureusement l'état du Ciel ne permit pas de faire d'observations en Belgique au mois d'août 1837. Cependant M. Quételet

7

cite de nouvelles autorités, entre autres Muschenbrock, qui dit que les étoiles filantes tombent surtout en ce mois. Il cite encore un fait très-remarquable qui lui a été communiqué par M. Forster. Dans un manuscrit intitulé : *Ephemerides Rerum naturalium*, espèce de calendrier qui semble avoir été composé par un moine vers la fin du siècle dernier, et qui est conservé à Cambridge, dans le collége du *Corpus Christi*, on trouve à côté de chaque jour de l'année, soit un pronostic, soit une indication relative à la floraison des plantes ou au passage des oiseaux. Or, en regard du 10 août, on trouve le mot *Meteorodes*, qui fait allusion à une grande abondance de météores. M. Quételet, s'étant décidé à dresser un Catalogue des apparitions les plus remarquables d'étoiles filantes, en avait déjà réuni 46 exemples.

A l'Observatoire de Paris, dans la nuit du 10 au 11 août, et de minuit 37 minutes à 3 heures 26 minutes, deux observateurs avaient compté 184 étoiles filantes. « Le plus grand nombre, an-
« nonça M. Arago dès le 14 août, paraissait se diriger vers le Tau-
« reau, ainsi que cela devait être, d'après le sens du mouvement
« de translation de la Terre. »

A Genève, du 9 au 10 août, et de 9 heures à minuit, on compta 82 étoiles filantes, qui semblaient partir d'entre le Bouvier et le Dragon. A Milan, M. Kreil avec trois observateurs compta 83 étoiles de 9 heures un quart à minuit et demi; et deux observateurs en comptèrent ensuite 80 jusqu'à 3 heures trois quarts. A Brême, deux observateurs qui voyaient le tiers du Ciel, en comptèrent 60 de 9 heures 30 minutes à 10 heures 40 minutes dans la nuit du 10 au 11; la plupart suivaient la voie lactée ou marchaient parallèlement. A Dusseldorf, du 10 au 11, M. Custodis en compta 24 en 2 heures; il en avait vu, la nuit précédente, 91 en 6 heures.

Les observations de Berlin par MM. Erman et Jablonski furent faites avec plus de soin, non pas sur le nombre, mais sur la direction que suivaient les météores, dont la marche était aussitôt tracée sur une carte, opération qui prenait du temps, en sorte qu'on ne put noter que 58 étoiles dans le quart du Ciel environ, de minuit à 3 heures trois quarts.

Des résultats encore plus importants furent obtenus à Breslau dans la nuit du 10 au 11 août. A chacune des 6 fenêtres de l'Observatoire, furent placés deux ou trois élèves astronomes; d'autres élèves se tenaient à côté de deux pendules sur lesquelles on prenait le temps de l'apparition de chaque étoile, annoncée à haute voix.

On notait la grandeur de l'étoile, sa durée, ses signes distinctifs et sa marche dans le Ciel, éléments que l'on annotait immédiatement sur une carte céleste. On compta ainsi 536 étoiles filantes en 6 heures environ. Des observations correspondantes devaient être faites en d'autres lieux de la Silésie. M. Bredow détermina les trajectoires de 5 étoiles filantes à Oels; M. Scholz à Mirkau en détermina 22; M. Marschener à Habelswerdt 51; M. Petzeld à Neisse 294; M. Fiedler à Leobschütz environ 90; MM. Peschke et Kelch à Wainowitz près Ratibor 129; M. Wolmann à Gross-Glogau 70; enfin M. Keil à Liegnitz 40. On verra plus loin le calcul des observations correspondantes entre Berlin et Breslau, et de la seule observation simultanément faite entre les diverses stations de la Silésie.

Après en avoir fait mention, Olbers annonçait qu'à la réunion des naturalistes à Prague, six astronomes, MM. Feldt de Braunsberg, Koller de Kremsmünster, Maedler de Berlin, Montedego de Ofen, Morstadt de Prague et Weisse de Cracovie, s'étaient concertés pour faire des observations simultanées dans les trois nuits du 11 au 14 novembre suivant. En outre, MM. de Humboldt et Gauss publièrent un écrit par lequel, dans toutes les stations magnétiques munies des appareils convenables, on était invité à suivre de 5 en 5 minutes pendant 24 heures, du 12 novembre à midi jusqu'au 13 à la même heure, la marche de l'aiguille aimantée, afin de déterminer, si elle existe, l'influence que de nombreuses étoiles filantes peuvent exercer sur la déclinaison magnétique. Enfin, Olbers mentionnait une circonstance qui paraît n'avoir pas encore été prise en considération : c'est que l'on n'a jamais trouvé de pierres météoriques à l'état fossile; d'où l'on pourrait conclure que la chute de ces pierres n'avait pas encore lieu à l'époque où se déposaient les terrains secondaires et tertiaires. A cela on pouvait répondre que les pierres météoriques, comme celles de l'Aigle, par exemple, qui ont séjourné longtemps dans un sol humide, ne présentent plus que l'aspect d'une matière grisâtre, d'un oxyde de fer hydraté. Ainsi toutes les pierres météoriques qui ont pu tomber dans les eaux où se déposaient les terrains de sédiment, de même que celles qui tombent actuellement dans l'Océan, se transforment assez vite en oxyde de fer, que le liquide disperse ensuite.

L'apparition des étoiles filantes du mois d'août 1837 fut aussi observée aux États-Unis. M. Forshey, au Mississipi, vit le point rayonnant dans Cassiopée. M. Schæffer de New-York plaça ce point rayonnant près du pôle nord. Enfin M. Herrick de New-Haven se borna à dire que le point rayonnant était plus au nord que celui de novembre.

D'après tout ce qui précède, on voit que le mouvement avait été imprimé par Olbers en Allemagne, et par M. Quételet en Belgique, à l'étude des étoiles filantes. Beaucoup d'observations très-intéressantes avaient été faites sur l'apparition de ces météores pour l'époque du 10 août. Malheureusement, le même élan n'avait pas été donné en France, et l'on regrettera que M. Arago, qui se rappelait sans doute l'accueil fait à son observation de novembre 1836, n'ait pas donné suite à la communication de M. Quételet sur le retour périodique du mois d'août, qu'il *oublia* de présenter à l'Académie des sciences. Il a fallu que des amateurs, témoins de cette apparition extraordinaire de 1837, en prévinssent nos astronomes, qui ne purent se mettre en observation qu'après minuit; observation improvisée, et dont le résultat principal, c'est-à-dire la position du point radiant, fut donnée très-différente de toutes celles que l'on voyait ailleurs.

M. Quételet publia aussi en 1837 de nouvelles formules pour calculer les hauteurs des étoiles filantes. « Dans la méthode que « nous avons adoptée, dit-il, nous supposons que les deux rayons « visuels, menés vers deux points d'une étoile filante pris sur la « trajectoire, déterminent un plan qui, par son intersection avec « un second plan mené de la même manière d'une station voisine, « fait connaître d'abord la trajectoire du météore; puis son incli- « naison, soit par rapport à l'équateur, soit par rapport à l'horizon; « puis enfin ce qui se rapporte aux distances des points extrêmes « de la partie visible de la trajectoire. — Nous avons l'avantage « d'employer les observations telles qu'elles ont été faites, sans « devoir modifier les nombres pour rendre possible la rencontre « des rayons visuels. » Puis vient l'établissement de ces formules, qui, sans être compliquées en elles-mêmes, nécessitent pourtant un assez grand nombre d'opérations successives.

Mais là n'est pas la question, et nous croyons que la méthode de M. Quételet est moins précise que celles d'Olbers et de Brandes. En effet, de ce que l'on mène des deux stations les deux plans visuels dont chacun contient la trajectoire apparente de l'étoile, il ne s'ensuit pas que l'intersection de ces plans soit la trajectoire effective. Car les positions des deux plans visuels étant plus ou moins erronées, leur intersection l'est doublement; en sorte que si l'on n'apporte aucune correction aux positions de ces plans visuels données par l'observation, tout ce qui s'ensuivra sera plus erroné que si l'on eût fait cette correction préalable. Par la méthode de Brandes, on corrige à la fois l'erreur commise le long de la trajectoire, et l'erreur commise sur la position même de cette trajectoire. De fait, et en partant de nos propres observations de parallaxes d'étoiles filantes, la méthode de M. Quételet revient à mettre une ligne droite à cheval sur les quatre rayons visuels; or, dans la plupart des cas, nous dirons même dans la généralité, cette rencontre de quatre rayons visuels par une seule et même ligne droite, est impossible, ou conduit à un résultat tout à fait invraisemblable. En y réfléchissant un peu, on serait même porté à croire que cette méthode aurait pu rendre vaines toutes les observations faites en Belgique dans l'année 1824, quand bien même ces observations eussent été faites dans des conditions convenables.

Aussi les observations simultanées faites au 10 août 1837, à Berlin et à Breslau ont-elles été calculées par l'ancienne méthode, à laquelle Olbers donna une nouvelle extension, dont nous parlerons bientôt. Voici d'abord les résultats calculés par M. Boguslawski :

Nᵒˢ et stations.	Grandeur à Breslau.	Durée à Breslau.	Hauteur en milles.		Course.
			Commencem.	Fin.	
258 Breslau — 1 Berlin......	3...	0ˢ,5...	61,83...	42,84...	30,50.
268 Breslau — 2 Berlin......	3...	1 ,0...	52,30...	46,70...	13,53.
305 Breslau — 7 Berlin......	1...	1 ,0...	25,49...	24,00...	4,74.
363 Breslau — 16 Berlin......	3...	1 ,0...	30,01...	19,60...	13,84.
370 Breslau — 18 Berlin......	3...	1 ,0...	29,75...	27,26...	8,75.
401 Breslau — 23 Berlin......	1...	1 ,5...	47,40...	27,40...	20,69.
406 Breslau — 24 Berlin......	1...	1 ,5...	142,00...	104,40...	39,68.
18 Liegnitz — 21 Habelshwerdt	1...	0 ,5...	7,78...	3,71...	5,22.

Il est à remarquer que toutes les étoiles vues simultanément à Breslau et à Berlin sont très-élevées, surtout l'avant-dernière du tableau ci-dessus, dont la hauteur a varié de 142 à 104 milles, c'està-dire de 237 à 174 lieues.

Ces observations correspondantes de Berlin et de Breslau ont aussi été calculées par M. Petersen de Berlin, qui a cru devoir porter à 15 le nombre d'observations simultanées. Voici les résultats qu'il a obtenus :

N° à Berlin.	N° à Breslau.	Grandeur à Berlin.	Hauteurs en milles.	
			Commencement.	Fin.
2	268	3	51,8	45,4.
3	—	1	40,9	34,5.
7	305	2	22,1	22,3.
10	—	petite	260,3	105,1.
11	—	—	30,8	18,7.
16	363	petite	29,3	19,45.
22	—	1	46,0	27,4.
24	406	1	141,2	103,5.
32	—	2	50,0	80,7.
35	—	—	36,9	20,3.
38	—	2	16,2	11,3.
39	—	1	44,4	37,1.
42	—	1	37,8	41,5.
55	—	—	21,6	16,8.
18	370	3	28,8	28,8.

Olbers avait préparé des formules pour calculer les mouvements absolus des étoiles filantes, c'est-à-dire dégagés des mouvements de la Terre. Le mouvement absolu de l'étoile pourra se décomposer en trois autres rectangulaires ; le *premier*, suivant le rayon vecteur de la Terre, qui le rapproche ou l'éloigne du Soleil ; le *second*, perpendiculairement à ce rayon vecteur et parallèlement à l'écliptique, indiquant de combien l'étoile avance ou recule dans le zodiaque ; le *troisième*, perpendiculairement aux deux autres, montrant de combien l'étoile s'élève ou s'abaisse par rapport au plan de l'écliptique. Ces trois composantes du mouvement calculées par M. Boguslawski, pour 6 des étoiles filantes de l'avant-dernier tableau, ont été les suivantes :

N° à Breslau.	Composantes en milles.			Chemin parcouru.	Vitesse, celle de la Terre = 1.
	Premières.	Secondes.	Troisièmes.		
158..........	— 2,66....	— 26,59....	— 13,16....	29,79....	13,2.
268..........	+ 9,32....	— 1,14....	— 9,30....	13,21....	2,9.
305..........	+ 3,29....	+ 4,63....	— 3,52....	6,68....	1,5.
363..........	+ 2,40....	— 6,08....	— 6,14....	8,97....	2,0.
370..........	— 6,49....	+ 13,56....	— 2,97....	15,32....	3,4.
18 Liegnitz...	— 1,32....	+ 0,02....	— 4,54....	14,73....	2,1.
				Moyenne.	4,2.

M. Boguslawski essaya ensuite de représenter ces mouvements

absolus,dans l'hypothèse où les étoiles filantes décriraient des paraboles autour du Soleil ; mais les résultats ainsi calculés diffèrent
tellement des résultats obtenus par l'observation, qu'il demeurerait
prouvé pour nous que les mouvements des étoiles filantes n'ont
pas lieu autour du Soleil comme foyer. Quand bien même ce mouvement s'exécuterait autour du Soleil, l'attraction de la Terre, à
une si grande proximité, et surtout la résistance de l'air, change-
raient totalement la trajectoire apparente ; de sorte qu'il serait impossible de repasser de celle-ci à l'ellipse ou à la parabole primitive. Il est assez singulier qu'on ne tienne pas compte de ces deux
grandes causes perturbatrices, dans un problème où l'abondance
des chiffres semblerait compenser la qualité des observations. Nous
avons ajouté la dernière colonne du tableau précédent, où l'on voit
que les vitesses absolues dépassent de beaucoup celle de la Terre,
au lieu d'y être sensiblement égales, ainsi que cela arriverait dans
le cas où les étoiles fileraient autour du Soleil ; en sorte que si l'on
admet comme exactes les observations de Breslau, il s'ensuivrait
que la vitesse des météores serait de 4 à 5 fois trop grande pour
s'adapter aux idées des astronomes. M. Boguslawski ne tire pas
cette conséquence, qui est pourtant forcée, mais il préfère admettre
que ses élèves qui observaient se sont trompés sur la durée des
apparitions, comptant par exemple une demi-seconde là où ils auraient dû en avoir trois et demie. M. Boguslawski ne donne pas les
calculs pour les paraboles des étoiles n°ˢ 370, 404 et 406, qui lui
ont fourni sans doute des résultats encore plus étonnants.

Tous les préparatifs que l'on avait faits pour observer le retour
des étoiles filantes du 12 au 13 novembre 1837, se trouvèrent inutiles, le nombre des météores ayant été très-petit, et la Lune dans
son plein en effaçant encore la plus grande partie. Ainsi on n'en
compta que quelques-uns dans les villes de France ; on ne put rien
voir, ni en Belgique, ni en Allemagne. Turin fut un peu plus favorisé,
puisqu'on y vit, de 3 à 5 heures du matin, 78 étoiles dont la plupart
allaient du nord au sud.

Les observations faites par M. Littrow à Vienne ont été communiquées à l'Académie des sciences, dans la séance du 25 juin 1838,
par M. Arago. Mais le *Compte-rendu* se borne à décrire le théodolite
en bois dont M. Littrow a fait usage pour fixer, à l'aide d'une règle
mobile, la position de l'étoile filante dans le Ciel. Cet instrument
n'est pas nouveau, comme l'astronome de Vienne paraît le croire ;
car on a vu ci-dessus que Brandes et Benzenberg s'étaient déjà servis

d'un instrument analogue, pour leurs observations simultanées de
1798, mais qu'ils l'abandonnèrent bientôt pour prendre leurs alli-
gnements dans le Ciel à l'aide des étoiles fixes. Quant aux observations
mêmes de M. Littrow, il n'en est pas fait mention dans le *Compte-
rendu* de l'Académie. Après en avoir pris connaissance ailleurs,
nous avons compris que cette omission provenait, sans aucun doute,
de ce que ces observations ne cadraient pas avec la théorie adoptée
par l'honorable secrétaire perpétuel. En voici le résumé : Dans la
nuit du 12 au 13 novembre 1837, on a compté 15 étoiles filantes
en 1 heure de ciel serein ; dans la nuit du 13 au 14, 50 étoiles en
5 heures ; du 19 au 20, 36 étoiles en 4 heures ; du 22 au 23, 6 étoiles
en 1 heure ; du 28 au 29, 56 étoiles en 5 heures ; enfin du 29 au 30,
6 étoiles en 1 heure : total 169 étoiles filantes en 17 heures de
temps serein. Il y en a 31 qui ont pris naissance dans la grande
Ourse, 14 dans le Cocher, 10 dans le Dragon, 10 dans le Lion,
et le reste dans 37 autres constellations. Chaque nuit semblait avoir
un foyer particulier. La généralité de ces étoiles filantes se trouvait
dans un espace compris entre 75 et 180 degrés de longitude, 30° sud
et 60° nord de latitude ; c'est-à-dire dans la région du Ciel vers
laquelle la Terre se dirige alors.

En Amérique, M. Olmsted fit observer par 8 personnes à la fois,
dans la nuit du 12 au 13 novembre 1837. Il prétend qu'on ne vit
rien jusqu'à une heure du matin, conformément à ce principe qu'on
ne devait rien voir avant le lever du Lion. Voici le résultat de ces
observations d'heure en heure, depuis 1 heure jusqu'à 7 heures :
20, 23, 58, 64, 62, 3, total 230, qui se réduisent à 226 par des
coïncidences. Tous ces météores, excepté 10 ou 12, radiaient du
Lion. — A New-York, M. Schœffer ne vit rien avant 2 heures,
mais il compta 70 étoiles filantes jusqu'au jour. M. Barnard en
compta de 40 à 50, entre 2 et 6 heures. — Au collége de Mont-
Sainte-Marie (Maryland), M. Obermeyer et plusieurs autres personnes n'aperçurent rien avant 1 heure et quart. De 4 heures 1/4 à
5 heures, il compta 52 météores, qui radiaient du Lion alors voisin
du zénith.—Dans l'Ohio, M. Loomis et 12 observateurs virent
74 météores, de 2 heures 3/4 à 4 heures 1/2, la plupart au S. E.,
et le moindre nombre au N. O. — MM. Herrick et Haile avaient
observé plusieurs jours avant le 13, et le maximum du nombre
horaire avait été de 32 en l'absence de la Lune. — M. Fitch,
à Yale-Collége, observa aussi du 16 octobre au 7 décembre,
vers la fin des nuits, et le nombre horaire fut, terme moyen, de 10

en octobre et novembre, mais il s'éleva jusqu'à 24 en décembre. Durant ce temps, le point de divergence avait commencé par être dans les Gémeaux, puis il avait passé à travers l'Écrevisse, pour arriver au Lion vers le 13 novembre.

On a vu qu'à la fin de sa notice de l'Annuaire pour 1836, M. Arago citait l'apparition extraordinaire du 22 avril 1803 aux États-Unis, sans dire qu'il la prenait dans le second mémoire de M. Olmsted, et on lui en a laissé généralement la responsabilité. Ce récit ayant été fort abrégé, nous le rétablissons ici, tel qu'il se trouve dans la Gazette du 23 avril 1803, de Richemond en Virginie. « De 1 à 3 heures « du matin, des météores nombreux semblaient tomber de tous les « points du ciel, de manière à ressembler à une pluie de fusées. Il « y en avait qui laissaient des traînées. Un globe de feu en particulier « sembla tomber du zénith, du diamètre apparent de 18 pouces, « faisant entendre un sifflement pareil à celui d'une balle de pistolet. « Le ciel était très-clair, et on put voir plusieurs des plus beaux « météores descendre jusqu'à terre pour y faire explosion, et d'au- « tres s'évanouissant tout à coup sans bruit à quelques yards au- « dessus du toit des maisons. Ces beaux météores semblaient tom- « ber sous un angle de 60° avec l'horizon. »

En 1839, M. Herrick a revu les différents journaux américains qui avaient cité cette apparition, dont l'époque est le 20 avril et non le 22. D'après un journal de New-York, une personne compta 167 étoiles filantes dans un quart d'heure environ. A Schoharie (New-York), une personne les voyait s'approcher tellement de la terre, qu'elles paraissaient de droite et de gauche se dessiner sur les collines, à un demi-mille de distance, paraissant comme d'énor- mes fusées, de 12 à 20 pieds de longueur, et cela sans interrup- tion pendant 2 heures. A Wilmington (Delawarre) on avait vu un nombre surprenant de météores dans la matinée du 20.

Quoi qu'il en soit, Benzenberg, voulant revoir ce retour extraor- dinaire, dont il ne connaissait aucune des circonstances relatées ci-dessus, prit le parti d'observer toutes les nuits du 20 au 26 avril 1838. A cet effet, il plaça dans son jardin l'espèce de canapé qu'il avait fait construire tout exprès pour l'observation des étoiles filan- tes ; et, y installant son aide (sans doute Müller), il lui recommanda de veiller attentivement depuis le soir jusqu'au matin pendant ces 6 nuits consécutives ; et, comme d'après ses calculs, l'essaim d'étoiles filantes devait commencer à passer vers minuit, lui-même devait être prévenu à cette heure-là. Pendant six nuits consécutives, Benzenberg apparaissait donc à sa fenêtre vers minuit, s'informant si les étoiles promises par M. Arago commençaient enfin à passer, et réalisant ainsi l'une des scènes les plus intéressantes de nos contes populaires. Quant à son aide, fatigué d'une si longue attente, il ne pouvait se soustraire au sommeil qu'en parcourant le jardin durant les dernières heures de la nuit. M. Custodis, secrétaire de Benzenberg, qui avait une vue illimitée sur le Rhin, avait aussi passé chacune de ces nuits en observation pendant plusieurs heures. Que l'on juge du désappointement de Benzenberg qui, pendant toutes ces nuits, n'avait recueilli, en étoiles filantes, que 1, 2 ou 3 au plus par heure ! Il en écrivit à Olbers, à M. Quételet, à tout le monde. Olbers lui répondit que M. Arago pouvait avoir raison, en annonçant que le mois d'avril était abondant en météores, mais qu'il n'avait pas prétendu annoncer des retours extraordinaires chaque année. D'après lui, Olbers, il est même probable que la traînée de ces étoiles ne tourne pas en un an juste autour du Soleil, et que la durée de leur révolution est plus ou moins incommensurable avec celle de la Terre. Benzenberg admit ces raisons, comme il en aurait accepté de toutes différentes.

En effet, l'ami et le collaborateur de Brandes était arrivé à un âge assez avancé ; et, après avoir cessé pendant longues années de s'occuper d'étoiles filantes, il s'était comme réveillé à la voix des astronomes, et plein d'une ardeur toute juvenile, il voulait exécuter ce qu'il avait oublié de faire dans ses jeunes années, une observation du phénomène d'une manière continue, afin de combler toutes les lacunes qu'il apercevait dans cette science des météores. Quand on est jeune, disait-il, on a beaucoup de zèle et peu d'argent ; plus tard la fortune vient, mais la force et la santé ont disparu. Maintenant qu'il a 61 ans, il vient de voir, dans le cours d'une seule année, plus d'étoiles filantes qu'il n'en avait vu dans toute sa carrière. Les souvenirs de sa jeunesse reviennent en foule ; il rappelle ses conversations avec Brandes, leurs désirs communs de résoudre les principales questions relatives à ce phénomène singulier, sur lequel leur professeur n'avait pu leur donner aucune idée positive. Avant d'observer à Göttingue, où ils étaient élèves, ils avaient déjà fait des observations préliminaires au Seeberg et à Weimar. A Göttingue, il fallait chaque soir sortir de la ville, l'un marchant deux heures à droite et l'autre deux heures à gauche ; puis, arrivés à leurs stations respectives, s'exposer sur la terre nue aux intempéries d'une saison déjà fort avancée, payer les aides qu'ils trouvaient sur place,

et revenir le matin assez à temps en ville assister aux cours de l'U-
niversité, surtout à celui de Blumenbach, qui s'occupait plus spécialement des pierres tombées du ciel. S'ils avaient eu de l'argent, ils
auraient fait davantage. Maintenant qu'il a ramassé une petite fortune, Benzenberg veut en disposer noblement pour le progrès de sa
science de prédilection. Il veut que des observations soient faites
chaque nuit, du soir au matin, et cela sur plusieurs points à la fois.
Il érigera donc un observatoire à Bonn, un autre à Göttingue, un
troisième à Cassel, enfin un quatrième au Seeberg; et, pendant
six mois, de juin à décembre, on y fera des observations jour-
nalières, même pendant le clair de lune. Il donnera 300 thalers à
chaque observateur, et 100 thalers à chaque aide. Il les munira de
montres astronomiques et d'autres instruments. Lui-même se tiendra
à Dusseldorf, et quand il ne pourra observer en correspondance
avec ses associés, il en chargera son aide. Car il pense qu'on ne
peut plus bien observer passé quarante ans; et malheureusement les
professeurs d'histoire naturelle, qui seraient le plus propres à ce
genre de recherches, n'arrivent aux places qu'après cet âge limite.
Pourquoi, dans les 108 gymnases d'Allemagne, ou du moins dans
la moitié, ne ferait-on pas des observations analogues, pour avancer
cette science encore si incertaine ? Mais il y voit un obstacle insur-
montable, l'âge des professeurs en général, ces professeurs préférant
le calme des méditations du cabinet aux fatigues des observations
nocturnes.

Il y avait, comme on voit, beaucoup de bon sens dans ces idées
du professeur de Dusseldorf. Il comprenait enfin que l'étude des
météores exigeait une série non interrompue d'observations, et
non plus des recherches superficielles, faites par intermittences.
Malheureusement, les astronomes dont il demanda l'avis, pensèrent
que leur méthode était suffisante. Olbers, qui préparait son article
de l'Annuaire de 1837, croyait que les choses marcheraient d'elles-
mêmes, une fois entrées dans le domaine de l'astronomie. Il craint
en conséquence que l'argent de Benzenberg soit inutilement dépensé.
On pourrait se tromper, écrivait-il à Benzenberg, sur les dispositions et le talent des observateurs que l'on improviserait; il est
difficile de croire que l'on rencontrerait de prime abord des jeunes
gens pleins de zèle, ainsi que Brandes et Benzenberg, qui vivront
éternellement dans la mémoire des hommes, comme les fondateurs
d'une partie aussi essentielle de l'édifice de nos connaissances sur
le système du monde.

Cependant Benzenberg s'était mis à l'œuvre, développant durant le jour les singulières conséquences de la théorie à laquelle il s'était arrêté, et pendant les nuits observant ou faisant observer son aide. Ainsi, du 1ᵉʳ janvier 1838 au 22 décembre suivant, il observa 521 étoiles filantes, en 186 heures, réparties en 47 nuits. Retranchant les apparitions extraordinaires des 14 juillet, 11 août, 12 septembre et 12 décembre, qui ont donné en moyenne 6 1/2 étoiles par heure, il restera les apparitions ordinaires de 407 étoiles en 169 heures, c'est-à-dire de 2 1/2 par heure pour un seul observateur, ou de 5 pour deux observateurs qui verraient tout le Ciel, nombre bien inférieur aux 8 ou 16 étoiles sporadiques horaires, admises par M. Quételet.

Quant à la théorie de Benzenberg, on en jugera par l'analyse très-succincte, mais aussi très-fidèle, que nous allons tâcher d'en donner. Il admet avec Laplace que les pierres lancées par les volcans de la Lune donnent naissance aux aérolithes, aux bolides et aux étoiles filantes. Mais Olbers et Bessel ont démontré que ces pierres, avec la vitesse d'un mille et quart par seconde (et à plus forte raison avec une vitesse de 4 à 8 milles qu'elles ont effectivement), ne peuvent pas tomber sur notre globe, mais vont tourner autour du Soleil. Tout bien considéré, Benzenberg admet, d'après la hauteur connue des étoiles filantes, que 59 observateurs, répartis convenablement sur la surface terrestre, suffiraient pour noter toutes les étoiles visibles ; mais il en passe par delà l'atmosphère que nous ne pouvons voir. Ensuite, il faut distinguer entre les jours de disette et les jours abondants en météores. Admettant qu'il y en ait 4 de cette dernière espèce, savoir : le 10 août, le 14 octobre, le 12 novembre et le 6 décembre, qui nous amènent les déjections d'autant de volcans lunaires, ceux-ci auront produit la somme énorme de 2 000 millions d'étoiles filantes. Pendant tous les autres jours de l'année, il vient 3 330 millions de ces météores : total 5 330 millions d'étoiles filantes, effectivement rencontrées par la Terre en un an. Ensuite, si l'on admet que les volcans placés de l'autre côté de la Lune en fournissent autant, on aura une zone de deux fois 51 000 milles d'épaisseur dans laquelle les étoiles filantes seront réparties à raison de 1 pour 20 milles ; ce qui fait un total de 271 billions 830 millions de météores tournant autour du Soleil.

Pour montrer que ce résultat n'est pas exagéré, Benzenberg fait le calcul suivant. Les aérolithes étant supposés de 1 pied de diamètre, terme moyen, en divisant la capacité d'un cratère par le volume

d'une des pierres qui en est sortie, on aura la quantité de toutes les
pierres provenant du même cratère. Prenant dans l'*Astronomie* de
Littrow les dimensions de 7 cratères de la Lune, et supposant ces
cratères vidés par le départ de pierres qui auraient un pied de diamètre, on arrive aux résultats suivants :

Cratères.		Nombre de pierres projetées.		
De Lambert..............		103 billions	680 millions.	
D'Euler.................		103 *id.*	680 *id.*	
D'Antolius...............		103 *id.*	680 *id.*	
D'Eudox................	50 688 *id.*		000 *id.*	
De Pithéas.............	50 688 *id.*		000 *id.*	
D'Hélicon..............	33 696 *id.*		000 *id.*	
De Bernouilli...........	20 736 *id.*		000 *id.*	
Total......	156 119 billions		040 millions.	

Cela fait un nombre déjà beaucoup plus grand que celui qui est
conclu de l'observation directe des étoiles filantes ; et, comme il y
a au moins 100 volcans lunaires qui regardent notre globe, et sans
doute tout autant de l'autre côté, on aurait un nombre incalculable
de pierres déjà lancées par la Lune. Ainsi projetée, une pierre em-
ploie peut-être 3 ans à faire une première révolution autour du
Soleil, et ce n'est qu'au bout de ce temps qu'elle peut être vue dans
le voisinage de la Terre. Après cela, il y a de petites étoiles filantes
très-voisines de la Terre, à 1 ou 2 milles, et d'autres qui paraissent
aller de bas en haut, que l'on doit nécessairement considérer comme
appartenant à notre globe, c'est-à-dire comme sorties de ses volcans.

Ce système, auquel Benzenberg a travaillé pendant deux ans,
qu'il a communiqué dans l'intervalle à plusieurs savants, et qui enfin
a vu le jour en 1839 dans son *Traité des Étoiles filantes,* était une
conséquence des calculs faits par les plus grands astronomes sur la
probabilité de l'hypothèse sélénique, et il semble que Benzenberg
ait plutôt voulu en faire ressortir l'absurdité. Sans abandonner la
supposition de Laplace, il avait l'avantage d'y associer l'opinion des
astronomes, qui alors considéraient les étoiles filantes comme de
petites planètes. Quand il a fini d'édifier ce singulier monument,
Benzenberg s'écrie que Lichtenberg avait bien raison de considérer
la Lune comme un voisin malhonnête qui nous jette des pierres !
Et, pourraient ajouter les partisans de la théorie de Fourier, la Terre

méritait d'être ainsi lapidée, pour avoir fait périr la Lune par le spectacle de nos désordres antédiluviens.

L'apparition extraordinaire du 10 août se renouvela encore en 1838, mais le temps contraria les observateurs, tant en Europe qu'aux États-Unis. Des observations paraissent avoir été faites à Paris, mais elles n'ont point été publiées. A Bruxelles et à Parme, la direction des météores était généralement du N. E. au S. O. Dans cette dernière ville, MM. Colla et Negri en virent d'heure en heure et à partir de 9 heures, 53, 41, 24, 29, 18, 22, la Lune dans son 20ᵉ jour se levant entre 9 et 10 heures. Du reste, on ne vit aucun point rayonnant, ni à Bruxelles, ni à Parme, ni même à Genève, où l'observation fut favorisée par une nuit sereine.

Ici, il y avait 6 observateurs, M. Wartmann et ses deux fils, M. Cooper, astronome irlandais, et MM. Müller et Borel. De 8 heures et demie du soir à 4 heures du matin, on compta 381 étoiles filantes, dont 372 purent être notées convenablement, c'est-à-dire par les positions initiale et finale, la durée, la grandeur, l'existence ou l'absence de traînées. M. Wartmann les a tracées sur une carte céleste, de grandes dimensions, qui permet de voir d'un coup d'œil l'ensemble du phénomène. Ainsi l'on voit immédiatement que ces étoiles filantes ne partaient pas d'un foyer unique, mais s'échappaient de tous les points du Ciel, et dans toutes les directions. Seulement il est remarquable que le plus grand nombre allaient à peu près du N. E. au S. O., et qu'aucune ne se dirigea de l'ouest à l'est. La durée des apparitions a varié d'un dixième de seconde à dix secondes; et les trajectoires, de 8 à 70 degrés, la plupart des météores ayant une vitesse de 25 degrés par seconde. De 8 heures et demie à 9 heures, on avait compté 31 étoiles; puis, d'heure en heure, 69, 54, 58, 45, 49, 42 et 24 : ici la variation horaire est masquée par la présence de la Lune, de même qu'à Parme.

Pendant que ces observations se faisaient à Genève, sur la terrasse de l'observatoire, M. Reynier, pasteur aux Planchettes, canton de Neuchâtel, 22 lieues N. E. de Genève, en faisait de correspondantes, sur un observatoire élevé par cet astronome amateur. M. Reynier vit aussi les étoiles partir de points très-divers, et non d'un foyer central. Malgré le zèle et l'habileté des observateurs aux deux stations, ils n'obtinrent que 3 étoiles simultanées, d'où l'on conclut que la hauteur de ces météores surpasserait 200 lieues. Mais comme on ne fait connaître aucun nombre et qu'on ne précise rien, on peut hardiment supposer que ces observations n'ont point donné de résultats satisfaisants. Mais M. Wartmann s'appuyant sur ce fait, que M. Olmsted aurait trouvé plus de 800 lieues pour la hauteur du centre d'émanation des météores du 13 novembre 1833, se croit autorisé à prendre 200 lieues pour hauteur véritable minimum ; puis, admettant que le chemin parcouru soit de 25 degrés par seconde, il en conclut que la vitesse initiale apparente de ces météores est de 87 lieues, que leur vitesse absolue est de 80 lieues environ, c'est-à-dire plus de 11 fois celle de la Terre. Dès lors on ne peut pas admettre qu'ils tournent autour du Soleil, ni les considérer comme des astéroïdes ; on ne doit pas non plus les confondre avec les aérolithes, mais on peut croire qu'ils ont la même origine que les aurores boréales, puisque ces deux phénomènes se présentent d'ordinaire ensemble, et cela d'une façon remarquable, au 10 août, au 13 novembre, au 18 octobre, aux 6 et 7 décembre, au 2 janvier, etc. Puisque les étoiles filantes brillent déjà à des hauteurs où il n'y a point d'air qui puisse alimenter leur combustion, il faut admettre qu'elles brillent d'une lumière propre ; et, comme leur apparition est soudaine et variée, qu'elles ont avec la matière électrique une analogie de couleur, de vitesse et d'éclat, la conclusion la plus rationnelle que l'on puisse tirer de l'ensemble de tous ces faits, est que leur origine est un dégagement d'électricité ou de matière analogue, qui a lieu dans les régions célestes, chaque fois que se renouvellent les conditions nécessaires à la production du phénomène.

Depuis novembre 1837, M. Littrow, à Vienne, avait fait par intervalles des observations, les 1er décembre, 22 avril 1838, 22 mai, 18 et 21 juin, et 18 juillet. Durant le mois d'août, il observa, par un ciel plus ou moins nuageux, les 7, 8, 9, 10, 11, 12, 18, et 20. Il compta 185 étoiles pendant toute la nuit du 10 au 11, et 225 étoiles dans la nuit entière du 12 au 13. Les météores avaient été à peu près également dispersés dans le ciel, depuis décembre jusqu'au 9 août ; mais pendant les trois nuits des 10, 11 et 12 août, ils affectèrent certaines positions, ceux du 10 étant compris entre 230 et 330 degrés de longitude et 10 à 60 de latitude, ceux du 11 entre 130 et 290 de longitude et 20 à 60 de latitude, ceux du 12 entre 240 et 30 de longitude et 0 à 70 de latitude. Dans les nuits suivantes, les étoiles montraient de nouveau une tendance à la dispersion, car il en paraissait déjà entre 30 et 240 degrés de longitude. Les météores des 10, 11 et 12 août se mouvaient parallèlement dans un ou deux octans, de manière à converger vers un certain point situé par

240° de longitude, et—10° de latitude pour le 10 août, par 240° de longitude et 0° de latitude pour le 11 août, enfin par 240° de longitude et—10° de latitude pour le 12 août. M. Littrow conclut de là que *les étoiles filantes de ces trois nuits marchaient vers un point du ciel placé à l'opposé du point où se dirigeait la Terre.* Dans toutes ces observations, qui paraissent avoir été faites avec soin, l'astronome de Vienne fut aidé par MM. Heider, Reisinger, Schaub et Wullestorf.

Parmi les observations faites aux États-Unis vers le 10 août 1838, nous citerons celles de Buffalo, où l'on vit un point rayonnant à 55° d'ascens. dr. et 60° de décl.; celles de Barren-Hill, par M. Schœffer, qui vit le point rayonnant, entre 11 heures et minuit du 8 au 9 août, à un degré et demi de ε Cassiopée du côté de la polaire, tandis qu'à 3 heures il se trouvait à un degré et demi à deux degrés de l'autre côté de la même étoile, c'est-à-dire très-loin de la position qu'il avait trouvée l'année précédente. A Norfolck, la radiation, difficile à déterminer, venait de Cassiopée. Près de Savannha, ce point rayonnant était par 35° d'ascens. dr. et 69 de déclin.

M. Herrick, avec plusieurs aides, avait fait l'hiver et le printemps précédent des observations sur le nombre des étoiles filantes, qu'il pense pouvoir appliquer sans beaucoup d'erreur à la saison d'été. Il en conclut que, de 6 à 10 heures du soir, on voit 25 étoiles filantes par heure, tandis qu'on en voit 50 dans le même temps de 3 à 6 heures du matin. Il suppose ensuite qu'un observateur n'en peut voir que le quart, et que la Lune en efface la moitié. Son calcul lui donne 440 étoiles filantes par heure vers le 10 août 1838. Quant au point rayonnant, il avoue qu'on n'en connaît pas encore bien la position. Son calcul nous semble erroné, car les observations faites en Amérique ne donnent effectivement que 45 étoiles filantes pour le nombre horaire à minuit, c'est-à-dire dix fois moins que celui de M. Herrick.

M. Littrow voulut utiliser son théodolithe en bois, qu'il nomme *météoroscope,* en faisant sur la hauteur des étoiles filantes des observations plus exactes qu'on n'en avait pu faire avant lui. Les deux stations furent l'observatoire de Vienne (longitude 34° 2′ 30″ de l'Ile de Fer, latitude 48° 12′ 36″), et le mont Calvaire, près de Baden (longitude 33° 53′ 30″, latitude 48° 0′ 53″). La seconde station est au sud-sud-ouest de la première, à 3,215 milles de 15 au degré; de telle manière que l'azimuth du Mont-Calvaire, prise de l'observatoire de Vienne, est de 27°, les azimuths étant comptés de la ligne sud dans le sens ouest–nord-est. Les observations se firent simultanément dans la nuit du 29 au 30 août 1838; à Vienne, on put déterminer les positions de 49 étoiles filantes, depuis 8ʰ 54ᵐ jusqu'à 2ʰ 2ᵐ; et au Mont-Calvaire, celles de 39 étoiles, depuis 8ʰ 49ᵐ jusqu'à 1 heure. D'après M. Littrow, il y eut 11 coïncidences, savoir :

N°		Azimuth.		Élévation.		Hauteur en milles.	
		Vienne.	Calvaire.	Vienne.	Calvaire.		
1	fin.	154°	153°	21°	29°	9,6	
2	comm.	26	15	38	62	6,6	} très-belle. Calv.
	fin.	45	57	17	32	2,3	
3	comm.	45	42	67	75	21,6	
	fin.	36	42	50	59	12,9	
4	comm.	101	122	71	61	13,7	incertain. Calv.
	fin.	120	144	52	49	15,1	très-sûre. Vien.
5	comm.	65	77	52	61	13,8	
	fin.	65	75	27	35	7,1	
6	comm.	354	343	52	61	13,1	} très-lente. Calv.
	fin.	9	0	45	55	9,7	
7	comm.	25	30	58	84	6,5	} très-rapide. Calv.
	fin.	23	32	31	32	7,6	
8	comm.	75	69	58	46	9,7	} très-rapide. Calv.
	fin.	73	66	45	25	3,5	
9	comm.	74	88	59	70	13,0	} très-rap., sûre. C.
	fin.	68	76	33	52	5,9	
10	comm.	110	130	27	23	4,0	très-précis. Calv.
	fin.	122	140	24	15	2,7	
11	comm.	15	30	46	62	6,7	
	fin.	26	65	39	45	3,0	

Pour calculer les précédentes observations, M. Littrow suit une méthode analogue à celle des arpenteurs. Soient A la station de Vienne, B celle du Mont-Calvaire, C la position d'une étoile filante simultanément observée, enfin C' la projection orthogonale de C sur le plan sensiblement horizontal passant par les deux stations, où l'on a pris l'azimuth et la hauteur de l'étoile. On connaît ainsi les angles $BAC' = \alpha$, $CAC' = h$, $CBC' = h'$, d'où l'on pourra conclure l'angle $BAC = x$, par la formule trigonométrique

$$\cos x = \cos \alpha \cos h.$$

En désignant par y l'angle parallactique ACB, et par c la distance AB, on aura ensuite

$$b = c \, \frac{\sin x}{\sin y};$$

et enfin la hauteur de l'étoile, vue de B, savoir

$$CC' = b \sin h'.$$

En tenant compte de la rondeur de la Terre, dont le rayon $= r$, on aurait un second terme $\frac{b^2 \cos^2 h'}{2\,r}$, qui ne donne que des centièmes de mille dans les observations ci-dessus, et qui peut ainsi être négligé, bien que M. Littrow en tienne compte.

Cette méthode serait expéditive et assez précise pour des observations de ce genre ; mais M. Littrow paraît oublier que si l'intersection mutuelle des deux plans azimuthaux fait connaître la verticale sur laquelle doit se trouver l'étoile filante, les rayons visuels menés à celle-ci par les deux observateurs viennent rencontrer cette verticale en deux points différents et d'autant plus écartés l'un de l'autre, que les observations sont plus erronées. Or toute la difficulté consiste à savoir corriger ces erreurs inévitables ; et, dans ce but, il a été admis, depuis Brandes, que la position la plus probable de l'étoile était le milieu de la plus courte distance entre les deux rayons visuels. L'angle parallactique introduit dans les formules de M. Littrow n'éloigne pas la difficulté en question, car on obtient encore deux valeurs pour CC', en permutant dans cés formules les nombres relatifs aux deux stations.

En second lieu, M. Littrow s'est étrangement trompé dans le choix des parallaxes. Après avoir marqué, sur un globe céleste, les deux lieux apparents d'une étoile filante, observée simultanément, il a pris graphiquement la distance de ces deux lieux apparents pour l'angle parallactique. Cela est vrai en astronomie, quand les deux observateurs pointent un astre, toujours facile à distinguer de ceux qui l'environnent ; mais quand il s'agit d'étoiles filantes, il pourrait se faire qu'au lieu d'observer identiquement la même, on en observât deux différentes, auquel cas les rayons visuels ne s'entrecroiseraient pas nécessairement, ni en toute rigueur, ni à peu près, mais iraient divergeant vers deux points de la sphère étoilée ; et il serait absurde de prendre l'écartement de ces points pour une parallaxe. Or c'est précisément ce que fait l'astronome de Vienne ; et, pour y croire, il a fallu que nous refissions le calcul de toutes ces parallaxes, en partant des azimuths et des hauteurs. Sur ces

21 parallaxes, il y en a 9 tout à fait illusoires, puisque les plans azimuthaux qui les donneraient vont s'écartant l'un de l'autre, en sorte que les rayons visuels divergent à partir même des stations. Après cela, il est peu intéressant de savoir que les parallaxes ainsi calculées diffèrent plus ou moins de celles de M. Littrow, qui ont été prises d'une manière graphique, et dont 3 ont reçu de violents *coups de pouce.*

En troisième lieu, les longitudes des deux stations différant de 9 minutes d'arc, il devrait y avoir 36 secondes de temps pour la différence des instants d'observation simultanée; et néanmoins cette différence varie de 3 à 28 secondes, ce qui n'est pas un argument favorable à la méthode de déterminer les longitudes géographiques par les étoiles filantes, bien que M. Littrow attribue ces irrégularités au chronomètre du Mont-Calvaire. Il est plus probable qu'elles viennent de la non-identité des étoiles filantes. Quand on est astronome impérial et royal, il faut savoir recommencer de pareilles observations, en se servant d'instruments convenables; et surtout ne point abandonner les méthodes employées avec succès par les astronomes du nord de l'Allemagne, lorsqu'on n'a rien de bon à y substituer, et que l'on arrive aux résultats suivants :

Différ. des temps.	N°.	Prétendue parallaxe.		Hauteurs par la paral. graph.	Hauteurs calculées par les azimuths et hauteurs.		Qualité de l'observation.
		Graphique.	Calculée.		Calvaire.	Vienne.	
23″	1 fin.	7°,45′	8°,02′	9,0	—	—	divergence 1°.
16	2 com.	15 ,22	24 ,57	6,6	0,6	2,7	improbable.
—	fin.	17 ,44	18 ,31	2,3	0,8	0,7	improbable.
22	3 com.	7 ,40	8 ,04	21,6	—	—	divergence 3°,
—	fin.	9 ,29	9 ,38	12,9	8,0	9,5	bonne.
26	4 com.	11 ,45	13 ,01	13,7	15,6	26,0	mauvaise.
—	fin.	9 ,14	15 ,30	15,1	9,1	9,0	très-bonne.
16	5 com.	10 ,15	11 ,07	13,8	17,2	15,2	bonne.
—	fin.	10 ,35	11 ,42	7,1	8,0	7,0	bonne.
23	6 com.	10 ,37	10 ,49	13,1	—	—	divergence 11°.
—	fin.	11 ,34	11 ,32	9,7	9,4	9,3	très-bonne.
21	7 com.	24 ,40	37 ,39	6,5	—	—	divergence 5°.
—	fin.	6 ,40	7 ,44	7,6	—	—	divergence 9°.
3	8 com.	12 ,52	12 ,33	9,7	—	—	divergence 6°.
—	fin.	19 ,45	20 ,47	3,5	—	—	divergence 7°.
21	9 com.	12 ,22	12 ,28	13,0	26,7	19,3	mauvaise.

Différ. des temps.	N°.	Prétendue parallaxe.		Hauteurs par la paral. graph.	Hauteurs calculées par les azimuths et hauteurs.		Qualité de l'observation.
		Graphique.	Calculée.		Calvaire.	Vienne.	
—	fin.	19°,32′	19°,52′	5,9	19,4	11,3	mauvaise.
13	10 com.	18 ,15	18 ,32	4,0	4,0	4,7	très-bonne.
—	fin.	18 ,08	19 ,11	2,7	2,8	4,3	bonne.
28	11 com.	18 ,08	18 ,10	6,7	—	—	divergence 15°.
—	fin.	28 ,08	29 ,18	3,0	—	—	divergence 19°.

Les nombres de la 1re colonne de ce tableau devraient être égaux
entre eux , dans le cas d'observations réellement simultanées. Ceux
de la 3e colonne indiquent les prétendues parallaxes, obtenues graphiquement par M. Littrow, et qui diffèrent plus ou moins des
nombres de la colonne suivante, que nous avons calculés par le
moyen des azimuths et des hauteurs. La 5e colonne renferme les
distances en milles, calculées par M. Littrow, en partant de ses
propres parallaxes et pour la station du Mont-Calvaire. La 6e et la
7e colonne donnent ces distances, calculées directement par les
azimuths et les hauteurs, d'abord pour le Mont-Calvaire, puis pour
Vienne, la différence des deux résultats étant d'autant plus forte
qu'il y a plus d'erreur dans les positions observées. Enfin les *diver-
gences* inscrites dans la dernière colonne expriment l'angle que font
les deux plans azimuthaux, dans le cas où les rayons visuels vont
en divergeant. On voit ainsi qu'il y a seulement 3 positions *finales*
bien observées, et 2 étoiles dont le *commencement* et la *fin* ont été
soigneusement notés ; en tout 7 positions bien prises, et 14 qui
sont à rejeter. L'emploi du météoroscope de M. Littrow, dans la
mesure des hauteurs des étoiles filantes, n'a donc point conduit à
des résultats satisfaisants.

Ces critiques, faites uniquement dans l'intérêt de la science,
n'empêchent pas qu'on ne reconnaisse à M. Littrow un grand zèle
pour tout ce qui se rattache à cette nouvelle branche de l'astronomie. Il se plaint de l'indifférence des astronomes, qui ne l'auraient
point secondé dans ses recherches, qu'il a continuées à toutes les
époques de nouvelle lune , et principalement durant les retours périodiques d'août et de novembre. Ses observations les plus remarquables sont, sans contredit, celles de la nuit du 13 au 14 novembre 1838, durant laquelle on aurait compté un millier d'étoiles
filantes, ainsi réparties : de 11^h 40^m, époque à laquelle le ciel s'éclair-

cit, jusqu'à 3ʰ 34ᵐ, 277 étoiles ; jusqu'à 4ʰ, 112 étoiles ; jusqu'à 5ʰ, 456 ; jusqu'à 5ʰ 53ᵐ, 162 : total 995 étoiles filantes, en 6 heures et quart. Beaucoup de ces météores étaient très-brillants, et l'on compta 6 globes enflammés, c'est-à-dire environ le même nombre qu'aux États-Unis dans la nuit du 12 au 13 novembre 1833 ; en sorte que le phénomène, à ces deux époques, aurait eu à peu de chose près le même développement. Quant à la variation horaire, elle se trouve très-marquée dans les observations de Vienne ; car le nombre de météores fut, d'heure en heure, et d'après les calculs de M. Littrow, 32-52-70-157-384-310 : total 1002 étoiles filantes.

Toutes les observations de M. Littrow, jusqu'au 12 novembre 1839, avec celles du mois d'août de cette dernière année, faites à Kremsmunster par M. Koller, et à Trieste par M. de Call, ont été insérées dans les *Annales de l'observatoire de Vienne* pour 1838. M. Littrow en a tiré les conséquences suivantes : « 1° Le phénomène des « étoiles filantes est assez commun pour qu'il ne se passe pas une « heure, par un ciel serein, sans qu'on n'aperçoive quelques-uns de « ces météores ; 2° ils sont probablement d'origine cosmique, ce qui « est indiqué par leur retour annuel, et par leur position particu- « lière dans le ciel, deux circonstances qui semblent aussi dépendre « du mouvement de la Terre ; 3° le 10 août et le 12 novembre doivent « être considérés comme des époques de retours périodiques, eu « égard au grand nombre d'étoiles filantes qui apparaissent alors ; « 4° les phénomènes de ces deux dates diffèrent de ceux des nuits « ordinaires. Tandis que les premiers offrent une certaine régularité « dans les apparences et les directions, les autres semblent se pré- « senter sans règle dans toutes les parties du ciel ; 5° les étoiles « filantes d'août et de novembre sont aussi de différentes natures, « en ce qu'elles se montrent dans des parties tout à fait opposées du « ciel, les premières paraissant aller vers cette partie de la sphère « céleste d'où la Terre vient, tandis que les secondes semblent venir « d'une partie du ciel vers laquelle la Terre marche ; 6° par consé- « quent, l'univers doit être considéré comme rempli de corps d'es- « pèces semblables, tournant autour du Soleil. En certains lieux, il « y a tendance à la formation de systèmes de ces corps. Deux de « ces systèmes semblent décrire autour du Soleil des orbites qui se « rapprochent d'une certaine partie de l'orbite terrestre en août et « novembre. Ces caractères d'août et de novembre doivent peut- « être s'expliquer en supposant l'orbite des premiers à peu près per- « pendiculaire, et l'orbite des seconds à peu près parallèle à l'orbite

« de la Terre. » Toutefois, M. Littrow ne croit pas que les observations soient encore assez nombreuses pour permettre d'édifier un système qui ait chance de durée.

Le retour périodique de novembre 1838 est assez difficile à estimer; car on vit peu d'étoiles filantes en beaucoup de lieux d'Europe et d'Amérique; tandis qu'on en aperçut en grand nombre dans d'autres stations assez voisines des premières. Ainsi il y eut disette de météores à Genève, à Bruxelles, à Paris, à Dusseldorf, à Londres et à New-Haven; il y en eut passablement aux Planchettes (près de Neuchâtel), à Brême, à Kœnisberg, à Cambridge des États-Unis, et sur mer près des côtes ouest d'Afrique; enfin il y en eut considérablement à Vienne en Autriche, ainsi qu'on vient de voir, à Richmond près de Londres, et à Canton en Chine. Nous n'aurons plus qu'à citer les observations faites à ces deux dernières stations.

Dans la nuit du 12 au 13 novembre, M. Carr-Woods, membre de la Société météorologique de Londres, était allé à Richmond, 9 milles ouest de Londres, avec un aide, pour observer en rase campagne. Jusqu'à 3^h 28^m du matin, il n'aperçut que 9 météores; mais 10 minutes après, apparut dans l'E. N. E. et le N. comme *une grèle de météores,* qui atteignit son maximum vers 3^h 3/4 et se continua jusqu'au jour. Il estime ce nombre d'étoiles filantes de 400 à 500 (assez peu pour une *grèle* qui aurait duré 2 à 3 heures). Du reste, M. Woods décrit ce phénomène d'une manière trop vague pour qu'on en puisse rien conclure. Son correspondant de Cheltenham lui apprit qu'une belle aurore boréale avait apparu de 2 à 4^h du matin; elle avait aussi été vue par M. Herschel à Londres, qui avait observé, par intervalles de quelques minutes, durant toute la nuit, et qui n'avait compté qu'un très-petit nombre d'étoiles filantes. Un des amis de M. Woods, qui se rendait de Norwich à Londres, aperçut vers 3^h 1/2 du matin une pluie ou grèle de météores tomber vers la Terre. Le domestique de M. Woods, resté à Londres pour y observer de son côté, avait aussi vu la pluie météorique en question. Enfin M. Woods affirme que c'étaient bien décidément des étoiles filantes, et non pas l'aurore boréale aperçue ailleurs. D'un autre côté, M. Birt, qui avait observé à Londres, depuis le soir jusqu'au matin, n'avait aperçu que 58 étoiles filantes. Nous ne ferons pas de choix entre tous ces témoignages contradictoires, les uns venant d'observateurs inexpérimentés, et les autres d'observateurs trop délicats ou mal placés.

A Canton en Chine, le docteur Parker, durant la nuit du 13 novembre, vit des étoiles filantes qui se succédaient par intervalles de demi-minute ou de minute, ce qui serait beaucoup, si ces observations, les premières que l'on ait faites dans les parages de la Chine, l'avaient été d'une manière suffisamment précise.

Nous citerons encore les observations faites aux régions polaires par M. Bravais, durant l'hiver de 1838 à 1839. Les apparitions des 12 novembre, 7 décembre et 2 janvier furent les plus remarquables. Le 12 novembre, on ne put observer que dans des éclaircies, comprenant en moyenne à peu près le quart du ciel. A Bossekop (lat. 69° 58′) une seule personne compta ainsi 13 étoiles filantes en 11ʰ 1/2; et la nuit suivante, 5 étoiles en 7 heures. Une autre personne, placée à Dupvig (lat. 70° 8′), compta 31 étoiles filantes, durant 11ʰ 1/2 de cette seconde nuit, mais sans obtenir de correspondances avec l'observateur de Bossekop. Sur ces 49 météores, vus en 30 heures dans le quart du ciel, il y en eut 4 venant du N., 7 du N. E., 1 de l'E., 11 du S. E., 11 du sud, 8 du S. O., 4 de l'O. et 3 du N. O., le plus grand nombre venant ainsi de la partie méridionale du ciel. — Le 7 décembre, par un temps serein, en 4ʰ 1/2, un seul observateur, qui se tournait constamment au Nord, compta 52 étoiles filantes, ainsi réparties : 1 du N. E., 14 de l'E., 19 du S. E., 10 du S., 3 du S. O., 4 de l'O. et 1 du N. O.

Quant au point rayonnant, il ne paraît pas qu'on en ait remarqué nulle part, excepté à Vienne. L'attention d'Olbers avait surtout été éveillé sur ce fait capital; et il avoue que les étoiles filantes vues à Brême, dans la nuit du 12 au 13 novembre 1838, au nombre de 186, ne venaient nullement du Lion, et que même il n'y en eut que 4 dans cette constellation, et autant dans le petit Lion. M. Olmsted, qui avait observé durant cette nuit, ne mentionne pas cette circonstance, et il avoue que cette apparition n'a point été extraordinaire, le retour s'affaiblissant ainsi chaque année.

Aux États-Unis comme en Europe, on comprenait enfin la nécessité d'établir quelques généralités sur les étoiles filantes, principalement sur le nombre de météores qui apparaissent aux différentes époques de l'année. On a vu plus haut que M. Herrick avait fait des recherches de ce genre durant les 6 premiers mois de 1838. M. Lovering, qui en fit également dans le cours de cette année, fut conduit à ces résultats, que les étoiles filantes sont chaque nuit beaucoup plus nombreuses qu'on ne le croyait; qu'il n'y a pas de saison spéciale pour leur apparition; que le même nombre de ces météores, ou à peu près, peut être vu chaque nuit; qu'il en vient très-peu avant minuit, le plus grand nombre paraissant 2 heures avant le lever du Soleil; qu'enfin de nouvelles observations sont nécessaires, surtout pour les points de radiation.

On se rappelle que le 6 décembre 1798, Brandes avait vu un grand nombre d'étoiles filantes. M. Herrick fit en conséquence des observations depuis le 6 jusqu'au 15 décembre 1838; et bien que le nombre d'étoiles qu'il vit effectivement soit très-ordinaire, il le multiplia tellement, en vertu des principes qu'il avait posés plus haut, qu'il parvint à le rendre 6 fois plus fort que son nombre *ordinaire*, et 9 fois plus que celui qui avait été donné par M. Quetelet. Il reçut plus tard une lettre du docteur Parker, lui annonçant que le 5 décembre 1838, deux observateurs avaient vu à Canton 160 étoiles filantes, de 8 heures et demie à 9 heures et demie du soir. Le 6 décembre de la même année, M. Paul Flauguergues, à Toulon, compta, de $8^h 55^m$ à $9^h 15^m$, 42 étoiles filantes, qui toutes paraissaient s'échapper du zénith. Quant à M. Herrick, le 7 décembre, de 8^h à 10^h, il les vit rayonner, au moins pour les trois quarts, d'un point situé près de la Chaise de Cassiopée.

M. Herrick chercha aussi à revoir, dans la nuit du 19 au 20 avril 1839, le retour de la pluie météorique du 20 avril 1803. Avec un aide, il compta 18 étoiles filantes de minuit à 1^h, 17 de 1 à 2^h, et 23 de 2 à 3^h. Elles paraissaient radier d'un point placé entre α de la Lyre et γ du Dragon (Asc. dr. 273°, déclin. 45°). La nuit suivante, 4 observateurs comptèrent 19 étoiles de minuit à 1 heure.

A la même époque, M. Herrick à New-Haven s'était entendu avec d'autres personnes placées à Midleburg, Williamstown, Cambridge, etc., pour faire des observations correspondantes sur la hauteur des météores; mais on n'obtint aucune coïncidence.

L'abondance des météores aux environs du 10 août 1839, fut remarquée en beaucoup de lieux; et ce qu'il y eut de plus remarquable, suivant nous, c'est l'accroissement du nombre horaire pour minuit, en allant du Nord au Sud de l'Europe. Ainsi ce nombre moyen horaire pour la Belgique et le Nord de l'Allemagne (Bruxelles, Gand, Brême, Kœnisberg, Berlin) fut de 65; pour la France (Metz, Troyes, Paris), de 90; pour la Suisse et le sud de l'Allemagne (Genève, Vienne, Kremsmunster), de 120; pour le nord de l'Italie (Milan, Florence), de 130; enfin pour l'Italie méridionale (Naples), de 160. Aux États-Unis, ce nombre fut de 78. A Canton en Chine, les observations faites par deux personnes sous la direction du docteur Parker, dans la nuit du 11 au 12 août et à partir de 8 heures, donnèrent les résultats suivants, d'heure en heure : 16-20-32-39-46-67-70-93, 31 de 4^h à 4^h 1/2, total 414. Le plus grand nombre de ces étoiles filantes parut sortir de Cassiopée ou des environs ; et il est remarquable que la variation horaire s'y manifesta comme en Europe. Dans la nuit précédente, on n'avait pu compter que 30 étoiles de 10 à 11^h, et 34 de 11^h à minuit.

Quant au point de rayonnement pour les étoiles filantes du mois d'août 1839, les observateurs de New-Haven, qui comptèrent 691 étoiles filantes de 9 à 2^h dans la nuit du 9 au 10, et 491 de 10 à 1^h dans la nuit suivante, le placèrent près de θ de Persée. A Middletown, le rayonnement parut aussi provenir de cette constellation. Les observations furent faites d'une manière plus précise à Berlin et à Kœnisberg ; mais nous en parlerons d'une manière plus spéciale, à propos des théories que l'on a basées sur ce fait.

On a vu que M. Haikin n'avait pu réussir à faire des observations à la lunette, sur les étoiles filantes du 13 novembre 1833. Au retour périodique du mois d'août 1839, l'astronome anglais, James South, essaya aussi de diriger un télescope portatif sur les plus brillants météores ; mais il ne put rien voir, malgré la promptitude qu'il mettait à diriger son instrument. L'astronome américain Mason, l'un des coopérateurs à la mesure du degré de Pensylvanie, fut plus heureux. Au lieu de diriger son télescope sur les étoiles filantes, il le laissa immobile, et, l'œil à l'oculaire, il attendit patiemment que le hasard amenât des étoiles filantes dans le champ de sa vision. Comme ces observations ont une grande importance, nous laisserons parler le vénérable astronome, en prévenant tout de suite nos lecteurs que le réflecteur qu'il employait avait 14 pieds de long et un grossissement de 80 fois.

« Durant 4 ou 5 des soirées qui ont précédé le 9 août 1839, dit
« Mason, il a passé dans le champ de mon télescope, de 20 à
« 30 météores. Une vingtaine environ se sont présentés les 9
« et 10 août, et durant ces deux nuits j'ai observé continuellement
« jusqu'à 3 ou 4 heures du matin. Leur éclat et leur vitesse apparente, ainsi agrandis par toute la puissance de mon télescope,
« étaient, en somme, à peu près les mêmes, ou peut-être moindres
« que la vitesse et l'éclat des étoiles filantes que l'on voit à l'œil nu.
« Ces météores offraient des dimensions très-sensibles, et parais-
« saient plus grands que ceux qui sont vus directement. Au total,
« ils avaient un diamètre d'environ la moitié ou le tiers du diamètre
« de Jupiter ; mais aucun ne parut aussi gros que cette planète.

« Leur contour cependant était quelque peu incertain, comme
« celui d'une étoile qui ne serait pas au foyer. Je ne puis mieux
« les comparer qu'aux nébuleuses planétaires H. IV, 16 et 18 (que
« j'avais observées quelques nuits auparavant), si ces nébuleuses
« avaient traversé le champ du télescope de 30 à 40 degrés de dia-
« mètre apparent, en 2 ou 3 dixièmes de seconde, temps employé
« par ces météores à faire le même trajet. Un seul de ceux-ci,
« nettement terminé, parut comme une étoile fixe de 12° gran-
« deur. »

Mason pense que ces observations ne sont pas seulement curieuses, mais qu'elles peuvent encore servir à nous donner des
idées nouvelles sur le nombre et la distance des météores. Il est
probable qu'aucune des étoiles filantes que l'on voyait à l'œil nu,
n'a passé dans le champ si rétréci de son télescope, et que celles
qu'il a vues en si grand nombre n'auraient point été aperçues directement. Si, nonobstant le grossissement qui devait rendre les
diamètres et les vitesses 80 fois plus considérables, les météores vus
dans le télescope ont paru conserver les dimensions et la rapidité de
ceux que l'on voyait à l'œil nu; il faut en conclure que les premiers,
ou *télescopiques*, étaient environ 80 fois plus éloignés que les
autres, qui sont de premières grandeurs. Si l'on admet avec Brandes
et Benzenberg que les météores visibles s'allument à 12 ou 15 milles
géographiques de la Terre, les météores télescopiques seront à 1000
ou 1200 milles (1800 lieues de 25 au degré). En supposant que
notre atmosphère s'étende jusque là, elle doit y avoir une ténuité
extraordinaire, pareille à celle du *milieu résistant*, imaginé par
M. Enke, pour expliquer certaines anomalies cométaires. Quoi qu'il
en soit, on aurait ainsi quelques renseignements sur cette élévation
de l'atmosphère, sur ce milieu résistant, sur cette cause encore
inconnue de l'inflammation des météores. Si William Herschel a pu
jauger les profondeurs de notre système étoilé, par le nombre
associé à la petitesse des points qui brillent au firmament, l'observation attentive des météores télescopiques, dont le nombre
augmente et dont la vitesse diminue à mesure que leur éclat
s'affaiblit, conduirait à des conséquences analogues sur la profondeur des couches météoriques. « Que l'on pousse ces dernières
« observations avec vigueur, dit Mason en terminant, et beaucoup
« de ces théories grossières sur la nature des météores seront sans
« doute mises de côté, et nous aurons au moins l'avantage de voir
« les savants se mettre en nouveaux frais d'invention. Si l'on suit

« cette voie tout expérimentale, on arrivera probablement à cette
« conclusion que les météores ont une constitution nébuleuse ou
« gazeuze. »

En faisant insérer ses observations dans le mémoire que M. Walker
rédigeait sur les retours périodiques des mois d'août et de novembre
(mémoire lu le 15 janvier 1841, publié dans les *Transactions de
la Société philos. de Philadelphie*, pour 1843, et que nous analyse-
rons bientôt), Mason espérait qu'elles attireraient l'attention des
astronomes d'Europe, qui s'occupaient activement de la question
des étoiles filantes. Mais il mourut avant que cette publication n'eût
lieu, et nous serons probablement les premiers à tirer de l'oubli
ces très-remarquables observations. D'après l'astronome américain, les conséquences qu'il en a déduites seraient à modifier si
quelque cause changeait les vitesses absolues des météores suivant
qu'ils sont à de plus ou moins grandes hauteurs. Pour savoir jusqu'à quel point le nombre des météores télescopiques s'accorde
avec celui des météores visibles à l'œil nu, nous avons fait le calcul
suivant. Le champ réel du télescope de Mason étant supposé d'environ un cinquième de degré carré, le champ de la vision comprenait à peu près la 3 000ᵉ partie de l'hémisphère céleste ; et comme
20 météores télescopiques ont paru dans ce champ en 2 nuits ou
12 heures, cela donne 60 000 pour tout l'hémisphère et 5 000 pour
le nombre horaire. Les météores visibles à l'œil nu étant, suivant
les idées de Mason, 80 fois moins nombreuse, seront donc à raison
de 62 ou 63 par heure. Or, d'après les observations faites à la même
époque aux États-Unis, le nombre horaire, suivant notre calcul,
a été de 180 à New-Haven, de 60 à Middle-Town, de 65 à New-
York, de 70 à Niagara, de 40 à Philadelphie, et de 50 à Colom-
bia, la moyenne étant très-rapprochée du nombre calculé par les
étoiles télescopiques ; en sorte que le fait admis par Mason s'en trouverait corroboré, savoir, que l'épaisseur de la couche des étoiles
filantes télescopiques, jusqu'au grossissement de 80, serait pareil
nombre de fois plus grande que la couche la plus rapprochée de
nous, qui contient les étoiles visibles à la simple vue.

Déjà en 1837, dans ses *Recherches sur la probabilité des juge-
ments*, Poisson avait proposé l'hypothèse suivante, pour expliquer
l'inflammation des météores à des hauteurs si grandes que la densité de l'atmosphère y peut être considérée comme nulle. « Il est
« difficile, dit-il, d'attribuer, comme on le fait, leur incandescence
« à un frottement contre les molécules de l'air. Ne pourrait-on pas

« supposer que le fluide électrique à l'état neutre forme une sorte
« d'atmosphère, qui s'étend beaucoup au delà de la masse d'air,
« qui est soumise à l'attraction de la Terre, quoique physiquement
« impondérable, et qui suit en conséquence notre globe dans ses
« mouvements? Dans cette hypothèse, les corps dont il s'agit, en
« général les *aérolithes*, en entrant dans cette atmosphère impon-
« dérable, décomposeraient le fluide neutre, par leur action in-
« égale sur les deux électricités, et ce serait en s'électrisant qu'ils
« s'échaufferaient et deviendraient incandescents. »

Il ne faudrait pas donner à cette explication plus d'importance que
Poisson n'y en attachait lui-même; car on le voit plus loin revenir à
l'opinion commune de la résistance et du frottement de l'air sur les
aérolithes. « La direction de leur mouvement, ajoute-t-il, modifiée
« par cette résistance, les précipite souvent sur la surface de la
« Terre; et telle est l'origine la plus probable des aérolithes. Telle est
« aussi l'explication la plus naturelle d'un phénomène très-remar-
« quable... les étoiles filantes. On peut supposer que ces corps ap-
« partiennent à un groupe encore bien plus nombreux, qui circule
« autour du Soleil, et vient rencontrer le plan de l'écliptique en un
« lieu dont la distance au Soleil est égale à celle de la Terre à cet
« astre, à l'époque où la Terre se trouve en ce même lieu : notre
« atmosphère traversant ce groupe de corps à cette époque, agira
« sur une partie d'entre eux, comme sur les *aérolithes*; ce qui pro-
« duira le phénomène dont il s'agit. Si ce groupe n'occupe pas une
« étendue très-considérable sur la longueur de son orbite... il sera
« nécessaire, pour que le phénomène ait toujours lieu à la même
« époque de chaque année, que la vitesse de cette sorte de planète
« brisée s'écarte peu de celle de la Terre; ce qui n'empêche pas le
« grand axe et l'excentricité de son orbite de différer beaucoup du
« grand axe et de l'excentricité de notre orbite; et alors les pertur-
« bations du mouvement elliptique ont pu rendre la rencontre du
« groupe et de la Terre possible depuis quelque temps, et pourront
« la rendre impossible par la suite. Si, au contraire, le groupe que
« nous supposons forme un anneau continu autour du Soleil, sa
« vitesse de circulation pourra être très-différente de celle de la
« Terre; et ses déplacements dans le ciel, par suite des actions pla-
« nétaires, pourront encore rendre possible ou impossible, à dif-
« férentes époques, le phénomène dont nous parlons. »

Poisson ne faisait ici que répéter ce qu'avait déjà dit Olbers dans
son article de l'Annuaire de 1837. Mais c'est M. Erman qui eut le

premier l'idée de calculer la marche des météores, non pas individuellement, comme le faisait M. Boguslawski pour ceux de 1837,
mais dans leur ensemble, en déterminant avec soin le *point de convergence* de toutes les étoiles que l'on pouvait supposer se mouvoir
dans la même orbite. Jusqu'à présent on ne s'était occupé que du
point de radiation, d'où paraissaient diverger les étoiles dont le retour était supposé périodique. Il est évident que le point de convergence de M. Erman est diamétralement opposé au point de
radiation ou de divergence des observateurs américains. A la rigueur
le point de divergence a une existence plus réelle que le point de
convergence; car il est positif qu'on voit, dans certaines circonstances, un grand nombre d'étoiles filantes partir d'une même région du ciel, pour diverger ensuite dans toutes les directions; mais
de fait, comme ces étoiles s'éteignent ou s'anéantissent par leur
introduction dans l'air, et qu'il n'en reste rien qui puisse effectuer
le mouvement de sortie de l'atmosphère, la convergence qui en
résulterait n'existe donc pas et ne peut pas exister. En d'autres
termes, de ce qu'on n'a jamais vu nulle part, et à aucune époque,
des étoiles converger vers un même point, et qu'on n'en verra
probablement jamais, en aucune contrée du globe, malgré l'assertion contraire de M. Quételet, il en résulte que les étoiles filantes
ont une marche descendante dans l'atmosphère qui n'est pas suivie
d'une marche ascendante. Quoi qu'il en soit, on peut toujours considérer avec M. Erman le point idéal de convergence comme indiquant la direction que suivent les étoiles filantes d'un même groupe.
Ainsi, des étoiles filantes qui rayonneraient, par exemple, d'un point
dont la longitude serait de 53° et la latitude de 33° N., seraient censées converger vers le point diamétralement opposé, ayant 233°
pour longitude et 33° S. pour latitude. La Terre elle-même, dans
son mouvement orbital, à la longitude héliocentrique de 180°, par
exemple, possède une vitesse tangentielle à l'orbite, qui la fait *diverger* d'un point placé à 90° de longitude sur la sphère céleste, et
converger vers le point diamétralement opposé, dont la longitude
est de 270°. Le mouvement de la Terre sur son axe produit en outre
une vitesse tangentielle qui fait diverger et converger les différents
points de l'équateur et des parallèles terrestres, par rapport à des
points placés à 90° en arrière et 90° en avant de ce mouvement de
rotation.

Le point de divergence et le point de convergence des étoiles filantes dépendent des mouvements absolus de ces étoiles et de la

Terre; en d'autes termes, ce sont des points de divergence et de convergence *apparents;* car les points de divergence et de convergence *réels* ont nécessairement d'autres positions, et ne pourraient s'observer que dans le cas où la Terre serait complètement en repos. On connaît à chaque instant les directions tangentielles *vraies* de la Terre, dans ses mouvements de translation et de rotation; mais on ne peut observer que les points *apparents* de divergence et de convergence des étoiles filantes, qui doivent faire connaître, par un calcul, les points *réels* de divergence et de convergence, et par suite les éléments de l'orbite des étoiles filantes.

Cela posé, M. Erman cherche donc à préciser les points de convergence *apparents* des étoiles qui sont censées appartenir au même groupe, et qui décrivent simultanément la même orbite autour du Soleil; et alors il peut remplacer toutes les étoiles par celle dont le mouvement apparent serait précisément dirigé vers ce point de convergence, avec la vitesse moyenne relative de toutes ces étoiles. Et alors les éléments de l'orbite parcourue par cette étoile idéale, représenteront le mieux qu'il est possible les éléments moyens de l'anneau d'étoiles filantes, interrompu ou continu, tournant autour du Soleil, anneau que la Terre rencontrera annuellement à chaque passage par le nœud. Soient donc à cet instant,

v la vitesse absolue de l'étoile autour du Soleil,

v' sa vitesse relative à la Terre,

e la vitesse tangentielle de translation de la Terre,

α la vitesse tangentielle de rotation de l'équateur terrestre,

L et B la longitude et la latitude du point de convergence *vraie*,

L' et B' la longitude et la latitude du point de convergence *apparent*,

λ et β la longitude et la latitude du point de convergence de la Terre,

φ la latitude géographique de l'observateur,

μ le temps sidéral réduit en arc, à l'époque des observations,

ω l'inclinaison de l'équateur sur l'écliptique;

on décomposera tous les mouvements : 1° Suivant la ligne menée à l'équinoxe du printemps; 2° suivant la ligne menée au solstice d'été; 3° suivant l'axe de l'écliptique, de manière à former les trois

composantes rectangulaires des vitesses. Pour chacune de ces composantes, la vitesse réelle de l'étoile, diminuée de la vitesse réelle
de la Terre, donnera la vitesse apparente l'étoile, savoir :

$$v \cos L \cos B - \left\{ e \cos \lambda \cos \beta + \alpha \cos \varphi \cos (\mu + 90) \right\} = v' \cos L' \cos B'$$
$$(1) \quad v \sin L \cos B - \left\{ e \sin \lambda \cos \beta + \alpha \cos \varphi \cos \omega \sin (\mu + 90) \right\} = v' \sin L' \cos B'$$
$$v \sin B - \left\{ e \sin \beta - \alpha \cos \varphi \sin \omega \sin (\mu + 90) \right\} = v' \sin B'.$$

Comme le point vers lequel la Terre marche est sensiblement
dans l'écliptique, on a $\beta = 0$, et si l'on prend pour unité la vitesse e,
les composantes ci-dessus deviendront,

$$v \cos L \cos B - (\cos \lambda - \alpha \cos \varphi \sin \mu) = v' \cos L' \cos B'$$
$$(2) \quad v \sin L \cos B - (\sin \lambda + \alpha \cos \varphi \cos \omega \cos \mu) = v' \sin L' \cos B'$$
$$v \sin B + \alpha \cos \varphi \sin \omega \cos \mu = v' \sin B'.$$

Dans la seconde des formules (2), M. Erman a fait, par erreur,
le terme en α négatif; mais ces termes en α sont très-petits et pourraient être négligés sans erreur sensible, à cause que la vitesse tangentielle produite par la rotation de la Terre est très-petite relativement à la vitesse tangentielle dans l'orbite.

Avant d'aller plus loin, M. Erman détermine la *variation* du
point apparent de convergence, entre les limites des observations
qu'il a faites à Berlin avec la coopération de MM. Herter, Paken-
dorf et Petersen, et qui peuvent se résumer de la manière suivante :

| | | Nombre d'étoiles | |
Nuits du	Temps des observations.	Observées.	Déterminées.
9 au 10 août 1839....	$10^b\ 23^m$ à $2^h\ 30^m$....	60	60
10 au 11 *id.*	9 40 — 11 30......	114	54
11 au 12 *id.*	10 08 — 12 12......	78	48
12 au 13 *id.*	10 11 — 11 11.....	3	3
14 au 15 *id.*	10 50 — 12 00......	16	9

Les étoiles filantes de la dernière colonne ci-dessus, étaient tracées, au fur et mesure de leur apparition, sur une carte céleste de
Bode. Faisant varier μ de $d\mu$, L' et B' varieront de dL' en dB', et λ
de $d\lambda$; mais M. Erman considère L et B comme constantes durant le
même intervalle de temps, ce qui n'est pas permis puisque la variation apparente du point de convergence résulte des mouvements
réels de la Terre et des étoiles filantes. Ainsi, à mesure que la Terre
avance dans son orbite, sa vitesse tangentielle change de direction;

et, en même temps les étoiles filantes qu'elle vient rencontrer n'ont plus la direction qu'avaient les précédentes, précisément parce que toutes ces étoiles sont censées marcher sur la même orbite. Il en résulte que cette partie des recherches de M. Erman est tout à fait inexacte, ce qu'on avait déjà pressenti sans indiquer positivement l'erreur. Nous ne parlons pas ici des fautes de calcul commises par l'auteur, qui, dans son hypothèse même, affectent les résultats auxquels il parvient, résultats en vertu desquels le point apparent de convergence, pour les 9, 10, et 11 août 1839, auraient rétrogradé par heure de 11 à 12 centièmes de degré en longitude et d'un centième de degré en latitude.

M. Erman cherche ensuite à préciser la position du point apparent de convergence pour les nuits des 9, 10 et 11 août 1839. Sa méthode, calquée sur celle de M. Argelander, pour la détermination du point vers lequel se dirige le système solaire, consiste à déterminer d'abord cette position approximativement, pour la corriger par la formule des moindres carrés. Tout calcul fait, et en admettant 210° d'ascension droite et 45° S. de déclinaison pour cette position approximative, il obtient les résultats suivants, auxquels il réunit plus tard les observations de 1837 pour Berlin et Breslau, et celles de 1839 pour Kœnigsberg :

Époques.	Stations.	Asc. droite.		Déclinaison.		Erreur moy.	Nomb. des observat.
1837 août 10	Berlin.	217°,18±2°,1		57°,26 S ± 2°,5		20°,1	46
1837 août 10	Breslau.	221 ,76	0 ,41	51 ,41	0 ,17	19 ,5	200
1839 août 9	Berlin.	224 ,86	3 ,63	50 ,18	2 ,19	11 ,9	50
1839 août 10	Berlin.	223 ,88	6 ,10	52 ,39	2 ,47	13 ,3	48
1839 août 11	Berlin.	218 ,45	7 ,12	51 ,05	2 ,87	13 ,5	43
1839 août 10	Kœnigsb.	214 ,85	4 ,33	55 ,59	2 ,96	20 ,95	75
1839 août 11	Kœnigsb.	215 ,11	2 ,46	55 ,29	2 ,02	17 ,39	74

Ici, les erreurs probables ajoutées aux ascensions droites et aux déclinaisons, sont relatives à la position du point de convergence ; et les erreurs moyennes de l'avant-dernière colonne, erreurs désignées par ε, indiquent de combien les étoiles filantes se sont écartées, terme moyen, de ce point de convergence. Cet écart moyen, d'environ 17°, suppose des écarts individuels allant jusqu'à 30 ou 40 degrés ; et encore faut-il se rappeler qu'on a choisi les étoiles dont les directions semblaient converger, mettant de côté toutes celles dont les directions étaient par trop inclinées. Ainsi, par exemple, le 10 août 1839, les 114 étoiles observées à Berlin ont d'abord été réduites à 54 sur les cartes de Bode, puis à 48 pour le calcul, ce qui, finalement, réduisait à peu près au tiers le nombre des étoiles primitivement observées. Cette manipulation revient à peu près à ceci : Ayant observé des étoiles filantes qui divergeaient de tous les points du ciel, on veut néanmoins déterminer un point de convergence; et pour cela faire, on négligera d'abord de tracer la marche des étoiles issues de la zone de 30° qui borde l'horizon; puis, arrivant au calcul, on mettra de côté les étoiles engendrées dans la zone de 30° situées au-dessus de la première, ce qui réduira l'émission des étoiles filantes au cercle de 30° dont le zénith est le centre : alors on obtiendra, de toute nécessité, un point convergent placé tout près du nadir, avec des erreurs moyennes de 20 degrés. Maintenant, au lieu de ce triage d'étoiles fait par zones, on peut le faire par directions, de la manière suivante : on omettra d'abord de tracer les étoiles dont la direction s'écartera de 90 à 60 degrés du point de convergence; puis, on négligera dans le calcul les directions ayant des écarts de 60 à 30 degrés, ce qui conduira forcément à un point de convergence avec des erreurs moyennes de 20 degrés seulement.

Après la détermination du point de convergence, M. Erman cherche les limites de la vitesse des météores, n'ayant point observé la durée de leur apparition ni leur hauteur, dont il aurait pu conclure la vitesse. Dans cette recherche, on suppose généralement que la vitesse des météores convergents est la même pour tous, puisqu'ils doivent parcourir la même orbite à très-peu près. Les équations (1) dans lesquelles e sera toute la vitesse effective de la Terre, λ' et β' les longitude et latitude du point vers lequel elle marche, deviendront :

$$
\begin{aligned}
v \cos L \cos B &= e \cos \lambda' \cos \beta' + v' \cos L' \cos B' \\
(4) \quad v \sin L \cos B &= e \sin \lambda' \cos \beta' + v' \sin L' \cos B' \\
v \sin B &= e \sin \beta' + v' \sin B'
\end{aligned}
$$

Faisant les carrés de chaque membre, ajoutant, réduisant, et tirant la valeur de v', il viendra

$$
(5) \qquad v' = - e \cos u \pm \sqrt{v^2 - e^2 \sin^2 u},
$$

où l'on a fait

$$
(6) \qquad \cos B' \cos \beta' \cos (L' - \lambda') + \sin B' \sin \beta' = \cos u,
$$

u étant l'angle compris entre la direction du mouvement de la Terre et la direction des météores vers leur point apparent de convergence. Comme cet angle, pour les météores d'août, est compris dans le second quadrant, son cosinus est négatif, ce qui rend positif le premier terme de l'expression de v' (5); par conséquent les deux signes du radical sont possibles, bien que M. Erman ait cru devoir se borner au signe *plus*. Mais comme le minimum de v, pour rendre v' réel, lorsque le radical est pris soit positivement, soit négativement, est toujours

$$v = e \sin u,$$

M. Erman a pu considérer cette valeur de v comme le *minimum absolu* de la vitesse vraie des étoiles filantes. Adoptant $L' = 237° 29'$ et $B' = -32° 36'$ pour les longitude et latitude du point apparent de convergence, comme on a d'ailleurs au 10,5 août $\lambda' = 48° 31',6$, $\beta' = 0°,1$, $\log e = 0,00031$ (la vitesse moyenne de la Terre dans son orbite étant prise pour unité), M. Erman en tire, pour ce minimum, $v = 0,55720$.

Quant au maximum de v dans le voisinage de la Terre, on l'obtient par les formules ordinaires de l'attraction d'un corps central. Soit g cette attraction à l'unité de distance, a le demi-grand axe de l'ellipse, r le rayon vecteur, on a

$$v^2 = g \left(\frac{2a - r}{a r} \right)$$

dont le maximum arrive quand l'ellipse se change en parabole, en rendant a infini, d'où

$$v^2 = \frac{2g}{r}.$$

Pour la Terre, on posera $a = 1$, $v = 1$, d'où la vitesse maximum des météores

$$v = \sqrt{\frac{2}{2 - r}}.$$

Comme au 10,5 août, on a $\log r = 0,00571$, M. Erman obtient

$$v = 1,42368$$

pour la vitesse maximum des étoiles filantes.

Enfin M. Erman rappelant les formules connues qui donnent l'inclinaison de l'orbite, le demi-grand axe de l'ellipse, le temps de la révolution, le paramètre, l'excentricité, la vitesse périhélie, et la distance au Soleil lorsque les météores sont à leur nœud ascendant (l'autre nœud se rapportant au mois d'août), il calcule tous ces éléments pour 5 vitesses, savoir : minimum, maximum, moyenne, et les deux intermédiaires, ce qui lui donne le tableau suivant :

$v =$ vitesse absolue au 10,5 août :

| 0,55720 | 0,77382 | 0,99044 | 1,20706 | 1,42368. |

$v' =$ vitesse relative :

| 0,83122 | 1,36818 | 1,65006 | 1,90202 | 2,14134. |

Vitèsse absolue au périhélie :

| 5,78911 | 1,9949 | 1,2872 | 1,2709 | 1,4550. |

Distance au Soleil, au périhélie :

| 0,02242 | 0,37978 | 0,75982 | 0,93999 | 0,97004. |

$r =$ distance au Soleil, au nœud ascendant :

| 0,07202 | 0,38110 | 0,85078 | 2,18310 | — |

$t =$ intervalle entre le 10,5 août et le nœud ascendant, en années :

| 0,13350 | 0,23175 | 0,97282· | 0,82799 | — |

$T =$ temps de la révolution, en années :

| 0,46273 | 0,60973 | 0,97282 | 2,42041 | — |

$\omega =$ inclinaison de l'orbite :

| 56° 18' | 100° 20' | 112° 20' | 119° 19 | 123° 50 |

On verra par les nombres de ce tableau quelles sont les limites des éléments de l'orbite parcourue par les météores du mois d'août. Cette orbite doit former un anneau continu d'astéroïdes, probablement avec quelques interruptions des plus gros météores, les plus petits invisibles pour nous, pouvant encore remplir ces intervalles. M. Erman pense que la largeur de cet anneau doit équivaloir à environ 7 fois le diamètre du Soleil. Alors quand les météores, qui vers le 10 août sont à leur nœud descendant, arriveront à leur nœud ascendant, entre le 5 1/2 et le 7 1/2 février, si leur distance au Soleil est plus grande que celle de la Terre, nous ne pourrons les apercevoir ; mais si leur distance au Soleil est alors moindre que celle de la Terre, ils s'interposeront entre nous et cet astre, dont ils diminueront la lumière et la chaleur.

Poursuivant cette idée, M. Erman rechercha si de pareilles *offuscations* avaient déjà été observées, et s'il n'en résultait pas un affaiblissement dans les températures terrestres. Cette question forma l'objet d'un nouveau mémoire, que l'on trouve aux *Comptes-rendus* de l'Académie des sciences de Paris (janvier 1840), et avec plus d'étendue dans les *Nouvelles astronomiques* de Schumacher (n° 390). Voici les exemples d'offuscations que cite M. Erman.

1° « Le 28 février 1206, d'après la Chronique de Villalba, ou le « 28 février 1208, d'après celle de Krusius, le Soleil s'obscurcit com- « plétement ; et comme le phénomène dura 6 heures, on ne saurait « l'attribuer à un passage de la Lune devant le Soleil. » (Voir *Schnurrer*, t. I, p. 265.) Chladni attribuait déjà cet événement au passage d'un grand nombre d'aérolithes ou d'étoiles tombantes devant le Soleil.

2° « Le 1er des Ides de février (12 février) au 1106, près de Bari « en Italie, on vit dans le ciel et pendant le jour, les étoiles courant « en sens divers et comme si elles tombaient. » (*Schnurrer*, t. I, p. 230.)

3° « L'an 1706, le 12 mai, vers 10 heures du matin, le Soleil « s'obscurcit à tel point que les chauves-souris se mirent à voler, et « qu'on fut obligé d'allumer des chandelles. » (Chronique de la Souabe, citée par *Schnurrer*, t. II, p. 233.)

4° « L'année 1545 est encore remarquable par un obscurcissement « du Soleil, qui dura du 23 au 25 avril. On rapporte qu'en Alle- « magne, en France et en Angleterre, le Soleil parut durant ces « jours également terni, et n'offrant qu'une lumière mate et rou- « geâtre, tellement affaiblie qu'on vit briller les étoiles à midi. « Képler expliquait ce phénomène par la conjonction du Soleil avec « quelque corps opaque qu'il croyait semblable aux comètes. » (*Schnurrer*, t. II, p. 93.)

M. Erman attribue les deux premiers événements ci-dessus à l'interposition des astéroïdes du 10 août, et les deux derniers à l'interposition des astéroïdes du 13 novembre ; et, pour le prouver, il a fait les calculs suivants :

Longitude du Soleil
pour 1800.

	Longitude du Soleil pour 1800.
Passage de la Terre par le nœud ascendant des astéroïdes du 10 août.	317°,00
Id. au 28 février 1208......................	352 ,50
Id. au 28 février 1206......................	354 ,03
Id. au 12 février 1106......................	339 ,72
Passage de la Terre par le nœud ascendant des astéroïdes du 13 novembre.	50 ,66
Id. du 12 mai 1706........................	52 ,42
Id. du 23 au 25 avril 1543....................	46 ,63

Passant aux effets thermiques de ces conjonctions, M. Erman a pris dans l'ouvrage de Brandes sur la Météorologie les températures moyennes de 5 en 5 jours pour Stockholm, Karlsruhe, Kœnigsberg, Paris, Londres, Zwanenbourg, Vienne et le Saint-Gothard, d'après les nombreuses observations faites en ces diverses stations; et il a obtenu les résultats suivants, qui se rapportent à l'année moyenne 1799 :

	Températures.	Accroissements.
13 janvier........	— 1°,687	— 0°,001
18 *id.*	— 1 ,688	+ 0 ,156
23 *id.*	— 1 ,532	+ 0 ,430
28 *id.*	— 1 ,102	+ 0 ,279
2 février........	— 0 ,823	+ 0 ,154
7 *id.*	— 0 ,669	+ 0 ,142
12 *id.*	— 0 ,527	+ 0 ,082
17 *id.*	— 0 ,445	+ 1 ,054
22 *id.*	+ 0 ,619	+ 0 ,626
27 *id.*	+ 1 ,245	+ 0 ,180
4 mars........	+ 1 ,425	

M. Erman en tire cette conséquence, déjà indiquée par Brandes, qu'il y a un ralentissement dans le progrès de la température durant la première moitié de février, ralentissement qu'il attribue à l'interposition des astéroïdes du 10 août.

Quant au ralentissement de température produit en mai par les astéroïdes du 13 novembre, M. Erman le conclut des moyennes suivantes pour les mêmes stations que ci-dessus, en y ajoutant Francfort et Pétersbourg (moyenne année 1797):

	Températures.	Accroissemeuts.
18 avril.........	+ 7°,285	1°,251
23 id..........	8 ,536	0 ,824
28 id..........	9 ,360	1 ,177
3 mai..........	10 ,537	0 ,886
8 id..........	11 ,423	0 ,365
13 id..........	11 ,788	1 ,023
18 id..........	12 ,811	0 ,616
23 id..........	13 ,427	0 ,314
28 id..........	13 ,751	0 ,878
2 juin.........	14 ,629	0 ,858
7 id..........	15 ,487	

Ici le ralentissement serait, d'après M. Erman, du 8 au 13 mai, et, pour mieux établir ce résultat, il cite les températures observées à Berlin pendant 86 années, et insérées dans les *Mémoires* de la Société horticulturale, 1834, t. X, p. 377. Ces observations indiqueraient même qu'au 13 mai, à midi, la température serait de 2°,4 Réaumur au-dessous du point qu'elle aurait dû atteindre. Enfin, M. Erman cite les observations faites au delà du cercle polaire durant les voyages du capitaine Parry, en 1821, 1823 et 1825, qui donnent les températures suivantes en degrés de Fahrenheit, et de jour en jour, du 8 au 15 mai :

25°,87.   28°,61.   20°,81.   17°,64.   16°,08.   16°,29.   21°,15.   26°,41

les accroissements étant

+ 2°,74.   — 7°,8.   — 3°,17.   — 1°,56.   + 0°,21.   + 4°,86.   + 5°,26

M. Erman termine par cette remarque que l'interposition des astéroïdes du 13 novembre, à la fin du xviiie siècle et au commencement du xixe, avait lieu encore plus exactement en des points diamétralement opposés sur l'écliptique; tandis que l'interposition des astéroïdes du 10 août ne peut bien se préciser, et se trouve comprise entre les 5 et 17 février. Peut-être faudra-t-il en attribuer les inégalités à un mouvement de la ligne des absides, d'où résulterait un mouvement des nœuds d'environ 4°,2 par siècle, dans le sens direct. Il resterait cependant des différences que M. Erman attribuerait plutôt à une distribution discontinue de ces astéroïdes du 10 août.

M. Erman avait l'espoir que l'on chercherait à vérifier ces offuscations à l'aide de photomètres. Il ne paraît pas que de telles observations aient été entreprises, ou du moins on n'en connaît pas les résultats si elles ont été faites dans les six années qui se sont écoulées depuis cette publication. En admettant comme suffisamment exactes et comparatives les moyennes températures citées par M. Erman, il resterait à en rechercher l'origine réelle, qui pourrait être dans une offuscation du Soleil, mais qui pourrait aussi dépendre d'autres causes encore inconnues. Et sans aller plus loin que le travail de l'auteur, nous trouvons, par exemple, du 23 au 28 mai, un affaiblissement dans le progrès de la température encore plus grand que celui du 8 au 13 mai. Il y a aussi, vers la fin de février et au commencement de mars, un ralentissement dont il n'est pas tenu compte. Sans doute il y en a encore d'autres dans le cours de l'année ; et il semblerait convenable de les citer tous, et non pas seulement ceux qui paraissent favoriser certaines hypothèses en particulier.

M. Boguslawski (*Nouv. ast.* de Schum., n° 412) assigne à ce mouvement des nœuds une marche moins rapide, mais dans le même sens, de $1',428$ par année ou de $2°,38$ par siècle, en se fondant sur les observations du 16 octobre 855 (Pertz, *Monum. Germaniæ*, I, 369), du 12 novembre 1799 (de Humboldt, à Cumana), et des 12 et 13 novembre des années 1832 et suivantes. Mais l'observation du 24 octobre 1366 (*Script. rer. Bohem.*, II, 389) devrait être alors ramenée au 21 octobre dans l'hypothèse de M. Boguslawski.

Les anciennes observations sur lesquelles s'appuient MM. Erman et Boguslawski, pour établir le mouvement des nœuds des orbites d'astéroïdes, n'étaient pas encore assez nombreuses ni assez concordantes. Il était donc à désirer que de nouvelles recherches fussent faites dans les chroniqueurs. MM. Quételet, Herrick, Chasles et Perrey s'en sont occupés effectivement, ainsi que M. Édouard Biot pour les observations chinoises. Nous allons donner un aperçu de ces recherches historiques.

On a vu qu'en 1837 l'idée était venue à M. Quételet de faire un catalogue des apparitions météoriques les plus remarquables. Après plusieurs communications sur l'histoire de ces météores, il publia à part un Catalogue en 1839, dont il donna une seconde édition en 1841, avec de nombreuses additions, puisées surtout dans les Catalogues qu'avaient publiés, durant cet intervalle de temps, M. Herrick et M. Chasles.

Le Catalogue de M. Herrick, qui fut présenté à la Société de Philadelphie le 28 avril 1840, comprend 39 chutes d'étoiles filantes, depuis les temps les plus anciens jusqu'à nos jours. Toutes ces apparitions sont textuellement transcrites dans le second Catalogue de M. Quételet avec l'initiale H. L'original se trouve dans l'*American Journal of science* de Silliman, t. 40, p. 349.

Le Catalogue de M. Chasles fut présenté à la séance de l'Académie des sciences de Paris, du 15 mars 1841, et se trouve en totalité dans les *Comptes-rendus*, t. XII, p. 499. Il se compose de 89 apparitions, puisées dans les anciennes chroniques, depuis l'an 538 après J. C. jusqu'à l'année 1233. Parmi ces apparitions il y en a 67 d'étoiles filantes en masse, et 20 d'étoiles filantes isolées. Sur les premières on en compte 10 en février, 9 en mars, 7 en avril, 4 en mai, 1 en juin, 1 en août, 1 en septembre, 6 en octobre, 2 en novembre, et 5 en décembre, total 46, les autres, au nombre de 21, étant sans date de mois. Voici les conclusions de M. Chasles : « On remarque, « dit-il, dans le Catalogue ci-dessus, l'absence presque totale d'ap-« paritions en novembre, époque où elles sont actuellement pério-« diques annuellement. On est induit à conclure de là que le plan de « l'orbite de ces astéroïdes que nous voyons vers le 13 novembre, « a éprouvé un déplacement considérable, et que c'est par suite de « cette perturbation que, de nos jours, ils sont devenus visibles en « novembre. — Les 46 apparitions notées avec dates de mois appar-« tiennent sans doute à plusieurs systèmes différents d'astéroïdes se « mouvant en masse; mais il semble qu'il en est un qui se distingue « par une périodicité annuelle assez bien indiquée. C'est celui qui, « au viiie siècle, apparaissait en *février,* qu'on trouve d'abord « en 741, et qui pendant un siècle reparaît dans ce même mois de « *février*. Il est à croire que c'est ce même système qui paraît en-« suite en *mars,* puis en *avril*. Peut-être est-ce celui que nous « voyons actuellement en *novembre*. S'il en est ainsi, il aurait « paru à peu près pendant 125 ans dans chaque mois, en suppo-« sant que le déplacement du plan de son orbite ait été régulier, « et le phénomène du 13 novembre devra être transporté, dans « peu d'années, au 14 novembre, puis au 15, au 16, etc. — On « remarquera que quelquefois les chroniqueurs disent que les « étoiles filantes paraissaient plusieurs nuits de suite, ce qui semble « indiquer que ces astéroïdes forment une espèce d'anneau con-« tinu. — Il est dit encore, à plusieurs dates, que le phénomène a « paru les années précédentes. Cela dénote la périodicité qui s'ob-« serve depuis quelques années dans ce phénomène singulier. »

Par suite de cette lecture, une discussion s'engagea entre M. Chasles et M. Libri, discussion que l'on trouvera aux pages 523, 527, 587 et 591 du même volume ; elle a roulé sur des corrections de calendrier, sur les aurores boréales, sur l'expression *acies ignæ* des chroniqueurs, et sur l'anneau de Saturne qui, d'après M. Chasles, pourrait être un composé d'étoiles filantes. Nous croyons, mais sans nous appuyer sur les motifs de M. Libri, que M. Chasles s'est trompé dans les conséquences mises à la suite de son catalogue. L'erreur de M. Chasles vient de ce qu'il n'a pas tenu compte des apparitions périodiques du mois d'août. Car s'il avait comparé les deux maximums de son résumé, qui tombent en février et octobre, avec les maximums d'aujourd'hui, en août et novembre, il aurait vu une *rétrogradation* de 2 à 3 mois dans les époques de ces maximums, et non par une marche dans le sens direct. Cette rétrogradation est en effet généralement admise.

M. Édouard Biot présenta à l'Académie des sciences, dans les séances des 31 mai et 26 juillet 1841, son *Catalogue général des étoiles filantes et des autres météores observés en Chine pendant 24 siècles, depuis le* viie *siècle avant J. C. jusqu'au milieu du* xviie *de notre ère, dressé d'après les documents chinois.* Pour le rédiger il avait d'abord consulté les livres 291 et 292 du grand recueil de Ma-touán-lin, célèbre auteur chinois de la fin du xiiie siècle. Cet historien a réuni dans ces deux livres un grand nombre de documents, relatifs aux étoiles filantes et aux pierres tombées du Ciel, qu'il a trouvés dans la section astronomique des annales officielles. Les observations depuis le viie siècle avant notre ère jusqu'à l'an 960, époque de l'avénement de la dynastie des Soung, formant la 1re partie du catalogue de M. Biot, sont extraites totalement du livre 291 de Ma-touán-lin ; mais les observations suivantes, de la dynastie Soung, qui forment la seconde partie du même catalogue, ont été recueillies, non pas dans Ma-touan-lin, mais bien aux annales mêmes de la dynastie Soung, qui font partie de la grande collection des 24 historiens de la Chine. M. Biot a relevé dans la section astronomique de ces annales, depuis 960 jusqu'en 1275, plus de 1,300 observations qu'il a traduites entièrement. Pour les siècles suivants, M. Biot a consulté la continuation de Ma-touan-lin par des auteurs modernes, et la section astronomique des annales des dynasties Youen et Ming, dans la collection des 24 historiens, qui s'étend jusqu'à l'an 1647 ; ces observations forment la 3e partie du Catalogue. Les annales de la dynastie actuelle des Mantchoux n'ayant pas encore été publiées, M. Biot n'a pu faire connaître les dernières observations jusqu'à ce jour.

Après la traduction de toutes ces observations individuelles, dans le détail desquelles il nous est impossible d'entrer, mais qu'on devra consulter pour en faire ressortir des généralités, M. Biot les résume par trois tableaux correspondant aux trois périodes. Le second tableau, de la dynastie Soung, étant le plus important et le plus nombreux, M. Biot l'a récapitulé par mois, ramenés au calendrier grégorien, en donnant les nombres de jours signalés par des apparitions météoriques entre les années 960 et 1275, comme il suit :

Janvier	62	Mai	95	Septembre	122
Février	54	Juin	87	Octobre	215
Mars	74	Juillet	187	Novembre	152
Avril	66	Août	157	Décembre	87

Enfin, M. Biot a dressé une table particulière des apparitions dans lesquelles les textes citent un nombre considérable d'étoiles filantes, les observations ci-dessus se rapportant principalement aux étoiles filantes remarquables, aux bolides et aux aérolithes. Voici ces apparitions en masse que nous réunissons par mois :

Janvier	1	Mai	1	Septembre	6
Février	2	Juin	1	Octobre	8
Mars	3	Juillet	11	Novembre	4
Avril	5	Août	5	Décembre	3

Ce dernier tableau montre à quel petit nombre d'apparitions extraordinaires d'étoiles filantes (50) se réduisent toutes les observations chinoises des trois époques du Catalogue, et c'était précisément la question la plus intéressante à résoudre. Ensuite, de même que Abel Rémusat, dans son Catalogue extrait de l'ouvrage de Ma-touan-lin, avait considéré beaucoup de simples bolides comme des aérolithes, qui alors fixaient toute l'attention des savants ; de même M. Biot, à une époque où l'on ne s'occupe plus que des étoiles filantes, a ainsi désigné tous les bolides ou globes enflammés, caractérisés d'ailleurs par leurs diamètres apparents et par l'illumination qu'ils produisent sur la Terre, deux circonstances toujours énoncées par les textes chinois, et qui ne permettent pas de les confondre avec les étoiles filantes proprement dites. Au reste, nous n'entrerons pas à ce sujet dans plus de détails, nous réservant d'y revenir dans le cours de ces recherches.

M. Quételet présenta, à la séance de l'Académie de Bruxelles du 6 novembre 1841, son *Nouveau Catalogue des principales apparitions d'étoiles filantes*. Il y avait inséré toutes les apparitions citées dans les catalogues de M. Herrick et de M. Chasles, sans pouvoir utiliser celui de M. Biot, qui n'était pas encore publié. Après avoir dit un mot sur d'anciennes expressions par lesquelles on indiquait les différents météores, M. Quételet considère comme bien établies les périodicités d'août et de novembre, et regarde celles d'avril et de décembre comme douteuses. Puis il recherche les rapports qui paraissent exister entre les étoiles filantes, les aurores boréales et les tremblements de terre. Sans s'occuper de l'origine probable des étoiles filantes, il résume ainsi les notions que nous possédons sur ces météores :

« 1° On les voit généralement à toutes les époques de l'année,
« dans toutes les régions du Ciel, marchant dans toutes les direc-
« tions et au nombre moyen de 16 environ par heure. Leur vitesse
« moyenne est de 6 à 7 lieues par seconde, c'est-à-dire à peu près
« égale à la vitesse de la Terre dans son orbite. Leur hauteur
« moyenne est de 16 à 20 lieues, comme celle des couches supé-
« rieures de notre atmosphère, mais la hauteur peut varier dans
« des limites assez larges. Leur éclat n'est point l'effet d'une lumière
« réfléchie.

« 2° Parmi les étoiles filantes, il en est de *périodiques*, qui re-
« viennent à des époques déterminées de l'année, telles que le
« 10 août et le 12 novembre, et qui constituent des apparitions ex-
« traordinaires, non-seulement par leur nombre, mais encore par
« leur direction particulière. Cette direction est telle que les étoiles
« filantes semblent, pour tous les lieux de la terre, partir d'un
« point commun du ciel, centre d'émanation et de divergence, et
« se diriger ensuite de préférence du N. E. au S. O. Le point de
« divergence pour les météores du 12 novembre est vers γ du Lion,
« et, pour ceux du 10 août, il est vers B de la Girafe, c'est-à-dire
« dans la direction que la Terre suit à ces époques, en conséquence
« de son mouvement annuel dans l'écliptique, et tous deux sont
« au-dessus de ce plan. »

Vient ensuite le Catalogue proprement dit, qui se compose de 192 apparitions. Il est suivi d'un tableau, résumé de ces apparitions d'étoiles filantes, avec accompagnement, 1° de bolides ou d'aéro-lithes, 2° d'aurores boréales, 3° de tremblements de terre. Des notes, mises à la fin du Catalogue, contiennent la chronique de Lycosthène, publiée à Bâle en 1557, sur les prodiges vus dans le ciel, depuis 1857 avant J. C. jusqu'à l'époque de cette publication. Puis, un extrait du Recueil des historiens des Gaules; un extrait de l'Histoire des antiquités de Paris, par Sauval; l'annonce du catalogue de M. Biot; le catalogue de M. Perrey, dont nous allons parler; enfin les principaux phénomènes observés en 1839, 1840 et 1841, concernant les étoiles filantes, les aurores boréales, les tremblements de terre, les aérolithes, les globes de feu, et les perturbations magnétiques.

Le dernier catalogue d'étoiles filantes, publié à notre connaissance, est celui que M. Perrey, professeur de physique à Dijon, a présenté à la séance de l'Académie des sciences du 10 janvier 1842, et que l'on trouve dans les *Comptes-rendus*, tom. XIV, p. 69. L'auteur n'admet pas l'interprétation de M. Chasles sur les mots *acies ignæ*. C'est à l'occasion du Catalogue de ce dernier, que M. Perrey a recherché dans les auteurs anciens les citations qui peuvent se rapporter à des étoiles filantes, citations qu'il transcrit textuellement en latin, et qui sont au nombre de 36, depuis l'année 533 après J. C. jusqu'en 1169. Il y en a 11 avec l'indication du mois et du jour.

En donnant ces courts extraits de tous les catalogues précédents, nous n'avons d'autre but que de signaler leur existence. Plus tard nous en discuterons le contenu en prenant pour terme de comparaison nos propres observations et les lois qui en ont été déduites. Nous sommes persuadés qu'il est impossible d'apprécier les observations anciennes quand on n'en a pas fait soi-même un très-grand nombre et qu'on ne les a pas discutées avec soin. C'est ainsi que l'on peut redresser les fausses interprétations des auteurs de ces catalogues. Cependant on leur doit rendre ici justice pour la peine qu'ils se sont donnée en compulsant les vieilles chroniques et les annales des peuples étrangers. Il serait à désirer que de semblables recherches fussent faites dans les auteurs arabes. Ceux-ci n'ont pu cultiver l'astronomie sans observer les grands météores et les apparitions extraordinaires d'étoiles filantes. On en a déjà donné quelques citations curieuses; mais il reste là-dessus un travail spécial à entreprendre. Il est assez extraordinaire que les livres hébreux ne contiennent rien à ce sujet, non plus sans doute que les livres indiens. Enfin il serait peut-être bon de consulter les anciens livres d'*astrologie*, puisqu'il est assez vraisemblable que ceux qui cherchaient des signes dans le Ciel, comme les Chinois, pour prédire l'avenir, ont

dû tenir compte des météores qui apparaissaient durant leurs observations.

Aussitôt après la publication du Catalogue de M. Chasles, M. Erman y vit une confirmation de ses idées sur le mouvement des
nœuds, les apparitions de février n'étant pour lui que le passage
des astércïdes à leur nœud ascendant (*Comptes-rendus* de l'Acad.,
du 17 mai 1841). Il redresse d'abord l'erreur de M. Chasles, qui
se trouve déjà signalée plus haut; puis il donne les résultats de
M. Boguslawski, dont nous avons déjà parlé; une récapitulation de
son mémoire sur les *offuscations* du Soleil; enfin une table des observations anciennes, déjà citées par lui, par M. Boguslawski et par
M. Chasles, des oppositions et conjonctions des astéroïdes d'août
et de novembre, d'où l'on pourra conclure le mouvement des
nœuds avec plus d'exactitude, calcul que M. Erman a laissé à faire,
et qu'on ne devra pas entreprendre sans tenir compte des observations chinoises, traduites depuis par M. Biot.

Le mémoire de M. Erman sur les courants d'astéroïdes fut publié au commencement de 1840; mais les résultats auxquels il était
parvenu ne purent recevoir le contrôle d'Olbers, qui mourut quelque temps après, le 2 mars 1840. Ce patriarche des astronomes
allemands était arrivé à l'âge de 82 ans, et, dans un âge aussi
avancé, il s'était montré l'un des plus ardents promoteurs de la
théorie cosmique des étoiles filantes. C'était lui qui encourageait les
observateurs, qui préparait les formules, qui mettait en avant les
idées les plus neuves sur ce sujet aussi intéressant que nouveau. Avec
lui s'éteignit cette ardeur pour les recherches de ce genre; le mouvement, arrivé à son apogée, s'affaiblit ensuite chaque année,
jusqu'à ce qu'enfin il ne resta plus sur la scène que deux ou trois des
observateurs les plus tenaces.

Le travail de M. Erman venait donc au moment où l'on s'occupait le plus d'étoiles filantes. Il ne pouvait manquer d'attirer l'attention des savants; les Américains s'en occupèrent particulièrement. Dans la séance du 21 août de la même année, M. Walker
faisait à la Société philosophique américaine une communication
sur ce sujet; tout en résumant le mémoire de M. Erman, il annonçait que des observations venaient d'être faites à Philadelphie, dans
le but de déterminer l'élément qui avait manqué à M. Erman, savoir la vitesse relative des météores des 9 et 10 août. On avait noté
avec beaucoup de soin les instants des apparitions et des dispari-
tions, et toutes les particularités qui pouvaient faire reconnaître des

correspondances entre ces observations et celles que l'on faisait à la même époque en d'autres stations des États-Unis. Malheureusement il n'y eut aucune coïncidence, en sorte qu'on ne peut calculer la hauteur des météores, ni par conséquent leur course apparente, qui, avec la durée observée à Philadelphie, eût fait connaître la vitesse apparente. Cependant M. Walker a entrepris de calculer les éléments les plus probables de l'orbite dont M. Erman n'avait pu donner que les limites, en adoptant pour la vitesse relative des météores d'août une moyenne entre les vitesses observées par Brandes en 1798 et 1823, par M. Quételet en 1824, et par M. Twining en 1833, moyenne que M. Walker trouve de 18,3 milles de 60 au degré, avec une erreur probable de 1,4. Et, comme la vitesse de la Terre est de 16,4589 milles, en prenant celle-ci pour unité, celle des météores devient 1,112.

M. Walker s'occupe ensuite de la direction apparente des étoiles filantes et de leur point de convergence. Comme il expose cette théorie plus nettement et plus complétement qu'on ne l'avait fait avant lui, nous allons le suivre dans les développements qu'il en donne. Si, dit-il, les étoiles filantes marchaient effectivement dans tous les sens, il ne resterait plus que le mouvement de la Terre pour représenter leur marche moyenne; et alors celle-ci serait précisément opposée à celle de la Terre, tellement qu'elle serait dirigée vers un point de l'écliptique en arrière de 90° par rapport à la Terre, et en avant de 90° par rapport au Soleil. Telle serait en effet la direction indiquée depuis août jusqu'en décembre, par M. Fitch de New-Haven, et en avril 1839 par M. Herrick. Suivant M. Forshey et M. Littrow, il existerait un point de convergence particulier aux dates des 9, 10 et 11 août, et des 11 et 12 novembre. Quoi qu'il en soit, les météores des nuits ordinaires, qui ont une vitesse faible, doivent paraître aller en sens contraire de la Terre vers un certain point de convergence; tandis que les étoiles animées de vitesses beaucoup plus grandes que celle de la Terre, ne paraîtront pas sensiblement affectées par le mouvement de celle-ci, et alors on pourra leur donner le nom de *sporadiques*, conséquence déjà déduite par M. Dutton. Par conséquent, les étoiles qui ont un mouvement absolu faible, ou qui sont *convergentes*, doivent avoir leur périhélie près du Soleil et leur aphélie près de la Terre, tandis que les étoiles sporadiques, c'est-à-dire *non convergentes*, auraient leur périhélie près du Soleil et leur aphélie très-supérieur à la Terre, ou bien leur périhélie un peu inférieur à la Terre. Mais l'impossibilité de bien caractériser les éléments d'une étoile filante en particulier, ne permettra peut-être jamais, suivant la remarque de Bessel, de calculer leurs orbites séparément, ce qu'on ne peut faire avec quelque probabilité que sur la moyenne des nombreuses étoiles qui arrivent en certaines nuits.

Quant aux météores de ces nuits extraordinaires, ils ne vont plus concourir à l'antipode de la direction de l'observateur, mais vers un point qui en est plus ou moins éloigné. Alors les météores qui ne convergent pas vers ce point, sont les *convergents* et les *sporadiques* des nuits ordinaires. D'après cela, une apparition extraordinaire serait moins caractérisée par le nombre des étoiles filantes que par la position de leur point de convergence. Ainsi le point de convergence du 9 au 11 août s'éloigne d'environ 39° de cet antipode, tandis que le point de convergence du 11 au 13 novembre n'en dévie que de 8°, en sorte qu'il est bien moins caractérisé que le premier. L'observation du 7 décembre 1838, par M. Herrick, donnerait une déviation de 104° pour le point de convergence.

Nous avons déjà donné le tableau des résultats obtenus à Berlin, à Breslau et à Kœnigsberg, pour la détermination du point de convergence des météores d'août. Il suffira, pour la compléter, d'y ajouter les résultats suivants trouvés à Philadelphie, pour le 9 août 1840 :

Heures.	Asc. droite du point de convergence.	Déclinaison apparente du point de convergence.	Nombre d'observ.	Erreur sur chaque observ.	Erreur du résultat moyen.
$10^h\ 57^m$	216°,14	55°,76 S.	12	± 2,3	± 0°,67
13 04	214 ,71	55 ,43 S.	15	± 4,1	± 1 ,05
15 06	219 ,25	55 ,12 S.	29	± 1,2	± 0 ,22

Quant aux déterminations du point de convergence des météores des 12 et 13 novembre, M. Walker les a réunies dans le tableau suivant, que nous transcrirons en entier, comme résumant très-bien toutes les observations de ce genre :

Temps moyen à Philadelphie.			Point de convergence.		Observateurs et stations.
			Asc. droite.	Déclinaison.	
1833, nov. 12,	750		333°,0	+ 17°,0	Strong, Buffalo.
»		701	328 ,0	— 15 ,0	Merrick, Middletown (Ct.).
»		743	328 ,3	— 23 ,5	» »
»		748	330 ,0	— 20 ,0	Olmsted, New-Haven.
»		745	329 ,0	— 21 ,7	Riddell, Worthington (Ohio).
»		774	331 ,0	— 21 ,5	» »
»		745	328 ,2	— 23 ,8	Haïkin, Emmittsburg (Md.).
»		748	326 ,5	— 23 ,0	Thompson, Mississipi.
»		652	329 ,5	incertain	Parker, golfe du Mexique.
1834 »		700	324 ,5	— 30 ,2	Loomis , New-Haven.
»		700	330 ,0	— 20 ,0	West Point.
1835 »	13,	700	330 ,0	— 20 ,0	Merrick, Amenia Academy (N. Y.).
»		700	332 ,7	— 20 ,7	Mc. Caffney, Mt. St. Mary's Col. Md.
1836 »	12,	631	326 ,7	— 30 ,1	Dunster, Springvail (Maine).
»		631	325 ,0	— 25 ,0	Olmsted , New-Haven.
»		582	330 ,0	— 20 ,0	Shæffer, New-York city.
1837 »		625	326 ,0	— 24 ,5	Olmsted , New-Haven.
»		684	330 ,0	— 20 ,0	Schæffer, New-York city.
»		666	329 ,8	— 20 ,9	Barnard, New-York city.
»		667	330 ,0	— 20 ,0	Obermeyer, Emmittsburg (Pa.).
»		667	334 ,4	— 25 ,0	Fitch , New-Haven.
1838 »		700	327 ,0	— 26 ,5	Twining , Middlebourg (Vt.)
»		721	335 ,0	— 19 ,9	Fitch , golfe du Mexique.
»	13,	408	322 ,0	+ 18 ,1	Littrow, Vienne.

La moyenne pour 1833 serait, ascension droite 329°,3, déclinaison
— 20°,7 ; et pour toutes les années, ascension droite 329°,0, déclinaison — 22°,0.

Arrivant aux retours périodiques des étoiles filantes, M. Walker
pense que le retour anniversaire de novembre n'a pas été très-carac-
térisé depuis 1833 quant au nombre ; et, comme le point de convergence est presqu'à l'antipode du mouvement de la Terre, il est
permis d'émettre à ce sujet des opinions contradictoires. Bessel lui-
même ne croyait pas qu'il fût alors possible de reconnaître si l'époque de ce prétendu retour est constant ou variable. M. Walker croi-
rait plutôt que les apparitions de novembre 1799, 1832 et 1833
auraient été produits par trois groupes distincts d'astéroïdes, se
présentant accidentellement à la même époque. Quant au retour du
mois d'août, il a été beaucoup plus soutenu que celui de novembre,
ce qui indique que les groupes d'étoiles qui le produisent se meuvent dans les mêmes parties des mêmes orbites autour du Soleil.

D'après lui et d'après M. Erman, il n'y aurait que deux moyens d'expliquer ces retours, en admettant : 1° ou que ce sont des parties d'un même groupe, achevant leur révolution en un an ou une demi-année, dans une orbite dont le nœud est traversé à l'époque où la longitude héliocentrique se trouve entre 137 et 139 degrés ; 2° ou bien que les météores forment une suite non interrompue, se mouvant dans une même orbite que nous rencontrons une fois chaque année, formant ainsi un anneau elliptique que la Terre traversera ou ne traversera plus si les perturbations sont plus petites ou plus grandes que la largeur de l'anneau. Comme les perturbations de ce nuage ou de cet anneau, qui fournissent les apparitions d'août et de novembre, affectent la position du plan de l'orbite et la ligne des abscides, on ne peut pas encore savoir si les apparitions extraordinaires citées par les anciennes chroniques étaient les mêmes que celles d'à présent.

Afin de juger de la probabilité d'un simple nuage météorique, d'après l'hypothèse de M. Olmsted, M. Walker a calculé les éléments des astéroïdes d'août et de novembre, en partant des données ci-dessus, et sans tenir compte de l'attraction terrestre ni de la résistance de l'atmosphère. Ainsi en supposant :

	Novembre.	Août.
Vitesse relative par seconde....................	1,112	—
Longitude du point convergent..................	324,2	234,4
Latitude *id.* *id.*	—7,7	—38,8

il obtient les éléments suivants, en prenant le demi-grand axe de l'orbite terrestre, et l'année sidérale, pour unités de longueur et de temps :

	Novembre.	Août.
Demi-grand axe.......................	0,502	0,686
Époque au 1er janvier précédent................	74,2	28,5
Nœud ascendant........................	230,9	137,5
Longitude du périhélie....................	231,0	144,2
Inclinaison...........................	121,1	78,9
Moyen mouvement diurne..................	2,77	1,73
Angle de l'excentricité....................	76,2	29,2
Révolution...........................	0,356	0,568

De là M. Walker conclut que l'hypothèse d'un nuage météorique faisant sa révolution, soit en une demi-année (d'abord proposée par

M. Olmsted), soit en une année (adoptée ensuite par M. Olmsted et M. Boguslawski), ne peut s'accorder avec les vitesses observées ; et qu'ainsi il faut recourir, avec M. Erman, à l'hypothèse d'un anneau d'astéroïdes, plus ou moins continu, plus ou moins dérangé par les attractions planétaires, pour rendre compte des apparitions de novembre tantôt extraordinaires, tantôt ordinaires sous le rapport du nombre.

Quant aux retours périodiques du 10 août, la révolution qui s'accomplirait en un peu plus d'une demi-année, savoir en $0^{an},568$, s'accorderait assez bien avec l'hypothèse d'un simple nuage météorique ; car il faudrait altérer très-peu les vitesses de ces météores pour obtenir exactement la révolution d'une demi-année. Ainsi, dans ce cas, il n'est pas absolument nécessaire de recourir à l'hypothèse d'un anneau météorique, à moins d'autres circonstances particulières qu'on viendrait à reconnaître.

M. Walker fait ressortir certaines analogies qui, dans le système solaire, tendraient à confirmer les résultats de ses calculs. Et d'abord il fait remarquer que les plus grosses planètes sont le plus éloignées du Soleil ; que les petites planètes en sont plus rapprochées ; que les comètes, à leur périhélie, arrivent encore plus près de ce corps central (car, parmi ces comètes, les huit dixièmes sont inférieures à la Terre, et les six dixièmes inférieures à Vénus) ; qu'enfin les astéroïdes, comme les plus petits de tous les corps de notre système, paraissent encore plus se rapprocher du Soleil. Quand Bessel prétendait que la résistance d'un *milieu* sur la comète de Encke ne pouvait être admise, par ce motif qu'elle ne se faisait sentir nulle part ailleurs (ce que M. Encke avouait), ces deux astronomes ignoraient encore l'existence de cette multitude d'astéroïdes circulant dans le voisinage du Soleil, qui pouvaient offrir une résistance à la comète en question, tandis que ces astéroïdes ne peuvent faire obstacle aux masses beaucoup plus fortes de Mercure et de Vénus. Enfin, M. Walker s'abandonnant à ses conjectures, croit que le Soleil, dans son mouvement à travers l'espace, rencontre de nouvelles matières qu'il fait entrer dans sa sphère d'activité, produisant ainsi des comètes, des petites planètes, et enfin les aérolithes, les bolides, et jusqu'aux étoiles filantes. C'est ainsi que l'on voit, dans les nébuleuses, se former avec le temps des centres de matières, des anneaux ou des lentilles. L'anneau de Saturne, et sans doute aussi l'anneau formé autour du Soleil par la lumière zodiacale, seraient dans ce cas.

M. Walker pose les formules du mouvement des astéroïdes dans l'hypothèse la plus large, applicables à tous les cas particuliers des mouvements elliptiques, paraboliques et hyperboliques. Ses formules sont établies avec beaucoup d'ordre et de clarté ; mais comme elles ne renferment rien de nouveau, nous sommes dispensés d'en parler ici. Pour les personnes qui désireraient prendre une connaissance suffisante de cette théorie, elles feront bien de recourir d'abord au mémoire de M. Walker. On trouvera, à la fin de ce mémoire, un paragraphe spécial sur les variations du point de convergence, où les principes méconnus par M. Erman sont parfaitement exposés. D'après le géomètre américain, si tous les météores avaient à peu près les mêmes éléments elliptiques, la Terre les rencontrant successivement, il y aurait changements nécessaires dans la position du plan de leur orbite. Ces différences seraient de deux espèces, celles qui résulteraient du temps de la rencontre des météores par la Terre, et celles qui dépendraient des éléments mêmes des orbites individuelles. Or, M. Erman n'a pas tenu compte de ces dernières différences. Dans le cas des nuits ordinaires, on trouve que le point de convergence correspond toujours à l'antipode du mouvement de l'observateur.

MM. Gauss, Littrow, Santini et d'autres auteurs, ont donné des formules pour calculer les variations des éléments par suite d'un changement de *positions radicales* et de *distances* dans une orbite ; mais on n'a pas de même donné les expressions des variations de *directions tangentielles* et de *vitesses*, ou de *directions relatives* et de *vitesses*. M. Walker y supplée par des formules nouvelles, établies à l'imitation de celles données par M. Gausss, dans sa *Theoria motus* ; ces formules se simplifient, quand on les applique au cas des météores qui passent près de la Terre.

Les formules auxquelles on arrive ainsi montrent que les éléments indépendants doivent être réduits à trois, savoir : la vitesse absolue ou relative du météore près de la Terre, et les deux coordonnées de son point de convergence. Si les observations étaient suffisamment exactes, on pourrait alors reconnaître l'erreur probable de ces trois éléments. Pour les météores de novembre, dont l'orbite est très-inclinée et le mouvement rétrograde, l'angle de l'excentricité s'approche de 90°, et la distance périhélie est presque égale au rayon du Soleil, en adoptant les erreurs probables données par M. Twining. Si l'inclinaison de l'orbite était faible et le mouvement direct, on aurait ici une confirmation de l'hypothèse de Laplace, qui fait naître les astres de l'atmosphère solaire ; mais comme l'inclinaison est très-grande pour les météores de novembre, on ne peut pas admettre qu'ils aient cette origine.

A la même séance où M. Walker lisait son mémoire, le 15 janvier 1841, M. Pierce, professeur de mathématiques, faisait une communication du même genre, mais beaucoup plus succincte. M. Pierce trouve que M. Erman ne pouvait se dispenser de tenir compte de l'attraction de la Terre, qui aurait la vitesse des météores, lorsque ceux-ci traversent la première partie de la sphère d'attraction terrestre, le maximum de leur accélération ayant lieu précisément à l'instant du passage des météores à leur plus grande proximité de la Terre. En faisant son calcul d'après les formules de la *Mécanique céleste*, relatives aux perturbations d'une comète qui approche très-près d'une planète, M. Pierce trouve que les cinq vitesses supposées par M. Erman, savoir :

$$0,55720 - 0,77382 - 0,99044 - 1,20706 - 1,42368 ,$$

se changent respectivement, par l'attraction terrestre, en celles-ci :

$$0,91118 - 1,41818 - 1,69177 - 1,93830 - 2,17363.$$

Ensuite M. Erman a eu tort de négliger le signe *moins* du radical dans sa formule (5) qui donne la valeur de v', ce signe devant être employé tant que la valeur de v' qui en résulte n'est pas négative. Ainsi, en partant de la vitesse $v=0,77382$ donnée par M. Erman, qui trouve ensuite $v'=1,36818$, vitesse au périhélie$=1,9949$, distance du périhélie au Soleil$=0,37978$, temps de la révolution$=0^{an},23175$, inclinaison de l'orbite$=100°20'$, M. Pierce obtient les valeurs suivantes, $v'=0,29426$, vitesse au périhélie$=2,235$, distance périhélie$=0,4186$, révolution $=0^{an},60973$, inclinaison $=12°3'$. M. Pierce fait ainsi voir clairement que les nombres calculés par M. Erman ne sont pas même des approximations, puisque par exemple l'orbite qui, pour M. Erman, serait inclinée de 100 degrés, ou à peu près perpendiculaire à l'écliptique, ne le serait plus que de 12 degrés, c'est-à-dire presque couchée sur le plan de l'écliptique.

Enfin, M. Pierce voudrait que l'on tînt compte des différences de directions qu'affectent les météores, différences qui peuvent s'élever jusqu'à 25°. Trois causes, suivant lui, peuvent y donner lieu, savoir : la différence des orbites elliptiques des météores, leur attraction mutuelle et l'attraction terrestre. La première de ces causes ne peut changer la direction des météores de plus d'un degré, si l'on suppose que la largeur du courant soit de deux degrés. Quant à la seconde cause, elle ne peut produire aucun effet appréciable. Resterait la troisième et principale cause perturbatrice, l'attraction de la Terre. Pour s'en faire une idée, M. Pierce cherche à déterminer la déviation éprouvée par un météore qui viendrait raser la surface terrestre, et il trouve que si la vitesse v' avait la valeur minimum 0,83122 que lui assigne M. Erman, la déviation de ce météore ne serait que de 2° 38'. Alors les déviations des météores qui passent à de plus grandes distances de la Terre seraient encore moindres ; ce qui est contraire à toutes les observations, qui donnent plus de 10° de déviation moyenne. Pour arriver à une déviation de 14° 10', il faut prendre $v' = \frac{1}{3}$, d'où $v = \frac{3}{4}$. Par conséquent, la vitesse relative des météores ne peut pas excéder le tiers, et leur vitesse absolue les trois quarts de celle de la Terre.

Quant aux autres éléments de l'orbite de ces météores, M. Pierce ne les a pas considérés comme assez importants pour s'en occuper. Seulement, il fait remarquer en terminant, que cette orbite étant presque couchée sur l'écliptique, et non pas perpendiculaire comme le trouvait M. Erman, il en doit résulter des perturbations considérables ; et dès lors il n'y a pas d'observations qui puissent nous mettre en état de les calculer d'une manière suffisamment exacte.

En 1842, M. Houzeau proposa une autre méthode pour calculer le point de divergence, ou le *centre d'émanation* des étoiles filantes du 10 août, mais sans appliquer cette détermination à la recherche des orbites des météores. Comme cette méthode est plus simple que celle suivie par M. Erman, nous la ferons connaître ici. Soient a et a', d et d', les ascensions droites et les déclinaisons du commencement et de la fin d'une étoile filante, N le nœud ou l'ascension droite de l'intersection de cette trajectoire prolongée jusqu'à l'équateur céleste, et i l'angle formé par le plan de cette trajectoire et le plan de l'équateur ; on aura les formules trigonométriques suivantes :

$$\operatorname{tang} d = \operatorname{tang} i \, \sin(a - N)$$
$$\operatorname{tang} d' = \operatorname{tang} i \, \sin(a' - N),$$

d'où l'on tire les valeurs :

$$\operatorname{tang} N = \frac{\operatorname{tang} d \, \sin a' - \operatorname{tang} d' \, \sin a}{\operatorname{tang} d \, \cos a' - \operatorname{tang} d' \, \cos a}$$

$$\operatorname{tang} i = \frac{\operatorname{tang} d}{\sin(a - N)} = \frac{\operatorname{tang} d'}{\sin(a' - N)}.$$

Si la trajectoire prolongée en arrière venait passer par le centre général d'émanation des météores, dont α et δ sont l'ascension droite et la déclinaison, on aurait :

$$\tan\delta = \tan i \sin(\alpha - N),$$

d'où

$$\frac{\tan\delta}{\cos\alpha} = \tan i \cos N \tan\alpha - \tan i \sin N.$$

Posant ici, pour abréger,

$$\tan i \cos N = p, \ \tan i \sin N = q,$$

et

$$\tan\alpha = y, \ \tan\delta = x\cos\alpha,$$

il viendra

$$x = py - q.$$

Chaque trajectoire d'étoile filante donnera une pareille équation de condition entre les inconnues x et y, dont on tirera les valeurs les plus probables par la méthode des moindres carrés, valeurs qui feront ensuite connaître celles des coordonnées α et δ du centre d'émanation. M. Houzeau détermine ensuite l'erreur ε, c'est-à-dire l'écart de chaque trajectoire du centre d'émanation, erreur qui a pour valeur approximative :

$$\varepsilon = \sin i \sin(\alpha - N)\cos\delta - \cos i \sin\delta;$$

mais il n'en fait point usage, et se contente de déterminer les coordonnées α et δ les plus probables du centre d'émanation pour les observations qu'il a faites lui-même à Mons les 9, 10 et 11 août 1842. Il applique le même calcul aux observations du 11 août 1823, faites à Breslau et à Gleiwitz par Brandes et Liedtky; aux observations du 11 août 1838 faites à Braunsberg par M. Feldt; enfin aux observations des 9 et 11 août 1841 faites à Vienne par M. Littrow.

M. Houzeau regarde comme *sporadiques* toutes les étoiles filantes dont les trajectoires prolongées viennent passer à plus de 15° du centre d'émanation; mais il fait ses calculs de deux manières, d'abord en ne prenant que les étoiles radiantes, puis en y ajoutant toutes les sporadiques, et il trouve que celles-ci changent complétement la position du centre d'émanation. Au contraire, ces étoiles sporadiques n'apporteraient aucun changement appréciable dans la position moyenne des nœuds des trajectoires sur l'équateur.

C'est ainsi qu'en prolongeant les trajectoires jusqu'à l'équateur,

M. Houzeau a reconnu que les nœuds affectent deux positions particulières, dont les milieux seraient vers 240 et 330 degrés d'ascension droite. En d'autres termes, il y aurait deux fuseaux principaux
d'émanation, les étoiles filantes ne rayonnant pas indistinctement
dans toutes les directions. Ceci est analogue à ce que Brandes avait
déjà trouvé sur l'orientation des trajectoires d'étoiles filantes par
rapport à l'horizon ; et n'est pas autre chose, suivant nous, que le
fait déjà annoncé par M. Littrow.

Quoi qu'il en soit, M. Houzeau a formé le tableau suivant des
positions du centre d'émanation, pour les époques qui viennent
d'être citées, et pour celles de 1837, 1839 et 1840 données par les
observations de Berlin, Breslau, Kœnigsberg et Philadelphie, dont
il a déjà été fait mention, toutes les époques étant exprimées en
temps moyens aux stations mêmes, excepté pour Mons, où les
époques sont données en temps moyen à Paris ;

Année.	Jour.	Stations.	Nombre d'étoiles.	Centre d'émanation.	
				Ascens. droite.	Déclinaison N.
1823	11,43	Breslau	4	8°40′	33°36′
1823	11,43	Gleiwitz	4	38 01	11 27
1837	10	Berlin	46	37 11	57 16
1837	10	Breslau	200	41 46	51 25
1838	11,494	Braunsberg	13	41 17	48 03
1839	9,518	Berlin	50	44 52	50 11
....	10,441	Berlin	48	43 53	52 23
....	11,424	Berlin	43	38 27	51 03
1839	10	Kœnigsberg	75	34 51	55 35
....	11	Kœnigsberg	74	37 07	55 17
1840	9,456	Philadelphie	12	36 08	55 46
....	9,544	Philadelphie	15	34 43	55 26
....	9,629	Philadelphie	29	39 15	57 07
1841	9,472	Vienne	15	32 28	56 05
1842	9,430	Mons	30	17 29	59 09
....	9,496	Mons	19	35 47	54 15
....	9,570	Mons	54	27 02	55 12
....	10,544	Mons	35	42 23	49 08
....	11,429	Mons	34	49 43	58 22
....	11,491	Mons	18	27 54	55 59

De tout cela M. Houzeau conclut : « 1° qu'on n'a pas de raison
« de supposer un déplacement progressif du centre d'émanation
« de l'averse d'août, soit aux différentes heures du jour, soit par la

« suite des années ; 2° que la situation de ce point est mieux dé-
« finie par les intersections mutuelles des trajectoires des météores,
« lorsque le phénomène a acquis une certaine intensité ; 3° qu'on
« peut admettre pour les coordonnées du centre d'émanation,
« tant pour l'Europe occidentale que pour l'Amérique du Nord,
« $\alpha = 38°$, $\delta = 55°\, N.$ »

La moyenne de ces coordonnées, en tenant compte des nombres
d'étoiles observées, serait, d'après notre calcul, $\alpha = 37°$, et $\delta = 53°$.

M. Houzeau termine son mémoire en cherchant à lier ses observations de 1842 par une formule empirique, qui exprime l'intensité du phénomène en fonction du temps ; et il trouve ainsi que le
maximum correspond au 10 août à 14 h. 10 m. (c'est-à-dire au
11 août, à 2 h. 10 m. du matin), époque qui serait en retard de
plus de 5 h. ¼ sur la prédiction de M. Littrow, dont il sera fait mention plus loin. En outre, l'apparition extraordinaire aurait commencé le 6 août à 10 h. 24 m., pour finir le 14 août à 17 h. 56 m.,
la durée totale du phénomène étant ainsi de 8 jours 7 h. 32 m. Il
est vrai que M. Houzeau n'attache pas une très-grande importance à
ce résultat, que nous citons pour montrer que l'auteur ne se doutait
pas encore de la variation horaire, sur laquelle cependant il base
son calcul. Son mémoire, présenté le 3 août 1844 à l'Académie de
Bruxelles, est inséré parmi ceux des savants étrangers, tome XVIII.

Ici se termine la partie purement théorique des étoiles filantes,
suivant les principes admis par les astronomes. On remarquera,
avec surprise, que le développement de cette théorie est dû presqu'en entier à MM. Erman, Walker, Pierce et Houzeau, qui ne
sont point des astronomes de profession, mais plutôt des physiciens ou des géomètres, les astronomes, à l'exception d'Olbers et
de M. Boguslawski, n'y ayant contribué que pour une faible part.
Quant à l'emploi des météores pour la détermination des longitudes géographiques, on va voir que les astronomes s'en sont le
plus occupés.

On sait déjà que les observations simultanées de Breslau et de
Gleiwitz, en 1823, indiquaient une petite erreur sur la longitude de
cette dernière ville, telle que la donnait la carte de la Silésie ; mais,
vu le peu de précision de ces observations sous le rapport du temps,
on ne tint pas compte de cette différence dans le calcul des hauteurs
d'étoiles filantes. Jusque-là la méthode proposée par Benzenberg
pour déterminer les longitudes géographiques n'avait pas pris faveur, et il faut arriver jusqu'en 1835 pour voir appliquer cette mé-

thode avec quelque précision. Le 25 novembre de cette dernière année, des observations faites simultanément à Philadelphie et à Priceton donnèrent 7 coïncidences, dont le résultat moyen accusait une différence de longitude qui s'accordait à $1'',2$ près avec la différence obtenue par les déterminations astronomiques. Viennent ensuite les 3 observations correspondantes faites en août 1838, à Genève et aux Planchettes, mais dont l'accord n'est pas satisfaisant.

A la fin de 1838, M. Antonio Nobile, astronome de Naples, chercha à déterminer la différence de longitude entre cette ville et Palerme, par l'observation des étoiles filantes. Les coïncidences furent en petit nombre, et l'on crut pouvoir prendre pour la longitude de Naples, d'après celle de Palerme, $47' 40'',3$; mais les observations ne nous étant pas connues en détail, nous ne pouvons apprécier ce résultat. M. Nobile a publié deux mémoires, le premier sur les étoiles filantes, dont il signale deux nouveaux retours périodiques aux dates des 29 novembre et 29 juillet, qui ne se sont pas vérifiés; l'autre sur la détermination des longitudes par les étoiles filantes, dans lequel l'auteur indique les moyens de s'assurer de l'identité des météores vus de deux stations, moyens connus de tout le monde et qui n'offrent aucune particularité nouvelle.

MM. Cappocci et Nobile à Naples, et M. Vico à Rome, essayèrent de faire les mêmes observations en 1839 et en 1840. Nous ne connaissons que les observations de Rome, au nombre de 60; mais M. Vico, qui les a publiées dans son *Recueil d'observations astronomiques*, a oublié de mettre en regard les observations de Naples, et a négligé même d'indiquer le nombre des coïncidences. Eu égard au grand éloignement des deux stations et au petit nombre des observations de Rome, il nous paraît douteux qu'il y ait eu plus d'une ou de deux correspondances. Dans tous les cas, on ne pouvait en conclure raisonnablement une différence de longitude à mettre sur la même ligne que des observations astronomiques quelque médiocres qu'elles fussent.

Les observations des 9 et 10 août 1839 donnèrent, suivant le docteur Focke, les correspondances suivantes entre Brême et Altona : $4' 37'' — 4' 37'',8 — 4' 30'',6 — 4' 36'',8 — 4' 24'',6 — 4' 25'',1 — 4' 29''$: moyenne $4' 31'',5$ en temps pour la différence de longitude; mais Olbers pensait avec raison qu'il fallait rejeter plusieurs de ces prétendues coïncidences. Les observations d'Altona par M. Focke, et de Braunsberg par M. Feldt, donneraient aussi les 3 correspondances suivantes : 42′8″,3 — 42′10″,2 — 42′9″,6 : moyenne 42′9″,4, tandis que les déterminations astronomiques accusent 42′13″ de temps pour la différence de longitude entre ces deux stations. Enfin, la comparaison entre les observations d'Altona et de Breslau, pour le 10 août 1839, a fourni les 12 correspondances suivantes, où les minutes, sont 28, et les secondes successivement 19,9 — 20,3 — 25,9 — 21,2 — 27,2 — 29,5 — 17,2 — 10,9 — 23,9 — 18,8 — 26,8 — 23,9 : moyenne 28 minutes 22 secondes. Ici les différences vont jusqu'à 8 ou 9 secondes. De cette manière, il sera toujours possible d'arriver à une moyenne qui s'accorde avec les observations astronomiques; car il suffira d'ajouter de fortes ou de faibles différences, suivant qu'il faudra augmenter ou diminuer cette moyenne, et il se trouvera toujours quelques étoiles filantes sur plusieurs centaines, qui permettront ainsi de faire varier cette moyenne cherchée.

Le 12 novembre 1839, M. Erman à Berlin, et un autre observateur à Cologne, firent des observations correspondantes, qui ne donnèrent aucun résultat d'où l'on pût conclure, soit la hauteur de quelques étoiles filantes, soit la différence de longitude entre ces deux stations très-éloignées l'une de l'autre. En effet, il n'y eut qu'une correspondance pour le temps, mais qui paraît se rapporter à deux étoiles différentes.

En août 1840, M. Quételet à Bruxelles devait faire des observations correspondantes avec celles d'Altona; mais en Belgique on n'observa qu'une partie de la nuit du 9 au 10, « *crainte de fati-* « *guer le peu d'observateurs qui voulaient bien se livrer à ce genre* « *d'observation!* »

L'année suivante, les 9 et 10 août, M. Quételet se tourna du côté de Breslau pour correspondre avec M. Boguslawski. Cette nouvelle tentative échoua comme la précédente.

En août 1842, les mêmes astronomes, de Bruxelles et de Breslau, se mirent encore en correspondance pour leurs observations, et le résultat, que nous ne connaissons pas, fut sans doute négatif. Mais M. Boguslawski fut plus heureux dans sa correspondance de la même époque, avec MM. A. Erman et Petersen à Berlin : on eut 15 observations simultanées donnant une différence de longitude d'une demi-seconde de temps supérieure à la différence astronomique; mais les observations partielles ne doivent pas être en parfait accord, puisque l'incertitude sur la moyenne est d'une seconde et tiers, ce qui suppose plusieurs secondes de variation entre ces observations partielles.

Les dernières observations de longitude par les étoiles filantes, à notre connaissance, sont celles qui furent faites le 10 août 1844, à Altona par M. R. Schumacher, et par MM. Funck, Weyer et Schmidt à Hambourg. Ces deux stations étant très-rapprochées l'une de l'autre, il y avait lieu d'espérer un grand nombre de coïncidences, et cependant on n'en obtint que 8, savoir : $6'',6 - 7,3 - 7,8 - 7,8 - 7,7 - 7,8 - 7,7 - 8,3$, moyenne $7'',6$ de temps, nombre qui diffère peu de $7'',4$ donné par les observations astronomiques.

D'après ces résultats que nous avons rapportés avec toute l'exactitude possible, il reste démontré que l'emploi des étoiles filantes pour la détermination des longitudes est plutôt scientifique que pratique, et qu'aucun astronome ne pourrait la prendre au sérieux. Dans l'état actuel de l'astronomie, avec la perfection des chronomètres et la rapidité des voyages, on aura toujours d'une manière très-précise les différences de longitude pour des stations très-rapprochées l'une de l'autre; et quand il s'agira de stations très-éloignées, les étoiles filantes ne pourront suppléer aux imperfections des autres méthodes, puisqu'il sera alors impossible de les observer simultanément, et qu'il faudrait attendre plusieurs mois avant d'apercevoir un bolide suffisamment élevé et convenablement placé. Aussi nous hâterons-nous de revenir aux observations d'étoiles filantes, dont l'utilité scientifique est moins contestable.

Si les météores du mois d'août 1839 avaient été abondants, en revanche ceux de novembre suivant furent excessivement rares. Ainsi le nombre horaire pour minuit ne fut que de 7 à Kœnigsberg, et même que 2 à Braunsberg. Partout ailleurs le temps fut si mauvais qu'aucune observation ne put être faite.

Aux 9 et 10 août 1840, le retour des météores fut encore abondant. Ainsi en deux nuits, et malgré la présence de la Lune, trois observateurs à Parme comptèrent 536 étoiles filantes. En une nuit, on en compta 222 à Genève dans la moitié du ciel, et parmi ces météores, 4 décrivirent des trajectoires semi-circulaires. Dans la nuit du 9, M. Herrick à New-Haven, et ses collaborateurs, comptèrent 818 étoiles. Enfin à Jamaïca près de New-York, M. Schœffer seul compta 112 étoiles en une heure trois quarts, vers la fin de la nuit.

Après ce retour brillant des météores du mois d'août 1840, éclipse totale de ceux de novembre suivant; les nuages masquant la disette probable de ces météores, que l'on ne put bien observer nulle part.

Cependant les observateurs américains n'avaient pas perdu de vue le retour problématique des météores d'avril. Le 18 de ce mois, 1841, en 2 heures et quart, M. Forshey enregistra 60 étoiles filantes, petites en général, rouges, lentes et courtes, qui rayonnaient d'un point placé à 198° d'ascension droite et 8° de déclinaison sud (ou bien 19°,6 de longitude et 8°,3 N. de latitude nord, tandis que la Terre marchait alors vers 299° de longitude, ce qui donne un écart de 80°,6). Le lendemain, 19 avril, M. Herrick faisait commencer des observations correspondantes à New-Haven, Cambridge, Philadelphie et Washington; mais comme on ne devait faire qu'une heure (de 11 h. à minuit), et que les nuits des 20 et 21 furent couvertes, on n'obtint aucune coïncidence. D'ailleurs les étoiles parurent en si petit nombre, qu'on en compta seulement 13 à Philadelphie, sans rayonnement apparent.

Le 9 août 1841, M. Colla de Parme put compter 80 étoiles filantes, et 283 la nuit suivante. Celles-ci se composaient de 203 étoiles à teinte blanche, 34 jaunes, 30 rouges et 16 bleuâtres. Il y en eut 25 avec traînées, 191 animées de mouvements rapides, 62 de mouvements moyens, et 30 de mouvements lents. Ce classement de météores par couleur est peut-être le premier, ou du moins le plus complet jusque-là. A Guastalla, dans le même duché, 4 observateurs comptèrent 257 étoiles filantes du 9 au 10, et 440 du 10 au 11. En d'autres lieux, comme Bruxelles, Paris, Dijon, Hambourg, Breslau, Vienne en Europe, et Pensacola, Ohio, dans les États-Unis, on en compta moins.

Le mois de novembre 1841 se montra encore défavorable au retour des météores. Quoique le temps fût très-beau dans la première partie de la nuit du 12 au 13, M. Quételet en vit moins que dans les temps ordinaires et ne se donna pas la peine de les compter. Heureusement deux observateurs prirent des nombres, en des stations où l'on ne s'était jamais occupé de pareilles recherches. Un ingénieur des mines, dans les Asturies, compta 16 étoiles filantes dans le quart du ciel, en une heure de la matinée du 14 novembre. A l'île Sainte-Hélène, dans la nuit du 12 au 13, M. Lefroy compta 15 étoiles avant minuit; puis, d'heure en heure, 10, 15, 22 et 29; enfin, 11 de 4^h à 4^h 40^m, moment où le ciel se couvrit.

Une série d'observations s'étendant du commencement d'octobre 1840 jusqu'à la fin de septembre 1841, et embrassant ainsi une année complète, avait été faite par M. Eugène Bouvard à l'observatoire de Paris, dans le but de rechercher si en effet la Terre allait à la rencontre des étoiles filantes, conformément à l'opinion de Brandes, adoptée par M. Arago. M. Bouvard, qui observait seul, autour de minuit, et ne pouvait voir tout le ciel à la fois, se tournait donc vers l'est-nord-est, c'est-à-dire vers les régions du ciel où se dirige la Terre dans son mouvement orbital. C'est à cette circonstance qu'il faut attribuer le résultat presque négatif ainsi obtenu. En effet, lorsqu'on se tourne vers l'est, on ne voit guère que les étoiles qui viennent des régions de l'ouest; et pour voir principalement les étoiles venant de l'est, il eût fallu se tourner vers l'ouest. Voici le tableau qui résume toutes ces observations :

	Temps.	Étoiles.		Temps.	Étoiles.
Octobre 1840..	5^h 14^m	30	Avril.........	6^h 42^m	43
Novembre......	7 17	70	Mai...........	4 21	24
Décembre.....	4 32	23	Juin..........	6 03	40
Janvier 1841...	5 01	27	Juillet........	5 09	72
Février........	4 35	21	Août.........	4 50	69
Mars..........	11 16	55	Septembre.....	9 22	98

Ainsi, en 74 heures 22 minutes, comprenant 86 jours, M. Bouvard a observé 572 étoiles filantes, parmi lesquelles il y en eut 326 dont la durée fut de 0 à 1 seconde, 154 de 1 à 2 secondes, 43 de 2 à 3 secondes, 23 de 3 à 4 secondes, 9 de 4 à 5 secondes, 2 de 5 à 6 secondes, et 1 de 6 à 7 secondes. M. Bouvard fait ensuite les totaux pour les 16 directions azimuthales, prises deux à deux et opposées l'une à l'autre; enfin, pour les signes du zodiaque, aussi deux à deux et opposés, où les étoiles filantes viendraient couper l'écliptique dans le sens de leur mouvement. Les résultats auxquels il parvient ainsi ne sont pas concluants, et il en convient lui-même. Il n'en pouvait être autrement, lorsque l'observateur se dirige constamment vers le même point du ciel, et tourne le dos au phénomène qu'il veut observer.

L'année 1842 s'ouvre par les observations que M. Herrick fait constamment au 20 avril. Quatre observateurs sous sa direction comptèrent 7 étoiles filantes de $10^h 20^m$ à 11^h, puis d'heure en heure, 13, 20, 22, 34 et 55, total 151. La Lune, à 10 jours de date, ne se coucha qu'à 3^h du matin. Il n'y eut aucun point radiant bien caractérisé.

Aux environs du 10 août, le nombre des étoiles filantes fut encore considérable, d'après les observations de Paris, de Lyon, de Montpellier, de Parme, de Bruxelles, de Mons, de Breslau, de

Vienne et de New-Haven. Ce qu'il y eut de particulier dans ce retour, c'est que le maximum devait arriver entre 9 et 10 heures du soir, d'après les supputations de M. Littrow, basées sur une prétendue rétrogradation indiquée par les catalogues; et ce qu'il y eut de très-ordinaire, c'est que ce maximum arriva comme toujours aux dernières heures de la nuit.

A côté de cette prophétie manquée, il y eut un miracle attesté par M. Nathan Lapton, personne intelligente et très-véridique de la *Société des amis*, dont le témoignage fut adressé à M. Olmsted dans une lettre datée du 23 août 1842, de Winchester en Virginie : « Le « 22 août, entre 1 et 2 heures de l'après-midi, l'attention de « M. Lapton et de sa famille fut attirée par des enfants qui étant « dans le jardin voyaient quelque chose d'extraordinaire au ciel. « Comme on ne remarquait pas d'abord ce qui attirait leur atten- « tion, les enfants se mirent à crier : Voyez donc en l'air ces choses « qui brillent ! En regardant près du zénith, on aperçut une pluie « continuelle de météores. Pour n'être pas ébloui par les rayons du « soleil, M. Lapton noircit un morceau de verre, au travers du- « quel il observa cette singulière apparition, qu'il put voir pendant « une heure et plus. Les météores paraissaient venir d'un point « situé près du Soleil et suivaient toutes les directions, beaucoup « semblant tomber vers la terre. »

En novembre 1842, l'état du ciel ne permit pas de faire des observations bien positives. Le nombre des étoiles filantes ne parut pas extraordinaire dans les éclaircies. Aux États-Unis, M. Herrick et un aide comptèrent néanmoins 46 étoiles de 3 à 4 h. du matin ; et à Rochester (New-York) on en compta *passablement* dans l'intervalle qui s'écoula entre le coucher de la Lune et le lever du Soleil.

L'année 1843 fut malheureuse pour les observateurs des apparitions d'août et de novembre. On entrevit quelques étoiles filantes à Hambourg et à Bruxelles, à la première de ces époques; et à la seconde, M. Bache, en Amérique, dit avoir compté moins d'étoiles filantes que dans les nuits ordinaires. MM. Bache et Espy essayèrent, dans la nuit du 14 au 15 novembre, de faire quelques observations sur la parallaxe de ces météores, mais on ne donne pas leurs résultats, s'ils en ont obtenu.

Parmi les observations faites en août 1844, on peut citer celles de Bruxelles et de Gand, qui ont donné à peu près les mêmes quantités d'étoiles que les années précédentes. Mais celles de New-Haven, faites par quatre observateurs, en donnèrent le double, savoir : 367 du 9 au 10, en 3ʰ 40ᵐ, dans les deux cinquièmes du ciel ; et durant la nuit du 11 au 12, six observateurs comptèrent 622 étoiles par un ciel serein, ainsi réparties : 96 étoiles de 9ʰ 50ᵐ à 11ʰ, puis d'heure en heure 105, 118, 151, 152.

On ne voit plus guère ici que deux centres d'observations, Bruxelles et New-Haven, et tous les observateurs ont disparu à l'exception de M. Quételet et de M. Herrick. Ils observèrent encore au mois d'août de l'année suivante, et comptèrent à peu près le nombre d'étoiles que donne habituellement ce retour périodique.

Un nouvel observateur, cependant, avait commencé en juillet 1842, des observations plus suivies : c'est M. Schmidt, qui s'occupe particulièrement de noter la couleur apparente des météores, imitant en cela l'exemple que M. Colla de Parme avait donné l'année précédente pour les météores du mois d'août. M. Schmidt a observé seul, tantôt sur le Hohenfeld près de Hambourg, tantôt à l'observatoire de cette ville, tantôt enfin à celui de M. Schumacher à Altona. Voici le résultat sommaire de toutes ces recherches :

	1842.	1843.	1844.
Nombre d'étoiles filantes......	311	385	523
Venant du nord...........	21	80	78
— du sud............	20	84	72
— de l'est............	108	151	247
— de l'ouest..........	30	79	76
— du nord-est.........	—	—	11
— du sud-est.........	—	—	10
— du sud-ouest........	—	—	11
— du nord-ouest......	—	—	8
Première grandeur.........	90	86	82
Seconde —	95	110	99
Troisième —	76	108	155
Quatrième —	32	63	115
Cinquième —	15	14	54
Sixième —	3	2	13
Blanches..............	264	282	352
Jaunes................	5	26	86
Oranges	21	46	17
Vertes...............	5	19	27
Nébuleuses............	16	13	40

M. Schmidt se trouvait en 1845 à l'observatoire de Benzenberg, près de Dusseldorf, où sans doute il aura continué les mêmes observations. Outre les éléments dont nous venons de citer les moyennes, il observait encore le temps des apparitions, la marche des météores à travers les constellations, et leur vitesse plus ou moins grande. Il pense que les différences de couleurs accusent une différence chimique, de sorte que toutes les étoiles filantes ne doivent point être regardées comme de même nature. Il a aussi étudié les particularités qu'offrent les traînées d'étoiles filantes, tantôt droites et à bords parallèles, tantôt plus larges et plus brillantes vers le milieu, tantôt enfin croissant en largeur et en éclat, jusqu'à l'instant où le météore s'éteint. Le décroissement plus rapide de lumière qui a lieu quelquefois dans le milieu des traînées semble confirmer en général, pour lui, ce qu'on a déjà supposé plusieurs fois, savoir que les traînées auraient la figure d'un cylindre ou d'un cône creux.

Mais, pour apprécier les résultats ci-dessus, il faudrait savoir, en ce qui regarde les *directions*, si M. Schmidt se tournait constamment du même côté du Ciel, comme M. Bouvard, ou s'il promenait ses regards sur les diverses régions du Ciel; et quant aux *couleurs*, il faudrait connaître la hauteur apparente des étoiles au-dessus de l'horizon, toutes devenant diversement colorées à mesure qu'elles se rapprochent de ce cercle, afin de reconnaître celles qui sont naturellement colorées, et celles qui ne le deviennent qu'accidentellement.

Quant à des données certaines sur la composition chimique des étoiles filantes, on n'en a point obtenu dans le cours de cette période, puisque aucun de ces météores n'est parvenu jusqu'à la terre, nonobstant la déposition de quelques témoins qui ont dû se faire illusion. En revanche, les chimistes ont pu entreprendre de nombreuses recherches sur les pierres météoriques, et il est peu de ces pierres tombées durant ce siècle qui n'aient été analysées. Les résultats ainsi obtenus ont toujours été à peu près les mêmes; pour ne pas tomber dans des répétitions fastidieuses, nous nous bornerons à citer les conclusions de M. Berzélius, qui a publié en 1834 le mémoire le plus complet et le plus remarquable sur ce sujet. L'illustre chimiste suédois a fait les analyses chimiques et minéralogiques des pierres tombées à Blansko, à Chantonnay, à Lontalax, à Alais, à Pallasolivin et à Elbogen. Dix-huit corps simples s'y sont rencontrés, savoir : 7 métaux, fer, nickel, cobalt, manganèse, cuivre, étain, chrome; 6 radicaux terreux et alcalins, silicium, calcium, potassium, sodium, magnésium et aluminium; 4 combustibles non métalliques,

hydrogène, soufre, phosphore et carbone ; enfin le corps combu-
rant, oxygène.

Ces éléments forment les corps minéralogiques suivants : 1° du
fer métallique, allié avec un peu de nickel, de cobalt, d'étain et de
cuivre, et combiné avec un peu de magnésium, de soufre et de
carbone ; 2° du *sulfure de fer*, contenant 46 de fer sur 54 de soufre :
c'est la pyrite ordinaire, non attirable à l'aimant ; 3° du *fer magnétique* : c'est encore un sulfure de fer qui contient 58 de fer sur 42
de soufre ; comme son nom l'indique, ce sulfure est attirable à
l'aimant ; 4° de l'*olivine*, ou péridot non cristallin, se présentant
sous forme de grains, et étant composée comme l'olivine des volcans, de magnésie 39, silice 41, fer 18. Cette olivine météorique
constitue environ la moitié de ce qui reste quand on a enlevé les
métaux attirables à l'aimant ; 5° des *silicates*, c'est-à-dire de la silice
combinée avec la chaux, la magnésie, l'alumine, la soude, la po-
tasse, les oxydes de fer et de manganèse et de l'eau. Dans ces silicates, la silice est en proportion double de tous les autres corps, et
il en résulte peut-être deux minéraux analogues au *pyroxène* et à
la *leucite* ; 6° du *chromate de fer* en petite quantité, mais constant ;
7° enfin de l'*oxyde d'étain*.

Il faudra donc renoncer à l'espoir de rencontrer dans les pierres
météoriques, nous ne dirons pas des empreintes fossiles de corps
organisés, mais même des substances minérales étrangères à notre
globe, quelque matière chimique différente de toutes celles que
l'on a déjà trouvées dans les entrailles de la Terre. Ces pierres météoriques ne renferment pas même le tiers des substances dont se
compose l'écorce de notre globe ; ce qui prouve qu'elles viennent
de régions du Ciel plus pauvres en espèces, ou si l'on veut moins
riches que notre petite planète. Eu égard à cette constance de composition des pierres météoriques, M. Berzélius veut qu'elles aient
une commune origine, en sorte que l'hypothèse sélénique de Laplace aurait pour lui plus de probabilité que toute autre.

Il est probable que le chimiste suédois sera demeuré, sous une
forme ou sous une autre, partisan de l'hypothèse sélénique, d'accord
en cela avec le professeur de Dusseldorf. Celui-ci vécut encore 7 ans
après la publication de son système, et il est à présumer qu'il y
aura persisté jusqu'à sa mort, arrivée en juin 1846, c'est-à-dire trois
mois après la mort de Bessel.

L'illustre astronome de Kœnigsberg était arrivé à l'âge de 62 ans.
Disciple d'Olbers, il n'avait pas plus dédaigné que lui de s'occuper

11

d'étoiles filantes; mais il avait mis dans cette étude moins d'ardeur ou plus de retenue que son maître vénérable. Quant à Benzenberg, il est mort victime de la science, à l'âge de 69 ans, par les progrès d'une paralysie qu'avait sans doute engendrée la fatigue des observations nocturnes auxquelles il se livrait en plein air. Fils d'un pasteur protestant du village de Schœller, près de Dusseldorf, il a légué à cette ville le magnifique observatoire qu'il avait fait bâtir dans sa campagne de Bilk, ainsi que ses instruments de physique et d'astronomie, pour l'entretien desquels il a destiné les intérêts d'une somme de 7000 thalers (25 000 francs).

Cet ardent promoteur des observations météoriques aura pu s'apercevoir que les espérances qu'on avait fondées sur la coopération des astronomes s'étaient à peu près toutes évanouies, aucune de leurs explications n'ayant été confirmée par les faits postérieurs, aucune de leurs prédictions ne s'étant réalisée. Toutefois, les observations faites durant cette période, et les catalogues formés d'anciennes observations, ne seront pas inutiles à la science. Il était d'ailleurs nécessaire d'essayer de toutes les hypothèses, afin de pouvoir choisir celle qui représentera le mieux l'ensemble du phénomène. On pourrait seulement reprocher aux astronomes de s'être trop tôt jetés dans les explications, et de n'avoir pas suivi la marche qui avait assuré à l'astronomie le premier rang qu'elle occupe parmi les sciences d'observation. En effet, l'astronomie n'est arrivée à ce degré de perfection qu'en accumulant les faits, en les discutant avec soin, en déduisant des lois, en remontant finalement au principe de l'attraction universelle. De même, dans l'étude des étoiles filantes, il fallait commencer par ce pénible travail de détail, réclamé de tout le monde et que personne n'a voulu exécuter, afin d'arriver à quelques faits généraux qui permissent d'atteindre à un principe fondamental. Au lieu de cette marche prudente, les astronomes ont voulu tout de suite assimiler les météores à des planètes tournant autour du Soleil, ce qui les dispensait de préliminaires fatigants, puisqu'il suffisait d'observer trois des éléments de la route suivie par ces astéroïdes de nouvelle espèce; en d'autres termes, il fallait seulement noter les époques des apparitions, les directions données par les points de divergence ou de convergence, et la vitesse des météores connue par leur durée et leur élévation dans l'atmosphère.

Il est donc certain que la science des météores ignés a fait ce faux pas, uniquement parce que l'astronomie se trouvait trop avancée. Les astronomes ont péché par excès de science, et une fois lancés dans cette fausse direction, l'amour-propre les y a fait persister. Otez-leur la connaissance qu'ils ont du mécanisme de notre système planétaire, privez-les des formules que les plus grands géomètres leur ont données, qui permettent de déterminer une orbite à l'aide d'un très-petit nombre d'observations, et alors ils étudieront le phénomène des étoiles filantes avec ce zèle et cette précision bien reconnus, en lui-même et non plus à l'aide de trompeuses analogies, en hommes qui désirent accroître leurs connaissances, et non en docteurs qui veulent montrer la supériorité de leurs talents.

Au lieu de cela, nous voyons cinquante astronomes de profession, et autant d'astronomes amateurs, lever les yeux certains jours de l'année, une fois, deux fois, pas trop, et s'écrier : « *C'est évi-* « *dent!* les météores sont des comètes, des planètes, des astéroïdes « en un mot, qui effectuent leur révolution en six mois ou un an, « à moins qu'elles ne soient de trois ans ou de six ans, au pis-aller « de trente-quatre ans; qui suivent des orbites plus ou moins in- « clinées, quasi-couchées sur l'écliptique suivant les uns, et sui- « vant d'autres perpendiculaires ou peu s'en faut sur ce plan; allant « raser le Soleil à leur périhélie, ou faisant cette opération sur la « Terre même, après avoir visité les planètes supérieures; mar- « chant par groupes, comme des *essaims* d'abeilles, ou à la file « comme les grains d'un chapelet sans bouts; formant ainsi des « *anneaux* diversement entrelacés, peut-être avec des interruptions « réelles, ou des coupures cimentées par de la poussière d'asté- « roïdes; faisant quelquefois fausse route, comme des météores « vagabonds, *sporadiques*, sans essaim ni anneau connus, etc., etc. » D'abord, il n'existait qu'un essaim, puis il y en eut deux qui s'allongèrent en anneaux, puis il y en eut trois ou quatre, puis huit, et, le temps et les astronomes aidant, il en fût venu un nombre assez considérable pour envelopper la Terre et les planètes inférieures dans un réseau inextricable, tourbillon d'insectes planétaires, qui, après avoir vidé les flancs de la Lune (comme dit Benzenberg), allaient *offusquant* la lumière et la chaleur solaire (comme dit M. Erman), en attendant qu'ils dévorassent le Soleil lui-même.

Les astéroïdes de novembre, d'abord les seuls véritablement et authentiquement périodiques, avaient vu s'élever une concurrence redoutable dans ceux du mois d'août. Pendant quelques années, une espèce de lutte s'établit entre les partisans de ces deux groupes météoriques, les uns appelant de tous leurs vœux cette réapparition du 13 novembre, qui allait visiblement en déclinant, et les autres épiant avec joie la fécondité croissante des météores du 10 août. Bientôt l'issue de la lutte ne fut plus douteuse, et à chaque *déroute* des météores de novembre, les rangs de leurs partisans s'éclaircissaient, tant qu'à la fin personne ne daigna plus s'en occuper.

QUATRIÈME PÉRIODE [1].

La marche capricieuse des météores ayant trompé toutes les prévisions, tous les calculs des astronomes, nous sommes forcés de quitter les espaces célestes pour revenir sur notre globe, en traversant cette prétendue couche d'électricité signalée par l'un de nos géomètres. Nous nous arrêterons un moment dans la région de l'aurore boréale, où beaucoup de physiciens placent encore l'origine des étoiles filantes. Un pied dans cette région, l'autre dans les espaces planétaires, M. Quételet reste indécis, persuadé que les météores *viennent souvent se mêler aux aurores boréales, ou se trouvent remplacés par elles aux époques de périodicité.* L'amiral Wrangel, naviguant dans la mer polaire, prétend avoir vu *certaines parties de l'aurore boréale, restées obscures, s'enflammer tout à coup lorsqu'elles étaient traversées par une étoile filante, et garder ensuite leur éclat rougeâtre.* M. Olmsted voulait que la lumière zodiacale ne fût qu'une agglomération, un nuage d'étoiles filantes. M. Biot admettait volontiers l'identité des deux phénomènes, mais avec la condition de rendre à la lumière zodiacale la forme lenticulaire que lui avait trouvée Cassini. M. Houzeau avait ensuite cherché à mieux préciser le nœud ascendant du plan médian de cette lentille, qu'il place à 1° 59' de longitude héliocentrique, avec une inclinaison de 3° 35' sur l'écliptique, position assez différente de celle de l'équateur solaire. Aurore boréale, lumière zodiacale, ou électricité des régions célestes qui confinent à notre atmosphère, telle doit être aussi la nature des météores pour M. Wartmann de Genève, pour M. Colla de Parme, pour M. Forster, et plusieurs autres savants, qui ne veulent admettre ni la nature planétaire des étoiles filantes, ni leur origine terrestre.

Quant à l'hypothèse d'une formation de ces météores par des

---

[1] Cette partie de l'*Introduction historique* étant consacrée aux premières observations de M. Coulvier-Gravier, n'a pu être rédigée que par son collaborateur M. Saigey.

exhalaisons répandues dans l'atmosphère, il nous semble que MM. Fischer, Ideler et Égen ont été les derniers à la soutenir. Reste enfin l'opinion de ceux qui, sans s'occuper de l'origine et de la nature des étoiles filantes, ont cru que ces météores avaient des rapports plus ou moins intimes avec les vicissitudes atmosphériques, surtout avec les vents. Presque tous les poëtes de l'antiquité y ont fait allusion. Les philosophes ont été encore plus précis; Théophraste chez les Grecs, et Pline chez les Latins, faisaient venir les vents de la partie du ciel où se dirigeaient les étoiles tombantes. Chez les modernes, la même opinion a été presque générale jusqu'au commencement de ce siècle. Nous avons vu M. de Humboldt, dans la description qu'il donne de l'apparition météorique de Cumana, faire suivre aux étoiles filantes la direction du vent. Le docteur Patrin, en 1800, remarquait la même simultanéité. M. Arago, à la suite de *nombreuses observations* faites des nuits entières sur les montagnes de Valence, constatait aussi ce fait capital des étoiles filantes entraînées par le vent régnant. Le docteur Burney, après plusieurs années d'observations, annonçait en 1821 que les étoiles filantes étaient les pronostics de forts coups de vent, mais sans indiquer leur direction. Les marins du Ténessée, dans le golfe du Mexique, voyaient aussi les étoiles filantes du 13 novembre 1833 obéir à l'impulsion du vent. Enfin le célèbre Palmer faisait venir ces météores par bouffées d'air.

Mais jusque-là cette prétendue influence des étoiles filantes sur le vent, ou du vent sur les étoiles filantes, n'était donnée que comme un résultat immédiat de l'observation, sans aucun système explicatif, sans aucune déduction théorique. Tout en appréciant comme elles doivent l'être les observations qui viennent d'être citées, on est forcé de reconnaître que leurs auteurs n'ont point essayé de les coordonner, d'en tirer quelques lois ou quelques principes susceptibles d'être vérifiés par des observations ultérieures. Cette tâche devait être remplie par M. Coulvier-Gravier, lequel depuis nombre d'années observait les relations qui pouvaient exister entre les apparitions météoriques et l'état de l'atmosphère. Malheureusement pour lui, le système auquel il s'arrêta fut présenté à une époque où les météores, envisagés comme des astéroïdes, ne pouvaient plus avoir aucune influence sur l'atmosphère, dans laquelle ils pénétraient en s'enflammant. Comme les diverses portions de ce travail ont été successivement présentées à l'Académie des sciences, avec les faits à l'appui, on doit, pour compléter cette partie historique, en faire ici mention d'une manière toute spéciale ; et il est nécessaire de caractériser avec soin la pensée de l'auteur, que l'on n'a pas toujours bien comprise.

Depuis 1811, l'attention de M. Coulvier-Gravier avait été attirée sur ce genre de phénomènes, et il a continué depuis à s'occuper de ce sujet sans interruption. Il crut remarquer cette relation entre l'existence du vent et l'apparition des météores, déjà signalée dès la plus haute antiquité, et admise comme vraie par beaucoup d'observateurs modernes ; mais il n'avait aucune connaissance de cette partie historique, et son système n'eut pour ainsi dire qu'un point de contact avec les idées qu'on avait émises avant lui.

M. Coulvier-Gravier ne s'est nullement occupé de l'origine et de la nature des étoiles filantes, et il abandonna presque aussitôt l'hypothèse qu'il avait admise d'une formation électrique, concentrant toute son attention sur la marche du phénomène. Il plaça d'abord les étoiles filantes dans une région de l'atmosphère, très-élevée au-dessus de celle où apparaissent les nuages. Cette *région supérieure* éprouvait, de même que la *région inférieure* ou des nuages, des mouvements dont il ne recherchait point la cause, des *courants* en un mot analogues aux courants d'air qui se font sentir à la surface du globe. Ces *courants supérieurs* compensaient par leur rapidité le peu de densité de l'air qu'ils entraînaient, et leur influence se faisait toujours sentir à la longue, sur la région inférieure de l'atmosphère, de la même manière que nous voyons l'air de la couche inférieure imprimer aux eaux de l'Océan, beaucoup plus denses, un mouvement qui les porte dans le même sens, avec une vitesse il est vrai beaucoup moins grande. Or, ainsi que les nuages, dans leur mouvement progressif, accusent le sens et l'intensité du vent qui les emporte ; ainsi les étoiles filantes devaient accuser le sens et la vitesse de ces courants supérieurs.

Telle était donc l'idée fondamentale de la théorie de M. Coulvier-Gravier. Pour la rendre plus scientifique, il eût suffi d'admettre que les couches supérieures de l'atmosphère, en contact avec le *milieu éthéré* des physiciens ou bien avec le *milieu résistant* des astronomes, en éprouvaient une influence qui se propageait de proche en proche, des couches supérieures aux couches inférieures, les mouvements s'amortissant en raison de l'accroissement de densité de l'air. En donnant ainsi à sa théorie une forme cartésienne, qui eût lié toutes les parties d'un grand ensemble de phénomènes, en l'appuyant de raisons plus ou moins spécieuses, en recourant surtout à l'analyse mathématique, que nos observateurs modernes emploient souvent à tout propos et hors de propos, notre auteur l'eût peut-être fait goûter aux savants dont il demanda plus tard l'avis et la protection.

Quoi qu'il en soit, M. Coulvier-Gravier admettait que le sens et l'intensité du vent des régions inférieures, devaient être finalement dans le sens des courants supérieurs et en rapport avec l'intensité de ceux-ci. Il admettait ensuite, avec tous les météorologistes, que les vents pluvieux, dans nos contrées, viennent principalement du Sud-Ouest et des directions voisines jusqu'au Sud-Est et au Nord-Ouest, où commencent les vents secs, dont la direction principale est le Nord-Est. Quant à la chaleur, elle nous venait toujours du Sud principalement; et le froid, du Nord et des points adjacents. D'où l'on peut conclure, par la superposition de ces deux causes, des vents chauds et humides entre le Sud et le Sud-Ouest; des vents froids et secs, entre le Nord et le Nord-Est.

Jusque-là on ne voit pas encore l'importance de ces remarques en météorologie, pour pronostiquer l'état de l'atmosphère; mais, si l'on fait attention que l'influence des courants supérieurs est lente et progressive, et que ce n'est que plusieurs jours après qu'elle se fait assez sentir sur l'air inférieur pour en modifier la direction; on sera en état, d'après l'auteur, de prévoir à la simple inspection de la marche des étoiles filantes, et plusieurs jours à l'avance, les changements atmosphériques qui devront survenir. Ainsi, constance du beau temps, si les courants supérieurs et inférieurs viennent les uns et les autres du Nord-Est; permanence du mauvais temps, si ces courants viennent également du Sud-Ouest et des directions environnantes; enfin, état variable de l'atmosphère, tendant au beau, si les courants inférieurs sont au Sud-Ouest et les supérieurs au Nord-Est, et tendant au mauvais, si les premiers venant du Nord-Est, les seconds ont passé au Sud-Ouest.

Si, par exemple, il doit y avoir changement progressif dans le même sens, tout autour de l'horizon, ou ce que M. Dove appellerait une *rotation des vents*, les courants supérieurs, pour M. Coulvier-Gravier, c'est-à-dire les étoiles filantes, tourneront du Nord à l'Est, pour passer ensuite au Sud, puis à l'Ouest; et les courants inférieurs, c'est-à-dire les vents sensibles à la surface du globe, tourneront dans le même sens, tout en restant en arrière des premiers. Quand cette rotation s'accomplit en un an, il en résulte une année normale, dans laquelle tous les changements sont progressifs. Mais

habituellement il y a trouble dans cette marche, agitations extraordinaires des courants supérieurs, brusques changements dans la région des nuages, et par suite une année anormale ou tourmentée.

Ainsi, d'après M. Coulvier-Gravier, toute la science de la météorologie, en tant qu'elle peut prévoir les phénomènes prochains, se
trouverait dans la connaissance de ces mouvements propagés de
haut en bas; et, pour aller plus loin, il resterait à trouver la cause
encore inconnue de ces changements, tant réguliers qu'irréguliers.
Comme cas particuliers des courants supérieurs, M. Coulvier-Gravier cite la rencontre de deux courants, qui infléchissent quelquefois
les trajectoires des étoiles filantes; de même qu'on voit, dans la
région des nuages, ceux-ci aller parfois en sens divers, par l'influence de courants qui ne s'accordent point entre eux. Il cite encore certaines étoiles filantes qui, par la grandeur de leur trajectoire, accusent la prédominance décidée d'un courant supérieur,
auquel rien ne résiste, et qui communiquera à là masse d'air inférieur un mouvement d'une énergie proportionnée. En d'autres
termes, il y a pour lui des étoiles filantes annonçant les tempêtes,
dont la couleur est rougeâtre, la forme globuleuse, et la marche
très-longue, quoique moins rapide que celle des courants partiels
régnant à de plus grandes hauteurs.

L'originalité de ces vues indique clairement que M. Coulvier-
Gravier les avait tirées de son propre fonds, et ne les donnait point
comme le perfectionnement des idées antérieurement émises dans
des ouvrages dont il n'avait pas même pris connaissance. Ce n'est
qu'en 1832 qu'il chercha à se mettre en rapport avec le monde savant, et fit dans ce but un premier voyage à Paris. L'année suivante, il était arrivé à l'idée fondamentale, qui depuis l'a toujours
dirigé. Dès lors il n'a cessé d'observer le phénomène des étoiles
filantes, soit comme vérification de son hypothèse, soit comme
moyen d'en développer les conséquences. Malheureusement pour
la science positive, qui ne s'occupe pas des causes finales, mais des
choses en elles-mêmes, il avait négligé d'enregistrer ses observations; et ce n'est qu'en 1839 qu'il écrivit à M. Arago une note,
que ce savant communiqua à l'Académie des sciences, note qui fut
renvoyée à l'examen de l'honorable secrétaire perpétuel et de
MM. Pouillet et Savary. Vers la fin de 1840, il fit connaître les
premières observations écrites, à l'appui de sa doctrine. C'est alors
que M. Arago lui conseilla de tenir un journal pour y inscrire quo-
tidiennement les *directions* des étoiles filantes, comme l'élément

essentiel du système en question. Depuis cette époque jusqu'au commencement de 1845, M. Coulvier-Gravier communiqua régulièrement à l'Académie des sciences les observations faites toutes les fois que le temps le permettait, avec quelques perfectionnements demandés par l'illustre secrétaire perpétuel. C'est ainsi qu'à partir de juillet 1841, on donna, en outre des directions, le nombre des étoiles filantes, le commencement et la fin du temps de l'observation de chaque nuit; et pour embrasser tout le ciel, deux observateurs ayant été jugés nécessaires, M. Coulvier-Gravier s'adjoignit l'un de ses employés, M. Chartiaux, qui depuis n'a cessé de lui venir en aide avec un zèle et une intelligence peu commune.

A la mort de Savary, M. Babinet le remplaça dans la commission académique chargée de rendre compte de toutes ces recherches, et de donner son avis sur le système de leur auteur. Pour activer ce rapport tant désiré, M. Coulvier-Gravier abandonnait périodiquement ses occupations commerciales, et faisait *douze* voyages de Reims, théâtre de ses observations, à Paris, centre des lumières et des commissions peu diligentes. Fatigué de toutes ces lenteurs, M. Coulvier-Gravier prit un parti extrême : il brûla ses vaisseaux, ou, en termes plus vulgaires, il abandonna son industrie pour se vouer exclusivement à l'étude des météores; et, afin de rendre sa résolution plus irrévocable, il vint avec sa famille se fixer à Paris, à proximité de cet observatoire royal, où il croyait trouver les moyens de continuer ses laborieuses recherches. Il pensait que, puisque le savant directeur de cet établissement réclamait des observations suivies sur un phénomène qui alors occupait tout le monde, il ne devait pas être inutile de recourir à un observateur qui y mît son temps et son avenir. Mais M. Arago avait désapprouvé ce déplacement; il en parut contrarié, et refusa net de venir en aide à l'observateur.

Ainsi, depuis novembre 1843 jusqu'à ce jour, les observations de M. Coulvier-Gravier ont été faites à Paris, sur le plan qui avait été adopté à Reims depuis juillet 1841. Des relations nouvelles se renouèrent entre lui et M. Arago, par suite des lectures qu'il faisait à l'Académie, comme aux 19 février, 15 et 19 août 1844, en janvier et en février 1845 ; mais ces communications n'ayant trait qu'au développement de la théorie exposée ci-dessus, et aux faits successivement observés, il est inutile d'en entretenir nos lecteurs.

Du 1er juin au 26 juillet 1844, M. Coulvier-Gravier remit chaque matin à M. Arago ses observations de la nuit, avec les inductions relatives aux phénomènes atmosphériques. Malheureusement pour notre observateur il y eut incertitude dans les résultats, due à la presque égalité de directions des étoiles filantes pendant cet intervalle de temps. De là des objections et des discussions interminables sur le fond et la forme du système ainsi mis à l'épreuve.

Vers la fin de 1844, M. Coulvier-Gravier avait demandé au ministère de la marine des commissaires qui voulussent bien juger sa théorie, et surveiller les observations qu'il pourrait faire à l'appui. Renvoyée à M. Daussy, cette demande fut immédiatement repoussée. Toutes les instances faites ailleurs furent également sans succès.

C'est alors (en mars 1845) que M. Coulvier-Gravier vint me présenter ses observations, sur l'indication de M. Sainte-Preuve, un de nos amis communs. Mon premier mot fut que, ne m'étant jamais occupé de ce sujet, je ne voyais pas en quoi je pourrais lui être utile; mais apprenant qu'il avait fait de nombreuses observations sur les étoiles filantes, je l'invitai à me les communiquer dès le lendemain, persuadé que faites sur un sujet qui me paraissait neuf, elles devaient donner quelques résultats généraux, quelques lois enfin encore inconnues. Après m'être assuré que M. Arago, qui jusque-là semblait avoir conseillé l'auteur, n'en avait tiré aucun parti, nous nous mîmes à dépouiller ces volumineux registres, classant les météores par nombre et par direction, les seuls éléments dont on se fût occupé. Il y avait bien d'autres circonstances relatées; mais comme elles concernaient la météorologie, je conseillai à M. Coulvier-Gravier de les négliger pour le moment, toute notre attention devant se porter sur le phénomène des étoiles filantes en lui-même. Autrement dit, je conseillai à l'auteur de mettre de côté son idée théorique, lui rappelant, pour le persuader, la situation peu flatteuse des astronomes dont le système, beaucoup plus savamment étayé, s'était néanmoins écroulé sous une masse encore si faible d'observations.

Les résultats de ce dépouillement, qui avait exigé trois mois d'un travail assidu, et la discussion à laquelle ils avaient été soumis, formèrent la matière de trois mémoires, qui furent présentés à l'Académie des sciences, au nom de M. Coulvier-Gravier lui seul, ne voulant point, par ma coopération avouée mettre obstacle aux bonnes dispositions que M. Arago pouvait montrer à l'égard de l'auteur des observations.

Le premier de ces mémoires, lu à la séance du 5 mai 1845, est relatif aux étoiles filantes, considérées sous le rapport du nombre. Dans la première partie de ces recherches, on expose la méthode d'observations déjà indiquée ci-dessus, ainsi que le résultat général, mois par mois, année par année, depuis juillet 1841 jusqu'à la fin de février 1845, des nombres d'étoiles filantes et de la durée des observations, donnant un total de 5302 étoiles filantes vues en 1054 heures.

La seconde partie est relative à la *variation horaire* des étoiles filantes. On s'était aperçu, au dépouillement des observations, que lorsque celles-ci avaient été reprises à différentes heures de la nuit, le nombre des météores, à très-peu d'exceptions près, augmentait notablement du soir au matin et pour le même intervalle de temps. En groupant tous ces météores d'après les époques de la nuit, on obtenait ainsi des nombres moyens, croissant d'heure en heure. Cette variation horaire se rencontrait à toutes les époques de l'année, tant à celles des retours périodiques, que durant les nuits ordinaires. Les moyennes pour toutes les années furent les suivantes :

Heure moyenne.	Nombre d'étoiles par heure.
7 h. 30 m. du soir............	3,5
9 h. *id.*	3,7
12 h. ou minuit............	5,4
3 h. du matin............	7,5
4 h. 30 m. *id.*............	7,9

En traçant la courbe de ces moyennes, et la relevant d'heure en heure, on obtenait les nombres horaires suivants, dont la moyenne est de 5,6 étoiles par heure :

Époque.	Nomb. horaire.	Époque.	Nomb. horaire.
De 6 à 7 h. du soir...	3,3	De 12 à 1 h. du matin.	5,8
7 à 8............	3,5	1 à 2............	6,4
8 à 9............	3,7	2 à 3............	7,1
9 à 10............	4,0	3 à 4............	7,6
10 à 11............	4,5	4 à 5............	8,0
11 à 12............	5,0	5 à 6............	8,2

Dans la troisième partie du mémoire, on s'occupe des variations mensuelles des étoiles filantes. Pour cela, il fallait ramener toutes les observations à la même heure de la nuit, afin de les rendre comparables ; c'est-à-dire qu'il fallait leur faire subir la correction de la variation horaire, calcul laborieux qui a conduit au tableau suivant, dont les nombres expriment les *moyennes mensuelles du nombre horaire pour minuit* :

	Dans l'année					
	1841.	1842.	1843.	1844.	1845.	Moyenne.
Janvier........	—	5,6	3,4	3,3	3,7	3,6
Février........	—	3,5	2,2	4,0	3,8	3,6
Mars..........	—	2,3	3,4	2,6	—	2,7
Avril.........	—	3,9	5,1	3,4	—	3,7
Mai..........	—	2,7	5,0	2,1	—	3,8
Juin	—	3,7	2,0	3,3	—	3,2
Juillet........	14,7	4,0	3,7	8,1	—	7,0
Août.........	7,0	11,9	9,4	5,4	—	8,5
Septembre	7,8	10,1	5,1	5,2	—	6,8
Octobre.......	5,6	9,0	3,7	11,4	—	9,1
Novembre.....	5,2	11,3	5,4	10,7	—	9,5
Décembre.....	6,6	8,5	10,0	5,4	—	7,2

On voit ici que le nombre horaire est à peu près le même pour les six premiers mois de l'année, terme moyen 3,4 ; et que le nombre horaire, pour les six derniers mois, est aussi à peu près le même, terme moyen 8,0 ; en sorte que le nombre horaire passe, sans intermédiaire appréciable, du minimum 3,4, relatif à l'hiver et au printemps, au maximum 8,0, relatif à l'été et à l'automne. En d'autres termes, le nombre des étoiles filantes se soutient à peu près le même, du solstice d'hiver au solstice d'été, où il est le plus petit possible ; et il se maintient à sa plus grande valeur durant tout le temps qui s'écoule entre le solstice d'été et le solstice d'hiver. En d'autres termes encore, nous voyons moins d'étoiles filantes, quand la Terre va du périhélie à l'aphélie, en s'éloignant du Soleil ; et nous en voyons le plus, lorsque la Terre va de l'aphélie au périhélie, ou se rapproche du Soleil.

Cependant le passage ne se fait pas brusquement de l'une à l'autre valeur ; car, si l'on trace la *courbe polaire* des variations mensuelles, en représentant l'année par une circonférence de cercle, et prenant les nombres mensuels pour rayons vecteurs correspondant à des angles polaires proportionnels aux temps écoulés, on arrive à une courbe qui a 4 maximum, dont 2 grands et 2 petits, placés dans les quatre saisons de l'année, comme il suit :

Nombre horaire.

Maximum d'hiver, du 7 au 8 février............		3,7
Id. de printemps, du 1 au 2 mai..........		3,9
Id. d'été, du 8 au 9 août..............		8,6
Id. d'automne, du 7 au 8 novembre......		9,3

Les deux derniers maximum, qui sont les principaux, répondent évidemment aux retours périodiques des astronomes pour les 10 août et 12 novembre. De plus, les quatre maximum en question sont rectangulairement placés, tellement que les lignes droites, menées de deux en deux, sont perpendiculaires entre elles, ces deux lignes étant comme les grands axes de deux ellipses superposées, et dont les quatre sommets seraient en saillie. Tout céci forme la matière de la quatrième partie du mémoire.

La cinquième et dernière partie renferme un calcul approximatif du nombre des étoiles filantes que deux observateurs peuvent voir durant l'année. M. Coulvier-Gravier et son aide observaient même en présence de la Lune ; et, du nombre des météores, vus le jour de la pleine lune, la veille et le lendemain, on peut conclure que la lumière de notre satellite efface à peu près les trois cinquièmes du nombre des étoiles filantes que l'on aurait vues en son absence. Cette correction change la moyenne générale horaire 5,6 en 6,0. Quant à la portion du ciel visible pendant les observations, elle n'est point donnée ; en sorte qu'on ne peut faire la correction relative aux nuages. Ainsi le nombre horaire 6 se rapporte à un état du ciel plus ou moins couvert, et non pas à un ciel parfaitement serein.

Les résultats donnés dans ce premier mémoire, et ceux qui devaient faire la matière des deux suivants, me paraissaient assez importants déjà pour fixer l'attention des personnes qui s'occupaient de pareilles recherches. Car, nonobstant l'incertitude de plusieurs de ces observations et les lacunes qui s'y rencontraient, on avait, avec toute la probabilité que donnent les *grands nombres,* la connaissance des quantités d'étoiles filantes qui apparaissent à chaque époque de l'année, ce que tout le monde avait demandé et ce que personne n'avait voulu chercher. On connaissait, en outre, les nombres des météores qui viennent aux différentes heures de la nuit ; variations très-considérables, déjà remarquées dans les apparitions extraordinaires, mais qu'on attribuait toujours à une variation dépendante des étoiles filantes elles-mêmes, et non pas à l'heure plus ou moins avancée de la nuit. Ainsi, par exemple, le maximum du retour périodique de novembre arrivait à la fin de la nuit, parce que la constellation du Lion, d'où les météores semblaient venir, atteignait alors sa plus grande hauteur sur l'horizon; et tout le monde se contentait de cette explication, qu'il eût fallu étendre aux autres nuits tant ordinaires qu'extraordinaires.

Un second mémoire fut lu par M. Coulvier-Gravier à la séance du 2 juin 1845; il se rapporte aux étoiles filantes, considérées sous le rapport des directions. Jusque-là, les observateurs n'avaient ordinairement noté que les quatre directions cardinales; et quelquefois, mais rarement, les quatre directions intermédiaires. Quant à M. Coulvier-Gravier, il tient compte des 16 directions azimuthales, Nord, Nord-Nord-Est, Nord-Est, etc. Pour donner plus de régularité aux nombres, on a pris successivement les moyennes entre deux directions voisines, ce qui a conduit aux résultats suivants :

Directions.	Nombres d'étoiles filantes				
	En 1842.	En 1843.	En 1844.	Moyens.	Sur 1000.
N — NNE.....	106	54	160	107	74
NNE — NE....	99,5	63	222,5	128	90
NE — ENE....	65	67	223,5	118	82
ENE — E.....	120,5	90	180,5	130	91
E — ESE.....	179	102	209	163	114
ESE — SE....	143,5	65	163,5	124	86
SE — SSE....	127,5	54	223,5	101	70
SSE — S.....	140,5	66,5	133,5	113	79
S — SSO......	97,5	47,5	123,5	89	63
SSO — SO.....	50	27	68,5	48	34
SO — OSO....	32,5	25,5	63,5	40	29
OSO — O.....	41,5	22	56,5	40	28
O — ONO.....	51,5	36,5	53	47	33
ONO — NO....	40	21,5	59	40	28
NO — NNO....	48,5	12	89	50	35
NNO — N.....	72	40,5	161	91	64

Si l'on trace la courbe polaire de ces trois années, et de leurs moyennes, on y verra une ressemblance de forme, mais non une similitude parfaite. Cependant, on peut conclure avec certitude qu'il vient beaucoup plus d'étoiles filantes de l'Est que de l'Ouest, et à peu près le même nombre du Nord et du Sud, c'est-à-dire des directions voisines de ces quatre points cardinaux. Pour se faire une idée plus précise de ces résultats, il faut décomposer tous les nombres suivant les quatre directions cardinales, comme on décompose les forces suivant deux axes rectangulaires, ou quatre demi-axes opposés deux à deux. On trouve alors que les moyennes du tableau précédent fournissent :

Pour le Nord............	466,5	Différence entre Nord et Sud..............	15,5 N.
Pour l'Est..............	630,5		
Pour le Sud............	451	Différence entre Est et Ouest..............	386,5 E.
Pour l'Ouest...........	244		

La résultante est en grandeur 387, et en direction E 2° N. Si ensuite on fait la somme des composantes N et S, on trouvera 947 ; en faisant aussi la somme des composantes E et O, on obtiendra 874. Ces deux sommes diffèrent peu l'une de l'autre, et l'on doit admettre que l'influence de l'Est augmente de tout ce que perd l'Ouest. L'auteur termine cette sixième partie de son travail, par la conséquence générale que voici : « Sans une cause qui reporte « de l'Ouest sur l'Est à peu près la moitié de ce qui appartiendrait à « chacune de ces directions, il viendrait les mêmes quantités abso- « lues d'étoiles filantes des quatre points cardinaux de l'horizon. »

Les directions azimuthales des étoiles filantes éprouvent des variations dépendantes du mois, de l'heure et de l'année. L'examen de ces variations forme le sujet des 7ᵉ, 8ᵉ et 9ᵉ parties de ces recherches. On ne citera ici que les conclusions, qui ne sont encore appuyées que sur un nombre insuffisant d'observations, les différences étant d'ailleurs peu marquées : 1° l'été offre le plus de régularité pour les directions ; le printemps et l'automne fournissent les plus grandes différences, et l'hiver tient un terme moyen ; 2° en hiver, l'influence du Sud est la plus grande possible ; en été c'est l'influence du Nord qui se fait sentir ; au printemps et en automne, les influences Nord et Sud se contre-balancent ; 3° c'est en été que l'influence de l'Est est la plus faible relativement à l'influence de l'Ouest ; au printemps et en automne, l'influence de l'Est est la plus grande possible ; en hiver, cette influence de l'Est est à sa valeur moyenne ; 4° quant aux variations relatives aux heures de la nuit, on trouve que les directions Nord sont le plus nombreuses vers minuit, et le moins le matin ; de l'Est, il en vient plus le matin et moins le soir ; du Sud, il en vient plus le matin ; enfin de l'Ouest, il en vient plus le soir. Ces variations horaires des directions sont beaucoup plus marquées que les variations mensuelles.

Reste enfin les variations annuelles, que l'on peut résumer ainsi : des années 1842, 1843 et 1844, la première a offert le plus de variations dans les directions, et la dernière en a présenté le moins. Relativement aux directions Est et Ouest, l'année 1843 en a eu le plus grand nombre de l'Est, et 1844 le moins. Au contraire, l'année 1843 a présenté le plus d'égalité entre les directions Nord et Sud; l'année 1842 a été remarquable par l'influence du Sud; et l'année 1844 a vu dominer l'influence du Nord dans la même proportion. En d'autres termes, la courbe des directions pour 1842 est celle qui se rapproche le plus du cercle, et la courbe pour 1844 est celle qui s'en écarte le plus; mais celle-ci est la moins excentrique.

Le troisième mémoire, lu à la même séance du 2 juin 1845, est consacré aux diverses particularités qu'offrent les météores. Après quelques remarques sur la valeur des témoignages relatifs aux apparitions d'étoiles filantes, M. Coulvier-Gravier s'occupe, dans la onzième partie de son travail, de la grandeur des météores. Il propose de nommer *globe filant*, ce que l'on désigne par les noms de *globes enflammés* et *bolides*. N'ayant encore noté que 8 de ces grands météores, il ne pouvait en faire différentes classes sous le rapport de la grandeur. Quant aux étoiles filantes proprement dites, il en avait noté 80 de *première grandeur*, c'est-à-dire ayant l'éclat de Jupiter ou de Vénus; les étoiles de *seconde grandeur* correspondant alors aux étoiles fixes de première grandeur, et ainsi de suite, descendant jusqu'à la sixième grandeur, qui correspond à la cinquième grandeur des étoiles fixes; mais il ne prenait pas note de la taille de toutes ces étoiles filantes.

Leur couleur fait l'objet de la 12ᵉ partie de ces recherches; elle est généralement blanche, surtout pour les globes et les étoiles de 1ʳᵉ grandeur. Quelquefois les étoiles sont rougeâtres, et même tout à fait rouges, et il y en a plus de cette teinte dans les petites que dans les grandes. Les étoiles bleuâtres sont beaucoup plus rares. Les grandes étoiles sont sujettes à changer de couleur durant leur course apparente, passant au jaunâtre, au bleuâtre, au verdâtre, à mesure qu'elles se rapprochent de l'horizon. Le globe filant du 10 juillet 1844 s'est divisé en fragments, qui ont passé *tous ensemble* par les teintes jaune, rouge, verte et bleue, à mesure qu'ils descendaient vers l'horizon. L'auteur cite encore d'autres exemples remarquables de changement de couleur dans les étoiles filantes; ce changement ne se remarque pas souvent dans les traînées.

Dans la 13ᵉ partie de ses recherches, l'auteur s'occupe particulièrement des *étoiles rouges* et des *étoiles mouillées*. Les premières sont des étoiles dont la couleur est plus ou moins prononcée, qui ne laissent jamais de traînées, dont la course est plutôt longue que courte, qui marchent avec plus de lenteur que les autres, qui enfin paraissent arrondies, sous forme globuleuse, à bords bien définis, bien terminés. Elles sont ordinairement de grandeur moyenne. D'après lui et dans certains cas elles seraient des pronostics de tempêtes. Quant aux étoiles mouillées, elles ont pour caractère d'augmenter d'éclat et de diminuer de vitesse, depuis leur apparition jusqu'à leur extinction, comme si elles venaient à plonger dans l'eau, d'où leur vient le nom d'étoiles mouillées. Ce sont les météores les plus favorables pour les observations de parallaxe, puisqu'elles s'éteignent en arrivant presqu'au repos et au moment de leur plus grand éclat. .

. . La 14ᵉ partie du travail est relative aux traînées et aux fragments des météores. L'auteur assimile ces traînées à des espèces d'étincelles, et non à une lueur phosphorescente; mais l'aspect et la forme de ces traînées sont très-variables; elles persistent, comme on sait, plusieurs secondes après la disparition de l'étoile. Il n'y a que les globes filants qui se brisent parfois en éclats; ceux-ci font encore quelques degrés de course, et s'éteignent tous à la fois. Jamais aucun météore n'a fait entendre le moindre bruit appréciable, au sentiment de nos deux observateurs. M. Coulvier-Gravier donne ensuite la description des globes filants qu'il a observés; et sur ce nombre 3 seulement se sont brisés; mais jamais il n'a vu d'étoiles filantes proprement dites faire explosion. .

Enfin, la 15ᵉ et dernière partie de ces mémoires est relative aux trajectoires des étoiles filantes, qui ont toujours paru plus éloignées que les nuages. En général, cette trajectoire est rectiligne; et sur 5302 étoiles, on n'en a vu que 15 décrire des lignes courbes, ou portions de lignes courbes. Alors les directions, initiale et finale, sont plus ou moins inclinées entre elles. L'auteur donne le dessin de toutes ces étoiles curvilignes, parmi lesquelles on en voit qui simulent les stations et rétrogradations des planètes. Un catalogue des météores les plus remarquables termine ce troisième mémoire.

Mais pendant le temps employé à la rédaction de ces trois mémoires, les observations n'en continuaient pas moins; on les faisait plus souvent et avec plus de soin; on notait avec précision toutes les circonstances relatives à la marche des météores, à leur position dans le ciel, à leur grandeur; enfin on ne négligeait aucune circonstance du phénomène, dans l'espoir qu'aucune ne serait inutile à considérer par la suite. Et comme je ne croyais pas qu'on pût donner des conseils à ce sujet, si au préalable on n'avait observé soi-même assez fréquemment, j'assistais aux observations de M. Coulvier-Gravier toutes les fois que j'en jugeais l'occasion favorable. C'est dans ce but que nous fîmes à trois les observations du 9 au 10 août 1845. Il fut ensuite trouvé bon de tenter quelques observations correspondantes pour la mesure des hauteurs des météores, moins pour augmenter le nombre de celles qu'on avait déjà faites, que pour nous initier aux difficultés de ce genre de recherches, difficultés dans l'observation même, difficultés encore plus grandes dans l'appréciation du résultat. Nous avions déjà calculé la hauteur de quelques globes filants sur les observations de Paris, d'une part, et d'autre part sur celles qu'on avait faites dans le même temps en Italie et en Angleterre; et à cette fin, j'avais employé des formules nouvelles, à la suite desquelles on pouvait amener la concordance par le moyen de corrections convenablement appliquées aux observations elles-mêmes.

Mais l'emploi des formules laissant toujours une grande incertitude sur le fait même de la simultanéité des observations, et sur le degré de précision qu'atteignent celles-ci, j'ai eu finalement recours à un moyen graphique qui parlât aux yeux et qui dispensât des tâtonnements et des lenteurs du calcul. On fixe sur un même plan les positions des deux observateurs, si leur distance est peu considérable (et sur deux plans différents si cette distance est d'un degré terrestre ou plus); on tend dans l'espace quatre fils, représentant les quatre rayons visuels, menés des deux stations aux deux limites de la course apparente d'un météore. Si les observations étaient parfaites, ces fils s'entre-croiseraient deux à deux, marquant ainsi le commencement et la fin de l'étoile filante, et par suite la longueur de sa course, sa hauteur suivant la verticale, son éloignement de chacun des observateurs, enfin sa vitesse quand la durée de son apparition a pu être appréciée. Si les observations sont plus ou moins défectueuses, ce qui est l'ordinaire, on juge immédiatement de l'erreur, et l'on accepte ou rejette le résultat. Si ce procédé n'est pas transcendant, il est commode, expéditif et sûr, et l'on n'est pas exposé à chercher, avec M. Littrow, un angle parallactique entre des rayons visuels qui, divergeant à partir des stations, iraient s'entre-croiser dans le sol au lieu de se joindre dans les airs.

Tandis que M. Coulvier-Gravier et son aide restaient à leur observatoire habituel, je me transportai avec un autre aide successi-

vement à Saint-Germain, à Asnières, à Chatou, afin de reconnaître
l'influence de l'éloignement des stations sur le nombre des observations que l'on peut faire simultanément. Voici le résultat final de
ces premières recherches :

| Date. | Stations. | Hauteur en lieues. | | Grandeur. | Qualité de l'observation. |
		Comm.	Fin.		
24 août 1845..	Paris.—Saint-Germain.	9...	6,2	2	médiocre.
25 août......	Paris.—Saint-Germain.	25...	25	4—5	bonne.
31 août.....:.	Paris.—Saint-Germain.	20...	18	4—5	très-exacte.
Id.	Id. Id.	12...	13	3	très-exacte.
Id.	Id. Id.	13...	5,6	4	incertaine.
1 septembre...	Paris.—Asnières......	7...	7	4	médiocre.
Id. ..	Id. Id.	7...	7	4	médiocre.
2 septembre...	Paris.—Chatou.......	6...	7	6	bonne.
Id. ..	Id. Id.	15...	15	5	bonne.
Id. ..	Id. Id.	10...	9,5	5—6	bonne.
3 septembre...	Paris.—Chatou.......	16...	16	2—3	médiocre.

Pour reconnaître l'influence que l'éloignement des stations peut
avoir sur le nombre des observations simultanées, on a de plus les
données suivantes :

Stations.	Éloignement.	Étoiles vues des deux stations.	Étoiles vues simultanément.
Paris.—Saint-Germain.	19000 mètres.	83	5
Paris.—Chatou.......	14000......	76	4
Paris.—Asnières.......	9000......	37	2

La proportion des observations simultanées sur le total correspondant est à peu près la même, terme moyen, de 1 sur 18. D'où
il suit qu'on ne gagnait rien à rapprocher les stations, et qu'on ne
perdait pas grand'chose à les éloigner entre des limites peu éten-
dues. Le même rapport à peu près se voit dans les observations de
Brandes et Benzenberg, faites comme les nôtres par deux observateurs seulement, un à chaque station, les aides n'étant occupés qu'à
noter le temps des apparitions d'étoiles.

Ne comprenant rien à ce résultat auquel j'étais loin de m'attendre,
je vins les nuits suivantes me placer auprès de M. Coulvier-Gravier;
et, me tournant vers la région du ciel qu'il surveillait, je remar-
quai avec surprise que nous n'avions pas la moitié des observations
faites simultanément. En d'autres termes, chacun de nous manquait

plus de la moitié des étoiles filantes qu'apercevait l'autre ; résultat qui prouve que l'observateur est tellement distrait qu'il n'aperçoit que la moindre partie des météores filant sous ses yeux. Ce ne sont pas seulement des étoiles très-petites qu'il ne voit pas, mais encore des moyennes et quelquefois des grosses.

Nous tirerons de là cette conséquence, que deux observateurs qui dirigent leur attention sur la même partie du ciel, voient en somme plus d'étoiles filantes que chacun d'eux en particulier ; que trois observateurs en verraient encore plus, et ainsi de suite, le nombre des météores croissant avec celui des observateurs suivant une loi qu'il serait curieux de déterminer. La courbe qui représenterait cette loi, marche nécessairement vers une asymptote, limite du nombre réel des météores visibles à l'œil nu. Ceci peut servir de réponse aux assertions de quelques observateurs, qui avaient cru qu'on ne laisserait échapper aucune étoile filante, si l'on partageait le ciel entre 4, ou 6, ou 8 spectateurs. Sans doute le nombre des météores s'en trouvera augmenté ; mais comme chaque observateur fera nécessairement quelques omissions, on n'aura jamais de cette manière le total absolu, lequel ne peut être apprécié qu'à l'aide d'une série dont on aura déterminé les premiers termes.

Au reste, le nombre total des étoiles filantes, visibles à l'œil nu, n'est pas très-important à connaître ; car il n'y aurait pas de raison de négliger ensuite les météores télescopiques de Mason, et sans doute encore de plus petits jusqu'à l'infini. Mais ces remarques étaient nécessaires pour faire comprendre que des observations ne sont point comparables, si elles ont été faites par un nombre variable d'observateurs, toutes les autres circonstances étant d'ailleurs les mêmes. Ainsi, par exemple, des observations faites par trois personnes à la fois, ne peuvent se mettre sur la même ligne que des observations faites par deux personnes seulement, les observateurs dans les deux cas se partageant le ciel. Des intercalations de ce genre, faites dans la courbe des observations de M. Coulvier-Gravier et de son aide, altéraient notablement la régularité de cette courbe, et il a fallu supprimer ces quelques observations faites à trois personnes. Il est également évident que la série des observations sera la meilleure possible, si les observateurs ne changent pas et suivent constamment la même marche. Alors, en effet, les observations seront comparables entre elles, et les lois que l'on en déduira auront toute l'exactitude désirable ; car ces lois, fondées sur une moitié des météores par exemple, seront encore applicables à la totalité de ceux-ci : c'est ce qu'on exprime en disant que les rapports des choses sont indépendants du nombre de ces choses prises en considération.

M. Coulvier-Gravier profita de la présence de M. Wheatstone, alors à Paris, où il était venu faire des expériences de télégraphie électrique, pour lui communiquer les résultats déjà obtenus de ses recherches. Le savant physicien anglais promit à notre infatigable observateur l'appui et le concours de l'association britannique pour l'avancement des sciences, qui allait tenir sa séance annuelle à Cambridge. Il se chargea d'y présenter les trois mémoires que nous venons d'analyser, et qui furent en effet annoncés dans le compte rendu de cette session. Mais là se borna la coopération des savants anglais, M. Quételet, auquel M. Wheatstone avait communiqué ces mémoires, ayant émis une opinion plutôt défavorable qu'encourageante à ce sujet. C'était une preuve que ces mémoires contenaient autre chose que toutes les communications, souvent très-futiles, que l'astronome de Bruxelles avait accueillies et fait insérer dans les recueils scientifiques de son pays.

Cette forme nouvelle, donnée aux observations de M. Coulvier-Gravier, attira enfin l'attention de l'Académie, et M. Arago ne put qu'encourager l'auteur à suivre cette voie scientifique. C'est dans ces dispositions bienveillantes qu'il accueillit l'observation particulière de la nuit du 9 au 10 août 1845, qui lui fut communiquée avec une carte représentant la position et la marche de toutes les étoiles ainsi observées, au nombre de 432. En effet, le secrétaire perpétuel rédigea lui-même le rapport suivant :

« M. Coulvier-Gravier, disent les commissaires, a présenté à
« l'Académie un grand nombre de mémoires concernant les étoiles
« filantes; ces mémoires seront prochainement l'objet d'un Rap-
« port détaillé. Vos commissaires traceront alors l'histoire complète
« de ces mystérieux phénomènes, et trouveront ainsi l'occasion
« de signaler les faits nouveaux dont la science est redevable au
« zèle infatigable de M. Coulvier-Gravier. — Aujourd'hui, nous
« devons seulement appeler l'attention de l'Académie sur une carte
« représentant la position et la marche de 432 météores lumineux
« observés à Paris, dans la nuit du 9 au 10 août dernier. — Cette
« carte est remarquable à plus d'un titre et fort instructive. Nous
« proposons à l'Académie de la publier, avec une courte légende,
« dans le *Recueil des Savants étrangers*. — Nous demanderons,
« en outre, que M. Coulvier-Gravier soit invité à persévérer dans

« la voie vraiment scientifique où il vient d'entrer, et à représenter
« graphiquement, s'il est possible, les résultats moyens du nombre
« prodigieux d'observations qu'il a recueillies, pendant ses labo-
« rieuses veilles. » — L'Académie a approuvé le Rapport et en
a adopté les conclusions (*Comptes rendus,* séance du 29 septembre 1845).

La partie historique promise par l'honorable secrétaire de l'Académie ne devait jamais être faite, et nous nous sommes volontiers
chargés de cette nouvelle tâche, que nous venons de remplir dans
les trois premières parties de cette Introduction. En outre,
M. Coulvier-Gravier a effectivement persévéré dans la voie scientifique où je l'avais fait entrer. Il est vrai que toute autre personne,
joignant un peu d'habitude du raisonnement à beaucoup de bienveillance, eût obtenu le même résultat sur l'esprit de l'observateur,
qui ne demandait que les conseils de la science.

Cependant la coopération que je prêtais volontiers à M. Coulvier-
Gravier, serait demeurée inédite, si la protection qu'il recherchait
auprès de l'Académie avait pu lui venir en aide d'une manière effi-
cace; mais le temps s'écoulait sans qu'on vît aucune promesse se
réaliser. A chaque vicissitude d'espérances, trompées aussitôt que
conçues, je l'encourageais à continuer ses recherches, fatigantes
pour la santé et ruineuses sous le rapport de la fortune, lui faisant
espérer que justice lui serait enfin rendue. Après les dégoûts d'une
journée ainsi dissipée en démarches et sollicitations inutiles, il
remontait donc à son observatoire, et là, dans le silence de la nuit,
il poursuivait ses observations sur les météores, dont le seul aspect
a le privilége de raffraîchir la pensée et de calmer l'irritation des
sens.

C'est ainsi que nos connaissances allaient toujours se développant, les observations nouvelles soulevant de nouvelles discussions, qui à leur tour appelaient l'examen de particularités dont
l'observation n'avait pas tenu compte. Parmi cette quantité de maté-
riaux ainsi accumulés chaque jour, il fut convenu de choisir deux
nouveaux éléments du système des étoiles filantes, pour en former la
substance d'un quatrième mémoire, qui fut lu à l'Académie des
sciences dans la séance du 23 février 1846. Il s'agissait de la *longueur des trajectoires apparentes des étoiles filantes suivant les directions azimuthales,* et de la *position des centres des météores
ainsi groupés par directions.*

Le chemin apparent d'une étoile filante n'est pas le même, terme moyen, dans toutes les directions azimuthales. C'est ce qui résulte des nombres suivants :

Direction.	Chemin moyen.	Direction.	Chemin moyen.
N—NNE......	15°,2	S—SSO.......	11°,5
NNE—NE.....	15 ,3	SSO—SO......	11 ,5
NE—ENE.....	15 ,0	SO—OSO.....	11 ,3
ENE—E......	15 ,0	OSO—O......	11 ,4
E—ESE.......	14 ,7	O—ONO......	11 ,9
ESE—SE......	14 ,7	ONO—NO.....	12 ,7
SE—SSE......	14 ,6	NO—NNO.....	13 ,3
SSE—S.......	12 ,6	NNO—N......	14 ,1

Il résulte de là que les étoiles filantes comprises entre le NNE et le NE font le plus long chemin moyen, qui est de 15°,3; tandis que les étoiles filantes comprises entre SO et OSO parcourent le plus petit chemin moyen, qui est de 11°,3. La valeur moyenne générale est de 13°,8. Ces chemins moyens varient graduellement et sans aucune exception, entre leurs deux valeurs extrêmes.

Quand on marque sur un seul et même planisphère les positions et les directions des étoiles filantes par rapport à l'horizon et à la verticale, il s'en présente généralement sur tous les points du ciel et dans des directions très-variées. Mais on ne tarde pas à s'apercevoir que les étoiles filantes qui ont la même direction azimuthale, sont toutes rejetées, ou à très-peu près, dans la même moitié du ciel. Pour mettre ce fait hors de doute, et le circonscrire dans ses justes limites, nous avons porté les milieux des chemins parcourus par les 2254 météores observés du 20 avril au 7 décembre 1845, sur 16 planisphères différents, un pour chaque direction d'étoiles. Alors il en est résulté, d'une manière frappante, que les étoiles portées sur la même carte sont toutes rejetées dans la partie du ciel vers laquelle elles se dirigeaient, c'est-à-dire, par exemple, que les étoiles qui viennent du Nord apparaissent principalement dans la partie méridionale du ciel, celles du Sud dans la partie septentrionale du ciel et ainsi de suite, loi que l'on peut énoncer de la manière suivante : en général, une étoile filante descend vers l'horizon et ne remonte pas à la verticale, quelles que soient d'ailleurs l'époque de l'année et l'heure de la nuit. Il résulte de là, comme nous l'avons déjà dit plusieurs fois dans le cours de cette partie historique, qu'un observateur qui veut voir, par exemple, les étoiles venant de l'Est, ne doit pas se tourner dans cette direction, mais bien dans la direction opposée, c'est-à-dire vers l'Ouest. Il y a donc une cause qui rejette hors du zénith chaque groupe d'étoiles, tellement que le centre de chacun de ces groupes se rapproche plus ou moins de l'horizon. Voici ce que l'on doit entendre par le *centre* d'un groupe d'étoiles, et comment on peut trouver ce centre. On suppose les étoiles filantes placées à la surface d'une même sphère idéale, dont le centre est à l'œil de l'observateur. Par le milieu du chemin apparent de chaque météore, on mène une droite au centre de cette sphère. On considère ensuite toutes ces droites ou rayons comme autant de forces égales, données de position, puisque l'on connaît l'azimuth et l'angle zénithal de chaque étoile. On cherche la direction de la résultante de toutes ces forces ; et le point où cette résultante viendra percer la surface de la sphère idéale sera ce que nous nommons le *centre* des étoiles filantes prises ainsi en considération.

Tous ces calculs, très-laborieux, se font par les méthodes connues, en décomposant chaque étoile prise pour unité en trois autres rectangulaires ; la première, suivant la verticale ; la seconde, suivant la ligne horizontale Nord-Sud ; et la troisième, suivant la ligne horizontale Est-Ouest. Voici le résultat de ce travail, dans lequel l'azimuth est compté du Nord, dans le sens Est-Sud-Ouest :

Direction.	Nombre d'étoiles.	Azimuth.	Distance zénithale.
		Position du centre.	
N—NNE	171	178°46′	26°28′
NNE—NE	255	221 34	24 39
NE—ENE	222	244 55	22 33
ENE—E	154	304 08	23 08
E—ÉSE	155	314 26	26 58
ESE—SE	151	349 39	31 48
SE—ESE	148	355 47	32 54
SSE—S	138	8 16	39 56
S—SSO	132	19 23	42 30
SSO—SO	112	41 03	39 36
SO—OSO	107	44 43′	37 19′
OSO—O	88	57 56	32 54
O—ONO	78	72 09	29 50
ONO—NO	105	137 45	20 18
NO—NNO	117	140 43	23 43
NNO—N	176	155 04	28 54

Si l'on trace la courbe polaire qui représente les nombres des deux dernières colonnes de ce tableau, on verra, à part quelques irrégularités inévitables, tenant au trop petit nombre des étoiles filantes, que les centres de celles-ci sont répartis sur une ellipse dont voici la position et les dimensions : le grand axe passe par le zénith dans la direction NNE — SSO. La distance du zénith au sommet NNE est de 43 degrés ; et la distance au sommet SSO est de 26 degrés ; en sorte que la longueur du grand axe est de 69 degrés, et la distance du centre au zénith de 8 degrés et demi. Le petit axe est précisément les deux tiers du grand, savoir de 46 degrés.

On obtiendra, avec plus de précision, le centre de cette ellipse, en prenant le centre général des seize groupes d'étoiles, qui aura pour azimuth 26° 27′, et pour distance zénithale 8° 27′. Ce centre général se confond avec le centre de l'ellipse précédente, dont le grand axe fait avec la ligne Nord-Sud, l'angle de 26° 27′, plus grand de 3° 57′ que l'angle azimuthal de la ligne NNE — SSO.

Les centres des groupes d'étoiles ne sont pas seulement rejetés de l'autre côté du zénith, mais ils subissent encore une déviation azimuthale. Celle-ci s'obtient en prenant la différence qui existe entre l'azimuth d'un centre d'étoiles et l'azimuth de la direction de ce groupe d'étoiles. C'est ce que l'on trouvera dans le tableau suivant :

Direction.	Déviation azimuthale		Déviation zénithale	
	Observée.	Régularisée.	Observée.	Régularisée.
N—NNE.....	— 12°29′	— 8....,....	26°28′	25°
NNE—NE....	+ 7 49	+ 4.......	24 39	26
NE—ENE....	+ 8 40	+ 15.......	22 33	23
ENE—E.....	+ 45 23	+ 24.......	23 08	22
E—ESE.....	+ 33 11	+ 29.......	26 58	24
ESE—SE....	+ 45 54	+ 30.......	31 48	28
SE—SSE....	+ 29 32	+ 26.......	32 54	34
SSE—S.....	+ 19°31	+ 18.......	39°56	40
S—SSO.....	+ 8 08	+ 8.......	42 30	43
SSO—SO....	+ 7 18	— 4.......	39 36	43
SO—OSO....	— 11 32	— 15.......	37 19	41
OSO—O.....	— 20 49	— 24.......	32 54	36
O—ONO.....	— 29 06	— 29.......	29 50	30
ONO—NO....	+ 14 00	— 30.......	20 18	25
NO—NNO....	— 5 32	— 26....,....	23 43	22
NNO—N.....	— 13 41	— 18.......	28 54	23

Dans ce tableau, la déviation azimuthale a été *régularisée* en la supposant proportionnelle au sinus de l'angle que fait la direction des étoiles filantes avec le grand axe de l'ellipse. Cette déviation se fait des deux côtés de cet axe, de manière à rapprocher les centres d'étoiles du sommet NNE de l'ellipse, absolument de la même manière que si ce sommet était un pôle attractif. Quant à la déviation zénithale, elle a été régularisée en la prenant sur l'ellipse même et dans la direction de la déviation azimuthale régularisée. Ces corrections diminueront à mesure que les observations seront plus nombreuses.

On voit ainsi de quelle manière les étoiles filantes se groupent autour du zénith de l'observateur, par un effet sans doute combiné des mouvements de la Terre et des mouvements propres de ces météores. Si nos observations du 9 ou 10 août, qui n'offrent rien de plus que la répétition d'un phénomène déjà observé assez souvent, avaient obtenu des commissaires de l'Académie le rapport par trop favorable donné ci-dessus, en revanche et par une espèce de compensation, le mémoire actuel, qui contient des résultats nouveaux et si importants, n'obtint dans le Compte rendu de l'Académie que cette mention d'un laconisme désespérant : *M. Coulvier-Gravier lit la 4e partie de ses Recherches sur les étoiles filantes.* Pour y suppléer M. Coulvier-Gravier prit le parti d'exposer, à l'entrée de la séance suivante, les 18 planisphères qui accompagnent son mémoire. L'examen qu'en firent presque tous les membres de l'Académie, et les éloges qu'en recueillit l'auteur, le dédommagèrent suffisamment, et c'est à cette circonstance qu'il dut, peu de temps après, les recommandations bienveillantes de ces messieurs, à cette fin d'engager le gouvernement à lui venir en aide.

Une demande, dans ce but, fut en effet rédigée par M. Babinet, et appuyée par MM. Dupin, Lamé, Gasparin, Libri, Boussaingault, Payen, Despretz, Laugier, Mauvais, Biot, Régnault, Binet, Duhamel, Francœur, Piobert, Pelouze, Gaudichaud, Dufrenoy, Leverrier, Élie de Beaumont, Poncelet, Mirbel, Gay-Lussac, Flourens, Ad. Brongniart, Valencienne, Becquerel, Duperrey, Morin, Dutrochet, Roussin et Poinsot. En adressant cette demande au ministre de la marine, M. Pouillet s'exprimait ainsi dans une lettre en date du 29 avril 1846 :

« M. le ministre, veuillez me permettre de vous présenter la de-
« mande ci-jointe de M. Coulvier-Gravier, apostillée par mes sa-
« vants confrères de l'Académie des sciences, et de solliciter pour lui
« tout votre intérêt et votre bienveillance particulière. — M. Coul-
« vier-Gravier, par une vocation presque sans exemple, s'est livré

« à l'observation des étoiles filantes, avec une persévérance et un
« succès extraordinaires. Étranger aux sciences et à l'astronomie,
« mais doué d'une aptitude merveilleuse pour observer ces mé-
« téores, et d'une rare sagacité, il est parvenu, à l'aide de quel-
« ques conseils, à réunir un corps d'observations qui fera époque
« dans la science. Il est infiniment désirable qu'il puisse continuer
« des recherches qui prennent chaque jour un plus haut degré
« d'intérêt. — Cependant sa position est vraiment déplorable. Père
« de famille, il a dépensé, pour obéir à sa vocation, la plus grande
« partie de sa très-modique fortune; il est impossible que dans de
« telles circonstances le gouvernement l'abandonne, et j'ai recours
« à vous, Monsieur le ministre, avec la ferme confiance que, dans
« la portion de votre budget destinée à l'encouragement des sciences,
« il vous sera possible de récompenser M. Coulvier-Gravier, des dé-
« couvertes qu'il a déjà faites, au prix de tant de sacrifices, et de
« l'encourager à continuer des travaux remarquables, qui peut-être
« un jour seront d'un grand prix pour la marine. »

Les ministres de l'instruction publique, de la marine et du com-
merce, avaient déjà plusieurs fois manifesté l'intérêt qu'ils portaient
à ces travaux scientifiques; mais par une suite de circonstances in-
dépendantes de leur volonté et de délibérations intérieures, la
demande des académiciens demeura sans effet jusqu'à la fin de
l'année 1846. Le Bureau des longitudes, auquel les pièces avaient
été envoyées du ministère de l'instruction publique, fit la réponse
suivante par l'organe de M. Arago :

« Par votre lettre du 4 août dernier, vous avez demandé au Bureau
« des longitudes de vous donner son avis au sujet des travaux de
« M. Coulvier-Gravier, et des encouragements que cet observateur
« sollicite. — Les travaux *météorologiques* de M. Coulvier-Gravier
« sont très-dignes d'intérêt; il est désirable que l'auteur puisse les
« continuer *pendant plusieurs années;* leur discussion méthodique
« conduira sans aucun doute aux résultats les plus importants et les
« plus inattendus. — Le Bureau des longitudes verrait donc avec
« satisfaction que vous accordassiez à M. Coulvier-Gravier la libre
« disposition d'un *local* d'où il pût embrasser d'un seul coup d'œil
« l'étendue du firmament. — Le Bureau désire que, sur cette dé-
« claration, je vous fasse remarquer qu'il n'existe pas maintenant à
« l'Observatoire un seul *endroit* propre aux observations régulières
« du phénomène *météorologique* auquel M. Coulvier-Gravier con-
« sacre ses veilles. Cet observateur zélé le reconnaît lui-même. Je

« dois ajouter qu'une *indemnité* pécuniaire ne saurait être prélevée
« sur les faibles ressources du Bureau ; les besoins de l'astronomie,
« c'est-à-dire le perfectionnement des instruments et la publication
« les absorbent entièrement. »

En effet, depuis ces dernières recherches scientifiques M. Coulvier-Gravier ne pouvait plus occuper un poste à l'Observatoire de
Paris ; il serait impossible aujourd'hui d'y faire des observations de
ce genre ; et d'ailleurs la marche la plus convenable à suivre pour
l'avancement de cette nouvelle branche d'*astronomie*, n'est point
celle que les astronomes ont tracée. Il ne s'agit plus de rechercher
les éléments des orbites décrites par les étoiles filantes, à l'instar des
orbites planétaires et cométaires. L'étude des corps météoriques
demande autre chose que l'application des formules usuelles en astronomie ; c'est tout un nouvel ordre de faits, qui exigent des
moyens d'observation et des discussions d'un genre particulier ;
car si cette étude tient, d'une part, à l'astronomie, elle se rattache
aussi à d'autres branches de nos connaissances, comme on le verra
par la suite. Placé sous la direction d'un astronome, M. Coulvier-
Gravier n'aurait pu que répéter les observations qui ont rempli la
troisième période de cette histoire ; c'est-à-dire qu'il eût compté des
nombres d'étoiles, pris des directions, cherché des points divergents et convergents ; et la science n'eût pu faire un pas de plus, si
ce n'est de préciser quelques-uns de ces éléments reconnus aujourd'hui comme insuffisants. D'ailleurs, il arrivait à un moment où
les astronomes avouaient leur impuissance à résoudre le problème,
et cessaient d'en chercher la solution. Il est donc heureux que l'observateur de Reims ait rencontré de prime abord des obstacles qui
l'ont empêché de faire fausse route ; et ce résultat, on le doit à
l'opiniâtreté toute provinciale avec laquelle il a persisté dans l'application qu'il faisait du phénomène des étoiles filantes aux perturbations atmosphériques.

Il y a, dans l'étude de ce phénomène inexpliqué, une circonstance qui répugne singulièrement aux astronomes de profession.
Aucun instrument destiné à la mesure des angles ne pouvant s'appliquer à l'observation des météores, il est impossible d'obtenir
autre chose que des nombres ronds, des degrés par exemple. Or,
des mesures aux degrés sont, pour les astronomes, des blocs informes, avec lesquels il est impossible d'édifier aucun monument.
Habitué à manier la numération par le petit bout, l'astronome ne
s'intéresse qu'aux minutes ; et s'il préfère quelque chose aux se-

condes, ce sont leurs dixièmes et leurs centièmes. Aussi arrivera-t-il de deux choses l'une : ou bien l'astronome, dans sa dignité professionnelle, méprisera souverainement l'étoile filante, et c'est ainsi qu'ont pensé les observatoires aristocratiques de l'Angleterre et de la Russie ; ou bien l'astronome s'occupera de ce rebut de la création, et, en dérogeant ainsi, il échangera de nobles habitudes contre un charlatanisme sans frein et sans pudeur. Il vous donnera, sur les météores, des éléments elliptiques, paraboliques, hyperboliques, en degrés, minutes, secondes et centièmes de seconde ; des distances en mètres, décimètres et centimètres ; des mouvements périodiques avec les dernières fractions de la durée ; et quand il aura jeté cette poudre impalpable aux yeux de crédules académiciens, il sera lauréat, correspondant, en attendant qu'il devienne membre de toutes les sociétés plus ou moins savantes des quatre parties du monde.

Dans la réponse ci-dessus du Bureau des longitudes au ministre de l'instruction publique, M. Arago se sert des mots *travaux météorologiques*, *phénomènes météorologiques*, appliqués à l'étude des étoiles filantes, qui d'après lui et d'après tous les astronomes seraient des astéroïdes, des planètes, et par conséquent rentreraient dans le domaine de l'astronomie. Si la météorologie est la science des météores, on n'y comprend que ceux qui s'engendrent dans l'air. Les étoiles filantes ont pu être désignées sous le nom de *météores*, aussi longtemps qu'on les a considérées comme des produits de l'atmosphère ; les comètes elles-mêmes étaient des météores avant de devenir parties intégrantes du système solaire. Mais il serait difficile de comprendre comment les étoiles filantes, qui sont des astéroïdes à l'observatoire royal, ne le seraient plus à l'observatoire de M. Coulvier-Gravier ; il faudrait supposer que M. Arago, s'appuyant sur son *privilége*, ne veuille point d'observatoire rival, quelque modeste qu'il fût, mais un *local*, un *endroit*, où l'on pût faire, *pendant plusieurs années*, ces travaux météorologiques, en payant une *indemnité* à leur auteur.

Ces travaux sont déjà assez avancés pour nous permettre de voir qu'ils sont loin d'être complets, et qu'un grand nombre d'années seront nécessaires, non pas pour vérifier une hypothèse donnée *a priori* à la manière des astronomes, mais pour étudier le phénomène dans ses détails. Nous pensons même que nous n'épuiserons pas le sujet, et que nous aurons des successeurs qui à leur tour en auront aussi. Pour tout cela, il faudra des calculateurs, des aides, certains instruments, et *un observatoire construit tout exprès*. Il ne sera pas nécessaire que le local tourne sur pivot, mais il demandera une forme et un aménagement particuliers, que ne possède pas l'observatoire royal. En attendant, les observations continueront à se faire sur le toit de la maison qu'habite M. Coulvier-Gravier, rue de l'Est, 31; de là, *il peut embrasser d'un seul coup d'œil toute l'étendue du firmament*, ainsi que le désire M. Arago. Sous ce rapport, notre observateur n'a rien à demander; mais il voudrait quelque chose de plus commode et de moins périlleux. Ce toit, qui recouvre six étages et une légion d'habitants, a une forme convexe et une garniture métallique, sur laquelle la marche est incertaine et les siéges peu solides. Une simple barre de fer, à hauteur d'appui, borde le précipice, mais n'arrêterait pas d'elle-même un corps glissant sur cette pente rapide. Là, et à toute heure de la nuit, deux observateurs, renversés sur leur chaise et le regard tourné au zénith, ne s'occupent que du phénomène qui brille par intervalles au-dessus de leur tête, s'en remettant à la Providence du soin de les maintenir dans un équilibre salutaire. On frémit en songeant que cet équilibre a été déjà plusieurs fois rompu, surtout en hiver, alors que la pente est rendue encore plus glissante par la gelée.

Un pareil état de choses ne peut durer, et tout le monde sent la nécessité et la convenance de venir en aide à nos observateurs. Déjà le ministre de la marine, M. de Mackau, avait pris connaissance de ces recherches; ancien élève de l'École polytechnique, et par conséquent en état de les apprécier, il a fait les premiers fonds, consistant en un traitement mensuel, que M. Coulvier-Gravier touche depuis le commencement de 1847, en attendant la coopération du ministère de l'Instruction publique, plus spécialement chargé d'encourager les entreprises scientifiques.

Celle-ci a pour but la formation d'une série d'observations, qui n'aura point d'égale, puisqu'en se poursuivant sans interruption, elle aura sur toute autre qui viendrait à commencer, l'avance d'un nombre d'années assez considérable. A ces observations viendront s'en joindre d'autres, qui leur sont liées d'une manière plus ou moins intime. La publication s'en fera par parties, à époques indéterminées; en sorte que l'*Introduction historique*, que nous allons terminer, peut être considérée comme le premier numéro de ces nouvelles annales.

Depuis l'année 1845, époque des premières communications scientifiques présentées par M. Coulvier-Gravier à l'Académie des sciences, il n'a point été publié, à notre connaissance, des observations nouvelles sur les étoiles filantes, mais seulement deux dissertations, l'une suivant les vues des astronomes, par M. Petit de Toulouse, l'autre conforme à nos principes, par M. Édouard Biot.

M. Petit, réchauffant l'idée de Farey, a calculé la marche d'un bolide considéré comme satellite de la Terre, et comme ayant déjà été vu quelques années auparavant. On lui a conseillé de tenir compte de la résistance de l'air, dans la détermination de ces éléments elliptiques; mais une seule considération eût suffi pour montrer le peu de fondement de cette hypothèse et faire écrouler tout cet échafaudage de chiffres : c'est que les bolides et les étoiles filantes, qui viennent s'enflammer dans l'atmosphère, s'y consument entièrement, et que leurs débris font désormais partie de notre globe. Telle est la conséquence la plus probable qui ressortira de toutes les observations faites jusqu'à ce jour; conséquence qu'avaient déjà tirée plusieurs observateurs, et en particulier M. Olmsted. Il est donc impossible de revoir un bolide qui aurait déjà fait une apparition, par ce motif qu'il ne peut brûler qu'une fois, et qu'il ne peut, comme un phénix, renaître de ses cendres et reprendre de lui-même la vitesse que lui a fait perdre la résistance de l'air.

On a vu (page 137) que M. Edouard Biot a formé un catalogue général des météores observés en Chine. Cinq années après, il y a ajouté une *note supplémentaire*, dans laquelle il revient sur la discussion des observations chinoises, pour la période principale, comprise entre les années 960 et 1275 après l'ère vulgaire. Il les classe par petites périodes de 5 jours, ce qui lui donne 73 groupes pour l'année, qu'il dispose sur la circonférence d'un cercle, formant ainsi une espèce de courbe polaire, analogue à celle qui accompagne le premier mémoire de M. Coulvier-Gravier (page 172). Il obtient ainsi deux maximum, le premier entre les 18 et 27 juillet, et le second entre les 11 et 20 octobre. Du solstice d'hiver au solstice d'été, le nombre des météores est de 462; il est de 1017, c'est-à-dire plus du double, pour l'autre moitié de l'année. Cette différence se remarque aussi dans la Table de M. Kämtz (page 62), qui donne 289 bolides pour les 6 premiers mois de l'année, et 388 pour les 6 derniers, différence moins forte que la précédente. M. Biot trouve que son rapport s'accorde mieux avec celui des observations de M. Coulvier-Gravier (page 172). En effet le rapport, pour M. Biot, étant de 462 à 1017, ou de 1 à 2,20, celui de M. Coulvier-Gravier se trouve être de 34 à 80, ou de 1 à 2,35, tandis que celui de M. Kämtz est de 289 à 388, ou de 1 à 1,34. Cela vient de ce que les nombres recueillis par Chladni et M. Kämtz sont un mélange très-hétérogène d'observations éparses, tandis que les observations chinoises ont été faites d'une manière plus régulière, par un corps scientifiquement constitué. D'un autre côté, on trouvera que les 1479 météores vus en Chine dans le cours de 3 siècles, donnent une courbe bien moins régulière que les 5302 météores notés en 3 ans 8 mois par M. Coulvier-Gravier. Ici, tous les nombres sont comparables, comme ayant été obtenus par les mêmes observateurs, qui ont tenu compte de la durée de leurs observations. Dans celles des Chinois, il faudrait nécessairement prendre le temps en considération : ainsi, en supposant les observateurs chinois continuellement à leur poste, suivant les prescriptions du *Tribunal Scientifique*, on voit, par exemple, que les météores vus en juin et juillet, dont les nuits sont de 6 heures au plus, devraient être doublés relativement aux météores qui sont vus en décembre et janvier, dont les nuits sont de 12 heures au moins ; ce qui changerait totalement les rapports indiqués par M. Biot, ainsi que les rayons vecteurs de sa courbe polaire.

M. Biot fait la remarque suivante : « La distribution inégale des « apparitions pourrait être exprimée par un autre énoncé..... en la « rapportant au partage de l'année, non plus par la ligne des solstices, « mais par le grand axe de l'ellipse terrestre..... On pourrait donc « dire que la plus grande quantité des météores se trouve répartie « de l'aphélie au périhélie, et la moins grande du périhélie à l'a- « phélie..... l'avenir montrera quel est celui des deux énoncés qui « leur est réellement applicable. » Le mémoire, où M. Coulvier-Gravier tirait la même conséquence, relativement à la ligne des absides (page 172), n'ayant pas été inséré dans le *Compte rendu* de l'Académie, et aucun rapport n'ayant été présenté par les commissaires, M. Biot a pu ignorer qu'on avait déjà fait cette remarque, qui, d'après lui « peut n'être pas sans importance. » Mais grâce à cette *Introduction historique*, on ne sera plus censé ignorer les faits, et l'on rendra à chacun ce qui lui est dû. C'est dans ce but que les quatre mémoires rédigés d'après les premières observations de M. Coulvier-Gravier ont été ici analysés, bien que nous devions reprendre les mêmes sujets, d'une manière plus détaillée, dans les *Recherches* qui vont suivre.

FIN DE L'INTRODUCTION HISTORIQUE.

TABLE DES MATIÈRES.

INTRODUCTION HISTORIQUE.

Division des météores, en pierres météoriques, bolides, étoiles filantes..... 1
Introduction historique partagée en quatre périodes..................... 3

Première période.

Système terrestre, système cosmique............................... 4
Opinions des anciens... Id.
Opinions de Képler, Halley, Maskelyne, Hevelius, Wallis, Blagden........ 5
Pierre d'Ensisheim.. Id.
Pierres météoriques réputées pierres de foudre...................... 6
Opinion de Lemery.. Id.
Opinions de Fréret, Jussieu, Muschenbrock.......................... 7
Pierres d'Agram.. Id.
Pierres de Laponas... 8
Pierres de Lucé, d'Aire, et de Coutances........................... 9
Rapport des académiciens....................................... 10
Pierre d'Eichstædt en Bohême; Pierre de Barbotan................... 11
Opinions de Mairan, de Bergman................................. 12
Opinions de Beccaria et Vassali, de Toaldo, de Silberschlag, de Lossor..... 13

Deuxième période.

Première dissertation de Chladni en 1794......................... 14
Masse de Pallas.. 17
Pierres de Sienne. Opinions de Soldani, d'Hamilton, de King.......... 21
Pierre de Wold-Cottage dans le comté d'York...................... 22
Opinion d'Olbers en 1795.. 23
Pierres de Bénarès dans l'Inde................................... Id.
Observations de Brandes et Benzenberg à Gœttingue en 1798.......... 24
Étoiles filantes du 6 décembre 1798.............................. 26
Étoiles filantes du 12 nov. 1799 à Cumana, de Humboldt............. Id.
Remarques sur cette observation. Étoiles entraînées par le vent, Arago..... 28
Observat. sur la haut. des étoiles filantes, Farey et Bévan............ 29
Formules d'Olbers pour calculer la hauteur des étoiles filantes......... Id.
Observat. de Brandes et Benzenberg à Hambourg en 1801 et 1802........ Id.
Longitudes géographiques par les étoiles filantes, Benzenberg.......... 30
Objections de Deluc contre le système de Chladni................... 31
Observations de Patrin en 1800.................................. 32
Analyses de pierres météoriques, par Barthold et Howard............. 33
Mémoire de Pictet. Analyse par Vauquelin........................ 34
Opinion sélénique de Laplace. Calculs de Biot et Poisson............. Id
Pierres de l'Aigle, rapport de Biot; remarques.................... 35
La *Lithologie atmosphérique*, par Jzarn.......................... 37
Fin de la discussion sur l'existence des pierres météoriques........... 38
Nouvel écrit d'Olbers, en 1803................................... Id.
Sur l'hypothèse sélénique, par Tobie Mayer fils. Objections de Brandes..... 39
Sur l'hypothèse sélénique, par Endé et Blumenbach.................. 40
Objections de Brandes contre l'hypothèse magnétique................ Id.
Benzenberg, en 1807, abandonne l'hypothèse cosmique............... 41
Opinion de Chladni sur les météores ascendants, en 1817............. Id.
Traité sur les météores, et catalogue par Chladni en 1819............ Id.
Catalogues des bolides et des pierres météoriques.................. 43

Masses de fer natif.. 44
Généralités sur les bolides et les pierres météoriques...................... Id.
Description des pierres météoriques, par Schreiber......................... 47
Classification, météores satellites de la Terre, par Farey................... 48
Observations de Burney sur les météores..................................... Id.
Opinions et observations de Forster sur les étoiles filantes................ 49
Hypothèse terrestre soutenue par Fischer, Ideler et Égen................. 50
Observations de Breslau, en 1817, par Brandes et ses associés............ 51
Observations de Breslau, en 1823, par Brandes et ses associés............ 52
Remarques sur le calcul des observations simultanées..................... 54
Hauteurs des étoiles filantes, conclues de ces observations............... 55
Chemins réels parcourus par ces étoiles filantes........................... 57
Sur la direction azimuthale de ces étoiles filantes......................... 58
Sur la vitesse et les grandeurs apparentes de ces étoiles filantes......... 59
Les grands météores plus élevés que les petits ; influence des saisons....... 60
Observations simultanées en Belgique, par Quételet et ses associés en 1824... Id.
Observations simultanées à Berlin et Postdam, par Erman en 1825......... 61
Suppléments au catalogue de Chladni....................................... 62
Bolides et pierres classés par mois, Kæmtz................................. Id.
Observations simultanées à Leipzig, en 1833, par Brandes et ses associés.... Id.
Mort de Brandes en 1834. Voyages de Benzenberg.......................... 65

Troisième période..

Retour périodique du 12 au 13 nov., de 1799........................... 66
Apparition de nov. 1813 et 1818... 67
Apparition de nov. 1831, par Bérard....................................... Id.
Apparition de nov. 1832 en divers lieux.................................... Id.
Apparition du 15 nov. 1832, par Addison.................................. 68
Apparition du 13 nov. 1832 à l'Ile de France, par Robert.................. Id.
Apparition extraordinaire du 12 au 13 nov. 1833 aux États-Unis........... 69
— Observations à New-Haven, par Olmsted................................ Id.
— Observations à Boston, West-Point, Annapolis......................... 70
— Obs. à Emmittsbourg, Frédérick, Lynchburg, Worthington, Salisbury... 71
— Observations à Augusta, Bouling-Green................................ 72
— Observations à New-Haven, par Palmer................................. 73
Théorie d'Olmsted sur les étoiles filantes de nov. 1833................... 75
— Observations dans le golfe du Mexique, à Concord et Buffalo.......... 77
— Observations à la Jamaïque, sur le lac Huron, à Boston, en mer...... 78
Conclusions déduites de toutes ces observations, par Twining............ Id.
Hypothèse magnétique, par Hitchcock..................................... 79
Variation horaire, directions des météores du 12 nov. 1833............... Id.
Sur leur nombre horaire... 80
Sur les globes enflammés, sur la radiation................................ 81
Sur la valeur des témoignages américains................................. 83
Conclusion finale sur toutes ces observations............................. 85
Calcul de Enke sur la direction des météores de nov..................... 86
Apparitions de nov. 1834 aux États-Unis, Bâche, Twining et Olmsted...... Id.
Observations simultanées par Locke et Dwelle, par Twining et Loomis..... 88
Apparition de nov. 1835.. Id.
Article de l'Annuaire de 1836, par Arago.................................. 89
Apparition de nov. 1836, à Paris, et remarques........................... Id.
— Observations faites en Allemagne....................................... 90
— Observations au cap de Bonne-Espérance, aux États-Unis.............. 92
Rapport, entre la lumière zodiacale et les étoiles filantes, par Biot........ 93
Article de l'Annuaire de Schumacher, de 1837, par Olbers................. 94
Étoiles *sporadiques*. Résumé de toutes ces observations, par Arago........ 96

Nombre horaire des étoiles filantes, retour périodique du 10 août, par Quételet. 97
Observations du 10 août 1837 en Europe. 98
Remarque sur les pierres météoriques fossiles, par Olbers. 99
Observations du 10 août 1837 aux États-Unis. . . . . *Id.*
Formules pour calculer les hauteurs d'étoiles, par Quételet. Remarques. 100
Observations simultanées du 10 août 1837, à Berlin et à Breslau. 101
Sur le mouvement absolu des étoiles filantes, par Olbers. 102
Orbites paraboliques des étoiles du 10 août 1837, par Boguslawski. Remarques. *Id.*
Apparition de nov. 1837. Observations de Vienne. Théodolite en bois. 103
— Observations aux États-Unis. 104
Sur l'apparition du 20 avril 1803 aux États-Unis. 105
Benzenberg attendant cette réapparition en 1818. . . . . *Id.*
Projets et réflexions de Benzenberg. 106
Nombre horaire des météores de 1838, par Benzenberg. 108
Théorie des étoiles filantes, par Benzenberg. . . . . *Id.*
Apparitions du 10 août 1838. Observations à Genève et aux Planchettes. . . . 110
— Observations de Vienne, par Littrow. 111
— Observations faites aux États-Unis. 112
Observations simultanées, à Vienne et au Mont-Calvaire, en août 1838. . . . *Id.*
Formules pour le calcul des hauteurs d'étoiles filantes, par Littrow. 113
Remarques critiques sur ces observations simultanées. 114
Apparition de nov. 1838, à Vienne, par Littrow. 116
Conclusions sur les apparitions d'étoiles filantes, par Littrow. 117
— Observations sur les étoiles filantes du 10 août 1838, par Woods. 118
— Observations en Laponie, par Bravais. 119
Lois des étoiles filantes, par Lovering. . . . . *Id.*
Herrick attend les retours du 6 déc. et du 20 avril, en 1838 et 1839. 120
Observations correspondantes en avril 1839, par Herrick. . . . . *Id.*
Influence de la latitude sur les météores d'août 1839. . . . . *Id.*
Étoiles filantes télescopiques, août 1839, par Mason. 121
L'atmosphère bornée par une couche électrique, Poisson. 123
Sur les points de *divergence* et de *convergence*. 125
Théorie sur le mouvement elliptique des météores, par Erman. 126
Sur les offuscations du soleil par les météores, Erman. 132
Sur le mouvement direct de la ligne des absides des météores, par Erman. 134
Sur ce même mouvement, par Boguslawski. 135
Premier catalogue d'étoiles filantes, par Quételet. . . . . *Id.*
Catalogue d'étoiles filantes, par Herrick. . . . . *Id.*
Catalogue d'étoiles filantes, par Chasles. 136
Catalogue des météores observés en Chine, par Ed. Biot. 137
Second catalogue d'étoiles filantes, par Quételet. 139
Catalogue d'étoiles filantes, par Perrey. 140
Autres catalogues à faire. . . . . *Id.*
Suite aux recherches sur les offuscations du soleil, par Erman. 141
Mémoire sur les orbites des étoiles filantes, par Walker. . . . . *Id.*
Point de convergence d'août 1840 à Philadelphie. 143
Tableau de toutes les observ. du point de convergence de novembre. 144
Éléments des orbites d'étoiles filantes, par Walker. 145
Certaines analogies dans le système solaire, par Walker. 146
Sur les variations du point de convergence, par Walker. 147
Remarques critiques sur le mémoire d'Erman, par Pierce. 148
Recherches sur le centre d'émanation, par Houzeau. 149
Table de toutes les positions de ce centre en août. 151
Sur la durée du retour périodique d'août, par Houzeau. 152
Nouvelles déterminations des longitudes par les étoiles filantes. . . . . *Id.*
— Philadelphie et Princeton. Naples et Palerme. Naples et Rome. 153
— Brême et Altona. Altona et Braunsberg. . . . . *Id.*
— Altona et Breslau. Berlin et Cologne. Bruxelles et Altona. 154

— Bruxelles et Breslau. Berlin et Breslau................................ 154
— Altona et Hambourg. — Conclusion................................ 155
Apparition de novembre 1839.. Id.
Apparition d'août et de nov. 1840.................................. Id.
Apparitions d'avril, d'août et de novembre 1841.................... Id.
Observations d'octobre 1840 à septembre 1841, par E. Bouvard...... Id.
Apparitions d'avril et d'août 1842................................ 157
— Prédiction sur le maximum d'août 1842, par Littrow.............. 158
Étoiles filantes en plein jour le 23 août 1842.................... Id.
Apparition de novembre 1842....................................... Id.
Apparition d'août et de novembre 1843............................. Id.
Apparition d'août 1844.. Id.
Observations de juillet 1842 à la fin de 1844, par Schmidt........ 159
Analyse de pierres météoriques, par Berzelius..................... 160
Mort de Bessel et de Benzenberg................................... 161
Conséquences des recherches des astronomes........................ 162

Quatrième période.

Rapports entre l'aurore boréale et les étoiles filantes........... 164
Rapports entre le vent et les étoiles filantes................... 165
Théorie de Coulvier-Gravier...................................... Id.
Observations faites à Reims par Coulvier-Gravier................. 168
Observations faites à Paris depuis nov. 1843, par le même........ 169
Ces observations sont présentées en mars 1845 à Saigey.......... 170
Premier mémoire, sur le nombre des étoiles filantes, par Coulvier-Gravier.... Id.
Découverte de la variation horaire des étoiles filantes......... 171
Nombres horaires d'étoiles filantes pour tous les mois de l'année 172
Quatre maximum dans le cours de l'année......................... 173
Influence de la lumière lunaire sur le nombre d'étoiles filantes observées.... Id.
Second mémoire, sur les directions d'étoiles filantes, par C. Gravier....... 174
Variations horaires, mensuelles et annuelles des directions..... 175
Troisième mémoire, sur les particularités d'étoiles filantes, par C. Gravier... 176
Grandeurs et couleurs des étoiles filantes...................... Id.
Étoiles rouges, étoiles mouillées............................ Id.
Traînées et trajectoires des étoiles filantes................... 177
Observations de parallaxes d'étoiles filantes, par C. Gravier et Saigey..... 178
Remarques sur les quantités d'étoiles filantes que l'on peut voir........... 180
Les mémoires de C. Gravier présentés à Wheatstone............... 181
Rapport des commissaires académiques sur les observ. du 9 août 1845...... Id.
Quatrième mémoire sur les trajectoires et les centres, par C. Gravier....... 182
Pétition appuyée par les académiciens, lettre de M. Pouillet......... 186
Réponse du bureau des longitudes................................ 187
Réflexions sur cette réponse.................................... 188
Encouragement accordé par le ministre de la marine............. 190
Bolide-satellite de la Terre, par Petit........................ 191
Sur les météores observés en Chine, par E. Biot............... Id.